UNSCHÄRFERELATION
VON GEIST UND MATERIE

Das Buch:
In dieser Schrift geht es darum, die beiden korrespondierenden Aspekte „Geist und Materie" als einander bedingende zu erkennen. Gegenstand dieser Schrift ist daher eine weitergehende Erläuterung der Beziehungen zwischen Geist und Materie, die an der bisherigen Grenze zwischen Geistes- und Naturwissenschaften ansetzt und Geist und Materie als Pole einer umfassenden Wirklichkeit begreift. Nach bisherigen Denkmustern wäre diese Schrift dem Grenzbereich von Natur- und Geisteswissenschaft zuzuordnen, welcher derzeit unter der breitgefächerten Kategorie „Esoterik" subsummiert wird. Unser Anliegen ist es jedoch, die Ergebnisse der modernen Naturwissenschaft selbst mit der Sinnfrage zu konfrontieren und darüber die bisher der Philosophie und Theologie überlassene Sinnfrage in einem neuen, zeitgemäßen Horizont zu stellen. Denn vor dem Hintergrund der Sinnkrise unserer Gegenwart kann eine selbstbezogene mechanistische Naturwissenschaft genauso wenig noch überzeugen wie auf der anderen Seite eine Religiosität bzw. philosophische Weltanschauung, welche die Erkenntnisse einer erweiterten Physik ignoriert. Dass beide Seiten mehrheitlich sich immer noch der im jeweils anderen angebotenen Erweiterung ihres Gesichtsfeldes verschließen, macht doch die Sinnkrise unserer Gegenwart eigentlich aus!
Fragen oder Anregungen sind erwünscht unter *dr.smig@web.de*.

Der Autor:
Prof. Dr. Werner Smigelski, geb. 1929 in Leipzig ist emeritierter Hochschulprofessor. Vor über 30 Jahren wandte er sich auf innere Eingebung der Mystik zu und lebt seitdem zurückgezogen in der Eifel. Er empfängt seitdem spirituelle Durchsagen und ist ein detaillierter Kenner der mystischen Überlieferungen aller Weltreligionen. Die zentrale Botschaft in seinen Werken ist eine Zusammenschau wichtiger spiritueller Texte zum Inneren Weg, die im Kern aller Überlieferungen offenbar werdende und im göttlichen Geheimnis selbst begründete wesentliche Einheit aller Religion. Die Erschließung dieser bisher eher fragmentarisch nebeneinander stehenden Überlieferungen für eine heute – im Zuge einer spirituellen „Globalisierung" – anstehende religiöse Neubesinnung ist das Anliegen seiner Schriften, die allen denen gewidmet sind, die einen tieferen Einblick in den großen Sinnzusammenhang der Menschheit als Teil des Universums suchen.

Vom gleichen Autor sind erschienen:
• *Telepathie – Kommunikation der Zukunft*, ISBN 3-8334-3158-X
• *Der Traum des Jakob*, ISBN 3-86548-488-3
  (unter dem Pseudonym Anonymos)
• *Wege zur Erleuchtung – zwischen Selbsterkenntnis und Verblendung*, ISBN 978-3-8334-6984-8
• *Inkarnation*, ISBN 978-3-8334-8509-1
• *Schöpfung*, ISBN 978-3-8370-4821-6

Unschärferelation
von Geist und Materie

Prof. Dr. Werner Smigelski

1. Auflage 2008 © Prof. Dr. Werner Smigelski

Alle Rechte liegen beim Autor
Herstellung und Verlag: Books on Demand GmbH, Norderstedt

ISBN 9783837097061

Buchgestaltung:
tastdesign, Düsseldorf, www.tastdesign.de
Umschlagbild: Modell eines Schwarzen Lochs im Weltall, Stockmaterial

Bibliografische Information Der Deutschen Bibliothek:
Die Deutsche Bibliothek verzeichnet diese Publikation in der Deutschen
Nationalenbibliografie; detaillierte bibliografische Daten sind im Internet
über <http://dnb.ddb.de> abrufbar.

Inhalt

Teil III

Einleitung

„Unschärferelation von Geist und Materie"

„In den eigenartigen kohärenten Zuständen von „Wellenpaketen" gilt für die Quantenphysik die sogenannte „Unschärferelation": Es ist die Vereinigung unvereinbarer Gegensätze zu einer neuen höheren Einheit. Kohärente Zustände liegen dabei mitten zwischen „Teilchen- und Wellenaspekt". Dieses Prinzip gilt auch für die Erschaffung des Universums: Schöpfung ist auch ein „Prozesshaftes Gleichzeitiges" und insofern zugleich Einheit und Trennung der Liebe als Liebe in der Ausschüttung der Urenergie einerseits und der manifestierten Schöpfung als ein zu Liebendes andererseits. Die Liebe in der Ausschüttung ist das „Chaos", das die Weisheit als Ordnung in sich enthält. Die Weisheit ist die im Chaos noch nicht erkennbare Ordnung und zugleich der Wille zur Gestaltung. Ohne Ausschüttung keine Ordnung, ohne Ordnung keine Schöpfung: Gott ist beides. *Es ist jene „Unschärferelation" zwischen Teilchen und Welle – beide sind untrennbar Getrennte. Reine Wellenhaftigkeit gibt es ebenso wenig wie reine Teilchenhaftigkeit, denn beide sind ineinander verflochten und rückgekoppelt, können aber einander nie völlig vernichten".* [1]

Die modernen Wissenschaften am Scheideweg

Die Naturwissenschaften haben sich bisher auf den beobachtbaren und messbaren, bzw. theoretisch erforschbaren Teil unserer Welterfahrung beschränkt, um als exakte Wissenschaften bestehen zu können. Die Sinnfrage und die Frage nach metaphysischen Zusammenhängen blieb dabei immer den Geisteswissenschaften vorbehalten. Seit Beginn der modernen Naturwissenschaften (Kopernikus, Galilei, Newton) bis zu Beginn des 20. Jh. funktionierte diese Aufteilung zunächst mit Gewinn für beide Seiten: Denn zu Beginn der Neuzeit lösten sich beide – Naturwissenschaften wie Geisteswissenschaften – von der bis dahin geltenden Zensur durch die Kirche; und erst von da an galt *de facto* (wenngleich nicht immer *de jure*) die Freiheit von Forschung und Lehre zur exakten Befragung und Beschreibung der physischen Welt (Natur) einerseits und zum philosophisch-weltanschaulichen Pluralismus in der Beantwortung der Sinnfrage andererseits.

---

[1] Werner von Heisenberg

In den ersten Jahrzehnten des 20. Jh. allerdings – mit Einsteins Relativitäts-theorie und Heisenbergs Unschärferelation sowie mit der Entdeckung des subatomaren Mikrokosmos – gelangte die Physik an die Grenzen des „rein Materiellen", denn Materie musste von jetzt an als Energiezustand und als komplizierte Balance von Kräften angesehen werden. Und damit wurde jene etablierte Aufgabenteilung hinfällig. Seit der Unschärferelation von Heisenberg lassen sich Geist und Materie nicht mehr sauber trennen, und die exakte Erfor-schung der Welt ist einer Wahrscheinlichkeit von Zuständen gewichen.

In dieser Schrift geht es darum, die beiden korrespondierenden Aspekte „Geist und Materie" als einander bedingende zu erkennen. Gegenstand dieser Schrift ist daher eine weitergehende Erläuterung der Beziehungen zwischen Geist und Materie, die an der bisherigen Grenze zwischen Geistes- und Naturwissen-schaften ansetzt und Geist und Materie als Pole einer umfassenden Wirklichkeit begreift. Nach bisherigen Denkmustern wäre diese Schrift dem Grenzbereich von Natur- und Geisteswissenschaft zuzuordnen, welcher derzeit unter der breitgefächerten Kategorie „Esoterik" subsummiert wird. Unser Anliegen ist es jedoch, die Ergebnisse der modernen Naturwissenschaft selbst mit der Sinn-frage zu konfrontieren und darüber die bisher der Philosophie und Theologie überlassene Sinnfrage in einem neuen, zeitgemäßen Horizont zu stellen. Denn vor dem Hintergrund der Sinnkrise unserer Gegenwart kann eine selbstbezo-gene mechanistische Naturwissenschaft genauso wenig noch überzeugen wie auf der anderen Seite eine Religiosität bzw. philosophische Weltanschauung, welche die Erkenntnisse einer erweiterten Physik ignoriert. Dass beide Seiten mehrheitlich sich immer noch der im jeweils anderen angebotenen Erweiterung ihres Gesichtsfeldes verschließen, macht doch die Sinnkrise unserer Gegenwart eigentlich aus!

So ist die Naturwissenschaft heute zu der Entscheidung aufgefordert, ob sie die „Unschärfe" zwischen Geist und Materie mit allen Konsequenzen in ihr Denken einbeziehen will oder ob sie sich unter dem aufrecht erhaltenen An-spruch der Exaktheit dem anstehenden Diskurs entzieht. Genau dies tut sie, wenn beispielsweise die Physik Antworten auf die Frage nach der Entstehung des Kosmos nur innerhalb der Grenzen ihrer eigenen kosmologischen Theorien sucht.

Als eindringlicher Beleg für eine Forschung, die in eine Sackgasse führt, kann das folgende Beispiel gelten:
Im September 2008 hat man ein ca. drei Milliarden-Experiment mit einem *Teilchenbeschleuniger* gestartet, um Erkenntnisse über die Entstehung des Kosmos zu gewinnen. Dieser Ansatz ist völlig verfehlt und schon deshalb

zum Scheitern verurteilt, weil das Entstehen der Schöpfung kein im Kosmos messbarer oder ablesbarer Vorgang sein kann. So hat die Erforschung der S-Matrix[2] innerhalb der Quantentheorie bereits erwiesen, dass die Suche nach den Grundbausteinen des Universums innerhalb des Kosmos, so wie sie in der reduktionistischen Wissenschaft noch immer betrieben wird, erfolglos sein muss. Die gesuchten „materiellen" Grundbausteine gibt es nämlich gar nicht, weil Materie und Geist nur zwei verschiedene „Aggregatzustände" in einem übergeordneten Ganzen sind. Und das bedeutet: Innerhalb des Kosmos ist dessen Ursprung niemals zu finden. Dieser Ursprung liegt vielmehr jenseits dessen, was innerhalb des Kosmos existiert, denn innerhalb der Welt der Erscheinungen ist die Ursache dafür nie auffindbar!

Ursache und „Erstbeweger" ist der Weltwille, und dessen erster Ausfluss ist eine Kernverstrahlung, die in die Sphäre des Absoluten gehört und als Grundursache nicht weiter hinterfragt werden kann. Denn wenn wir vom Absoluten sprechen, versagen alle wissenschaftlichen Vorstellungen und Messungen. Das Licht als Urphänomen ist eine erste wahrnehmbare Wandlung des Absoluten und ist aber auch nur ein Ausschnitt einer größeren Energieskala. Darauf weist die „Endlichkeit der Lichtgeschwindigkeit" im Kosmos deutlich hin.

Allerdings ist die Ausgießung des Lichtes, die in der Tat alle Keime der gesamten Schöpfung enthält, das Mittel, Reingeistiges in die Sichtbarkeit einer Schöpfung hinein zu ermöglichen. Darum ist es notwendig, über die physikalischen Bedingungen auf der Erde hinaus immer an den ganzen Schöpfungsvorgang zu denken, der nicht nur als ein materieller Prozess verstanden werden darf, sondern vielmehr als ein geistiger, der sich lediglich in der Materie manifestiert. Dabei geht es um die Verbindung von Energien und Gedanken, denen gleiche Strukturmuster zugrunde liegen: Denn Energien enthüllen in der Manifestation den Sinn der in ihnen wirkenden Ideen, wobei der göttliche Plan Gestalt annimmt.

Die für unsere Dimension gültigen Beobachtungen und Messergebnisse zeigen dabei nur einen sehr begrenzten Ausschnitt. Zwar ist das Licht bereits ein Geschaffenes und doch auch noch ein Geistiges. Die weitere Entwicklung des Lichtes ist dann seine Materialisierung. Gedanken und Energie sind dabei sich gegenseitig bedingende. Insofern sind auch die physikalischen Gesetze für alle gedanklichen Umsetzungen mitbestimmend. Aber viel entscheidender ist das Wissen um die gesamte Skala aller Frequenzbereiche.

---

[2] S-Matrix: 1943 von Heisenberg als axiomatische Streuungstheorie eingeführt; es ist ein Teilgebiet der axiomatischen Quantenfeld-Theorie und der Versuch, zentrale Eigenschaften der S-Matrix wie Unitarität axiomatisch festzuhalten.

Die Schrift ist in vier Hauptteile gegliedert:

Teil I Universum als Dualität von Geist und Materie – dargestellt als spirituelle Hierarchie nach *Dionysios Areopagita* und materieller Kosmos, die einander spiegelbildlich entsprechen.

Teil II Energie und Strahlung als Wirkungen, Gestaltungen und Bewusstsein in der Spirituellen Hierarchie in drei Triaden; Aufgliederung in 7 Prinzipien; Durchdringung von Geist und Materie

Teil III Der Kosmos in drei Naturreichen: Mineralien, Pflanzen, Tierwelt und ihre Gesetze: Strahlen, Rotationen und Umwandlungen

Teil IV Das vierte Reich: Menschheit – Ätherleib und Physis / vertikales und horizontales Bewusstsein

Bei der Lektüre dieser Schrift sollte der Leser gewisse Dinge im Auge behalten:

1. dass es in dieser Abhandlung um die Essenz des Objektiven geht, also um die spirituelle Seite aller Manifestationen und somit um den Wesensunterschied zwischen „Energie und Materie".

2. dass die gemeinhin rezipierte Auffassung gewisser moderner Begriffe nicht unbedingt mit den hier intendierten Bedeutungen übereinstimmt und so das gesamte Thema notwendigerweise einengt, so dass dabei viel von der Wahrheit verloren geht. So liegt z.B. im Verstehen und in der Bedeutung des Begriffs *Unschärferelation* nicht nur eine ärgerliche „Störung" hinsichtlich einer bestmöglichen Vermessung der physikalischen Welt vor, sondern die Option des Schöpfers, seine im Spannungsfeld der Pole **Geist** (→ Welle) und **Form** (Materie → Teilchen) existierende Schöpfung wieder in das integrierende Bewusstsein der Schöpfer-Gottheit zurück zu führen.

3. dass alles in dieser Abhandlung Gebotene nicht im Geiste irgendwelcher Dogmatik, sondern lediglich im Sinn eines Beitrages zu den über das Thema der Schöpfung bereits vorhandenen Vorstellungen gedacht ist. Was der Mensch bestenfalls zur Lösung des Weltproblems beitragen kann, muss notwendigerweise doppelte Gestalt annehmen: *Ora et labora*. Das Bewältigen diesseitiger Probleme einerseits und die Reflexion müssen dabei zusammenwirken. Solange der Mensch, wie jetzt, vom Bekannten und Bewiesenen ausgeht und in seinen Berechnungen jene tiefer wurzelnden Ursachen nicht berücksichtigt, von denen man annehmen muss, dass sie das Sichtbare und Bekannte hervorbringen, so lange werden alle Lösungsversuche fehlschlagen und weiterhin ihr Ziel verfehlen.

4. dass jeder Versuch, das in Worte zu kleiden, was sich nur durch Intuition und ganzheitliches Erleben wahrhaft verstehen und einordnen lässt, sich notwendiger- und bedauerlicherweise als unzulänglich erweisen muss. Alles, was sich heute sagen lässt, sind letzten Endes nur teilweise Feststellungen der großen, verhüllten Wahrheit; sie können dem Leser lediglich im Sinn einer weiter auszuarbeitenden Hypothese und einer anregenden Erläuterung dargeboten werden. Der unvoreingenommene Leser, der weiß, dass die Wahrheit nur progressiv zur Enthüllung gelangt, wird ohne weiteres verstehen, dass selbst der vollste jeweils mögliche Ausdruck der Wahrheit späterhin als bloßes Bruchstück eines größeren Ganzen, und noch später als bloßer Bestandteil einer Einzeltatsache und damit schon an sich als Verzerrung des *Wirklichen* erkannt werden muss.

Kein Buch gewinnt irgend etwas durch dogmatische Ansprüche oder Erklärungen hinsichtlich des autoritativen Wertes seiner Inspirationsquelle. Sein Erfolg oder Misserfolg sollte einzig und allein auf seinem eigenen inneren Wert beruhen, auf der Nützlichkeit der darin gemachten Vorschläge und auf seiner Kraft, das geistige Leben und das intellektuelle Verständnis des Lesers zu fördern. Wenn diese Abhandlung irgend etwas an Wahrheit und Wirklichkeit in sich birgt, dann wird sie unvermeidlich und unfehlbar ihre Wirkung haben. Vom Leser wird lediglich erwartet, dass er mit aufgeschlossenem Interesse an das Studium dieser Abhandlung herangeht und gewillt ist, die darin unterbreiteten Ansichten in Erwägung zu ziehen, was so die Entwicklung der Intuition, die Fähigkeit zu geistiger Diagnose und zu einem kritischen Unterscheidungsvermögen fördert, welches das Falsche zu verwerfen und das Wahre zu würdigen weiß.

Die folgenden Worte des Gauthama Buddha erscheinen an dieser Stelle gut angebracht und bringen die einleitenden Bemerkungen geziemend zum Abschluss:
Buddha hat gesagt, dass wir nicht an etwas glauben sollen, nur weil es gesagt worden ist; auch nicht an Traditionen, weil sie uns von alters her übermittelt wurden; oder an Gerüchte an sich; oder an Schriften der Weisen, weil sie von Weisen stammen; oder an Phantasiegebilde, von denen wir vielleicht vermuten, sie seien von einem Deva (d.h. von einem Engel auf dem Weg geistiger Inspiration) in uns wachgerufen worden; oder an Schlussfolgerungen, die wir aus etwaigen von uns aufs Geratewohl gemachten Annahmen gezogen haben mögen; oder an das, was uns als analoge Notwendigkeit erscheint; oder an die bloße Autorität unserer Lehrer oder Meister. Wir sollen aber glauben, wenn die Doktrin, das Gesagte oder Geschriebene in unserer eigenen Vernunft und im eigenen Bewusstsein Bestätigung erfährt. „Denn solches", sagt er abschließend, „habe ich euch glauben gelehrt,

nicht nur weil ihr es gehört habt, sondern damit ihr das, was in eurem Bewusstsein Glauben fand, auch dementsprechend und in vollstem Maß in die Tat umsetzt."

Teil I

Das Universum –
Die Schöpfung als beseelte Gestalt

Die „Trinität" von WILLE, LIEBE und GEIST ist der Schöpfer des Universums – jene drei Aspekte, die in einer permanenten Emanation als LICHT aus dem göttlichen Zentrum herausfließen. Dieser Prozess ist ein gleichzeitig-ewiger und erscheint in der ausströmenden Urenergie „gebündelt" als Einheit von Schöpferwille, Allseele und Allgeist. Denn die ganze Schöpfung ist Energie, die sich in hierarchisch gegliederten Stufen unterschiedlicher Frequenzbereiche darstellt und durch das Licht in unendlicher Vielfalt – als eine gemeinsam sich entfaltende Einheit – verbunden ist. Über diese Frequenzen fließt der Geist als organisierendes Prinzip ein. Der Geist ist gleich dem Licht, das in sich zwar ewig Licht bleibt, aber so lange nicht in Erscheinung treten kann, als es keine Widerspiegelung in einer substantiellen Gestaltung erfährt. Insofern ist der Geist der Urgrund alles Geschaffenen und das Licht die vom Willen und der Liebe des Schöpfers beseelte, lebendig wirkende Kraft.

„Eine Materie an sich gibt es dabei nicht! Denn alle Materie entsteht und besteht nur durch den Geist. Dieser Geist ist der Urgrund aller Materie, wobei nicht die sichtbare und vergängliche Materie das wahre Reale ist, sondern der unsichtbare und unsterbliche Geist dahinter: GOTT."[3]

Die göttliche Liebe als das Schöpferische schlechthin, als unermessliche Kraft eines gestaltenden Willens bedarf immer einer „Gegenkraft", um in Erscheinung zu treten. Die erste „Erscheinlichkeit" ist das Licht, das in der erschaffenen Ursubstanz eine „Sichtbarwerdung" erfährt, wobei in der Ausgießung des Lichts zugleich auch alle gedanklichen Keime als gestaltgebende Ideen der gesamten Schöpfung enthalten sind; denn das Licht als „Erst-Geschaffenes"

---

[3] Max Planck: "Where is science going", 1932

ist beides: Substanz und Geistiges – wie „Welle und Teilchen". Das gilt auch für die Verbundenheit von Gedanken und Energien, die immer sich gegenseitig Bedingende[4] sind, weil jeder Gedanke als ein Geistiges sich in wahrnehmbarer Gestalt verwirklichen will. Denn was wir als Geist bezeichnen, besteht aus Energien, die Träger submikroskopischer Substanz sind und Regeln der Quantenmechanik unterliegen. Nach David Bohm besteht auch in der „Gedankenwelt" eine Wechselwirkung zwischen Geist und Quant (Welle/Teilchen): *„Geistige Phänomene wie Gedanken scheinen auch Komplementarität aufzuweisen. Denn Gedanken existieren als Manifestationen wie transzendente Archetypen, ähnlich wie Quantenobjekte mit ihrer transzendenten Überlagerung (Welle) und ihren manifesten Aspekten (Teilchen)."* Jede Gedankenform und jede Idee von genügender Stärke drängt danach, in „Substanz" Gestalt anzunehmen.

Der dreifach gebündelte „Urstrahl" von Wille, Liebe und Geist als Urquelle durchflutet ständig die Schöpfung in allen ihren Manifestationen, und ist Kraft, Weg und Ziel in einem. Der Plan ist im Weg enthalten als bewusste Gestaltwerdung einer unendlichen Hierarchie, wobei es sich um abgestufte Kraftstationen (Dimensionen) handelt, die transparent sein müssen, um die Urenergie als Kraft durchzulassen. Dabei fungieren die unterschiedlichen Dimensionen als Transformatoren. Das ist die „Fleischwerdung des Geistes" im unendlichen Prozess der Verwirklichung des göttlichen Plans, die Involution des Geistes ins Fleisch: *„Und das Wort ward Fleisch ..."*[5] Das ist die Idee, die aus dem Geist Gottes sichtbar in der Schöpfung herausgestellt wurde. Die Bedeutung: „das Wort" bezieht sich auf die „Idee", nicht auf ihre Verwirklichung. Christus kam als Mensch Jesus und zugleich auch als „Idee" des Geistes, um die geschaffene Welt wieder in die ursprüngliche Idee zurückzuführen. Darum: *„Das Licht kam in die Finsternis, und diese hat es nicht begriffen".*[6] Der Geist als „Wort" kam in die Materie und wurde von ihr nicht angenommen. Der Geist konnte jedoch nur über einen Menschen in die Materie kommen. Insofern ist Jesus Christus das „Wort", aber auch der Geschaffene, der in der Materie zur Erlösung der Materie lebte und starb.

---

[4] Amit Goswami: „Das bewusste Universum", 2007 (S.214) „Mir ist klar, dass die Daten, die zwischen Geist und Quant Parallelen wie Unschärfe, Komplementarität, Quantensprünge, Nichtlokalität und letztlich auch kohärente Superpositionen erkennen lassen, nicht unbedingt für schlüssig zu erachten sind. Denn was wir als Geist bezeichnen, besteht aus Objekten, die mit den Objekten submikroskopischer Materie verwandt sind und Regeln unterliegen, die denen der Quantenmechanik ähneln."
[5] Joh 1, 14
[6] Joh. 1, 5

Aufbau und Struktur der Schöpfung

Die spirituelle Hierarchie in drei Triaden
Nach Dionysios Areopagita

Ursprung der Schöpfung ist das göttliche Zentrum der Hierarchie, die von Dionysios Areopagita bereits im frühen Mittelalter als Strukturmodell des gesamten Universums konzipiert und dargestellt wurde. Der aus diesem göttlichen Zentrum herausströmende Urstrahl der Schöpferkraft ist Träger des göttlich-schöpferischen Impulses und ist die Grundlage und belebende Kraft für die gesamte Schöpfung.

Dionysios Areopagita beschreibt als erster dieses System einer in sich kreisenden Schöpfung, in deren Bewegung sich das Licht zur Materie verdichtet, um sich wieder zum Licht der Ideen hin aufzulösen, so wie es im „Traum von der Jakobsleiter"[7] veranschaulicht ist. Areopagita beschreibt diese Schöpfungsbewegung als eine Hierarchie, die aus unendlich vielen unterschiedlichen Bewusstseinsdimensionen besteht. Sie ist die beseelte Gestalt der Schöpfung, die sich vom immateriellen göttlichen Zentrum ausgehend bis hin zur materiellen „Peripherie" des Kosmos erstreckt, der für uns die einzig wahrnehmbare Dimension ist. In einem ewigen Kreislauf durchläuft die Liebe als Gestalterin alle Manifestationen der Schöpfung. Um diesen ewigen Kreislauf zu vollenden, erfahren alle Manifestationen wieder eine Auflösung und Transparenz in einem rückführenden Wiederaufstieg des Geistes aus der Materie ins Zentrum. Das bedeutet, dass das, was zur Materie verdichtet wurde, sich in einem Bewusstseinsaufstieg wieder zum Licht der Ideen hin auflösen muss. Albertus Magnus hat im Prolog zur „Himmlischen Hierarchie" des Dionysios Areopagita diesen Grundgedanken mit folgenden Worten umrissen: *„An den Ort, von dem die Flüsse ausgehen, kehren sie zurück, um wiederum auszufließen."* Gott ist der Ort, von dem alles Seiende ausgeht: Alles, was ist, hat Gott erschaffen, um ihm Anteil am göttlichen Sein zu geben und es dadurch in alle Ewigkeit wieder zu sich zurückzuführen.

Nach Dionysios Areopagita ist das Wesen der Hierarchie eine heilige Rangordnung, die aus drei von einander getrennten „Reichen" besteht, die sich in einer Stufenordnung in unzählige höhere, mittlere und niedere „Engelgesellschaften" und „Geistwesen" aufgliedern lässt. Er stellt diese Ordnung als dreifache Hierarchie dar, die wir heute als drei verschiedene Frequenzbereiche bezeichnen wür-

---

[7] Genesis 28,12 ff.: Der Traum des Jakob; er sah Engel darin auf- und niedersteigen – Abstieg und Wiederaufstieg des Geistes im Universum.

den. Alle darin wirkenden Energien haben folgende fundamentale Aufgaben: einerseits im Abstieg des Geistes alle materiellen Manifestationen im Kreislauf der Schöpfung zu erschaffen und zu gestalten und andererseits im Wiederaufstieg zum Zentrum alle Gestalten in einer Rückführung und Auflösung zur spirituellen Transparenz hin zu reinigen, zu erleuchten und zu vollenden. Und Reinigung bedeutet: die Befreiung von allen „Verhaftungen" an die Welt, also von allem, was Gott unähnlich ist und die Wiedervereinigung mit ihm verhindert. Erleuchtung ist die Erfüllung mit göttlichem Licht, und Vollendung ist Befreiung von Unvollkommenheit. Das sind die fundamentalen Auswirkungen des alldurchdringenden Urstrahls.

Erste Triade: Das göttliche Zentrum

Einheit des Urstrahls von Urenergie, Ursubstanz und Urgeist

Das immaterielle geistige Zentrum ist der höchste Bereich der spirituellen Hierarchie, in dem die lauterste Liebe in rein geistiger, unwandelbarer Bewegung um Gott kreist, und wo es für sie keine Veränderung oder Eintrübung gibt. Es sind die Seraphim[8] als „Entzünder oder Erwärmer" und als der Ausdruck für die flammende Glut der Gottesliebe, die diese Liebesglut in allen untergeordneten Dimensionen entzünden sollen, und es sind die Cherubim, die „Erfasser" des göttlichen Lichts und somit die „erleuchtete Weisheit", um sie als erfüllende Wahrheit bis hin zu den Menschen mitzuteilen. Im Zentrum sind daher diese obersten Aspekte ranggleich mit Gottes Leben.[9] Es sind die höchsten Energieschwingungen der göttlichen Liebesglut als der erste um Gott gebildete Kreis.

Diese erste Triade ist ganz vom Urlicht erfüllt und stellt auch im Ergießen aus der Quelle noch immer eine *Einheit* mit Gott dar, die noch keine Vielheit kennt und alles in *Einem* enthält. Es ist das intensivste Mitwirken und das engste Beisammensein mit Gott. Denn Gott selbst ist diese Einheit in drei Hypostasen[10] und erstreckt seine Liebe und Weisheit von da aus über die gesamte Schöpfung. Von ihm herab bis zu den äußersten Bereichen wiederholt sich diese Trinität in allen Manifestationen als deren Seinsgrund. Swedenborg spricht

---

[8] Dionysios Areopagita, „Himmlische Hierarchie": „Höchste Geister sind Seraphim und Cherubim".
[9] In der ersten Triade sind alle Kräfte immerdar um Gott versammelt und ununterbrochen mit ihm vereint. Keine andere Ordnung ist Gott näher und keine ist den direkten Ausstrahlungen der Urgottheit stärker ausgesetzt als diese. Es ist die höchste Konzentration einer unvorstellbaren Urenergie. – Diese trifft auf die Seraphim und Cherubim unmittelbar und wird auf sie übergeleitet. Sie sind die „Glutentfacher und Ergießer der Weisheit" im immerwährenden Umkreisen Gottes, um die Energien im Entzünden weiterzuleiten und sie so ähnlich wirksamer Glut im Universum anzufachen und alles zu reinigen und über die höchste Erleuchtung wieder zu Gott emporzuführen.
[10] Hypostasen: Trinität von Gott Vater, Gott Sohn und Gott Hl. Geist

in diesem Zusammenhang vom „Liebeshimmel und Weisheitshimmel".[11] Die Liebe und die Wahrheit sind die beiden höchsten Prinzipien, die direkt aus dem Willen Gottes herausfließen; denn das Gute gehört dem Willen an, aus dem die Tat wird, während das Wahre dem Geist angehört. Daraus leiten sich zwei Arten von Liebe ab: Die Liebe zum Herrn und die Liebe zum Nächsten.

Im innersten Bereich der Hierarchie herrscht nur die „Liebe zum Herrn", in den weiteren Bereichen der Hierarchie ist es daneben auch die „Liebe zum Nächsten". Im Himmel versteht man unter *„den Herrn lieben" nicht, ihn als Person zu lieben, sondern das Gute, das aus ihm stammt, zu lieben und es aus Liebe zu wollen und zu tun. Unter den „Nächsten lieben" versteht man auch nicht, den Gefährten als Person zu lieben, sondern das Wahre zu lieben, und das Wahre zu wollen und zu tun."*[12] Gemeint ist Joh 15, 10-12: *„Wenn ihr Meine Gebote haltet, so werdet ihr in meiner Liebe bleiben."*

Dieser innerste Bereich ist nicht vorstellbar, weil er den Menschen verschlossen ist. Der sinnlich wahrnehmende Mensch kann darum über das Göttliche nur aus der Sicht der Welt denken, und sich darum das Göttliche nur analog in körperlicher Gestaltung vorstellen. Diese Bilder, die der Sinnenwelt des menschlichen Verstehens entnommen sind, müssen nach dem Grundgesetz verstanden werden, dass alles Sinnenfällige immer auch ein rein Geistiges beinhaltet. Es ist das Gesetz der Analogie, wonach alle irdischen Vorstellungen über sich selbst hinaus ins Überirdische deuten. – So weist die irdische Hierarchie der Kirche auf die himmlische hin, die sie nachbildet und mit der sie zugleich eine Einheit der Ordnung und des Wirkens bildet. Nur in Offenbarungen wird den Menschen dieser Zusammenhang eröffnet.

Zweite (mittlere) Triade der Hierarchie: Die sieben Prinzipien

Mit der Ausgießung des „Heiligen Geistes" als Urstrahl im Fluss der Schöpfungsentstehung entstehen die ersten „Gestaltprinzipien", indem sich aus der Urenergie unterschiedliche Energiestränge differenzieren und sich einem bestimmten Strukturprinzip unterordnen, das wiederum die Wirksamkeit dieser Energien umwandelt. Es ist die Differenzierung der Trinität in drei erste Prinzipien und drei weitere Prinzipien, die von den drei ersten Prinzipien abgeleitet sind. Die ursprüngliche einheitliche Trinität als einziger Kraftstrom des Urstrahls teilt sich in der 2. Triade in noch drei weitere Hauptströme auf,

---

[11] Swedenborg: „Himmel und Hölle"
[12] Swedenborg (a.a.O.)

die mit den drei Hauptstrahlen korrespondieren und durch einen zusätzlichen Strahl in der Mitte als dem 4. Strahl verbunden sind. Diese sieben Strahlen oder Geister sind die erste Differenzierung des Urstrahls der göttlichen Dreieinigkeit: Wille – Liebe – Geist. Man könnte sie als Derivate der 1. Trinität unter dem Aspekt ihrer Wirkungen verstehen. Sie stellen die alles umfassende Grundlage für den gesamten Schöpfungsplan dar, der sich in den weiteren Dimensionen in unendlich vielfältigen Gestaltungen ausdifferenziert.

Dritte Triade: Vielheit

Diese Prinzipien erfahren in der 3. Triade als bewirkende Kräfte in der Schöpfung eine tausendfältige Differenzierung, die eine unermessliche Vielheit zur Folge hat. Man kann diesen Prozess am besten verstehen, wenn man sich klar macht, dass alle Geschöpfe eine Ansammlung von Atomen und Zellen in einer Gestalt sind. An diesem Schöpfungswerk sind alle Wesen und Geschöpfe beteiligt.

Zusammenfassung der Hierarchie:
Triaden / Drei Frequenzbereiche

1. Triade: göttliches Zentrum – Einheit / reiner Geist – Feuermeer / Urenergie, Ursubstanz, Allgeist / Liebe und Weisheit
2. Triade: 7 Prinzipien: Drei Grundprinzipien und 3 davon abgeleitete Prinzipien und ein zusätzlicher Strahl – virtueller Vorentwurf der Dualität von Geist und Substanz im Symbol der „Menorah" / gestaltlose Prinzipien, Ideen
3. Triade: Form, Gestalt, Individualität und Entfaltung von Bewusstsein

Der materielle Kosmos in drei Naturreichen
spiegelbildlicher Gegenentwurf zur spirituellen Hierarchie

Der Kosmos ist die unterste Bewusstseinsebene in der Schöpfung als materielles Abbild und „Rückspiegelung" der spirituellen Hierarchie. Denn der Kosmos ist in Wahrheit die spiegelbildliche *„Ausstülpung"* der geistigen Hierarchie. Es handelt sich dabei um eine Art Umstülpen von Geist in sichtbare Manifestationen, um zwei Seiten einer Einheit prinzipiell unterschiedlicher Bereiche, nämlich Geist und Materie. Geeint werden die beiden getrennten Bereiche durch die Liebe, die als „Unschärferelation" zwischen beiden Bereichen das Leben beider ermöglicht. So erklären sich auch die spiegelbildlichen Paralleldimensionen. Denn der Kosmos besteht ähnlich wie die geistige Hierarchie ebenfalls aus „Triaden", die *Alice Bailey* als die drei „Naturreiche" im Kosmos bezeichnet und die als Parallelwelten zu den Triaden der spirituellen Hierarchie zu verstehen sind. Dabei gilt das Gesetz: je höher die geistige Sphäre in der spirituellen Hierarchie ist, um so materiell verdichteter sind die spiegelbildlichen kosmischen Parallelwelten. Darum entsprechen sich die erste Triade der geistigen Hierarchie und das erste Naturreich im Kosmos, ferner die zweiten und ebenso die dritten Bereiche. Das gilt vor allem für die jeweils entsprechenden Energien, die wir im Kosmos als erlebbare Wirkkräfte erkennen können.

Der materielle Kosmos ist für den Menschen der sinnenhaft wahrnehmbare und erkennbare Frequenzbereich. In diesem Bereich herrscht ein Zusammenspiel von geistigen Wirkkräften und erscheinenden Bildkräften. So ist der Planet Erde einmal in das kosmische Sonnensystem mit eingebunden, unterliegt aber andererseits auch den geistigen Einflüssen im gesamten Universum, denn in jeder Dimension der Schöpfung wird sich Gott seiner selbst als Liebe bewusst, weil die Vereinigung der Liebe mit sich selbst das einzige Ziel in der Schöpfung ist.

Drei Naturreiche als spiegelbildlicher Gegenentwurf zur spirituellen Hierarchie:

1. Das Mineralreich
2. Das Pflanzenreich
3. Das Tierreich

Das „Verbindungsreich" zwischen Hierarchie und Kosmos ist die Menschheit *(4. Reich)*. Dabei bestimmt der Mensch als „Ebenbild" Gottes und „Zwitterwesen" zwischen Geist und Materie selbst die Weiterentwicklung über sein eigenes Bewusstsein. Denn sein Platz ist an der Schnittstelle zwischen Geist und Materie und seine Aufgabe ist es, die „Transparenz" der Körperlichkeit zu erbringen und damit den Primat des „Geistes" in seinem Bewusstsein wieder zum bestimmenden Faktor im Leben zu machen. Das ist zugleich der Wiederaufstieg des Geistes aus der Materie und die Fortsetzung einer in sich kreisenden Entwicklung von der reinen Körperlichkeit des Menschen über dessen Bewusstsein bis hin zur reinen Spiritualität höherer Dimensionen. Denn im Menschen erschuf sich Gott ein Geschöpf, über das er sich selbst in seiner Schöpfung erkennen kann: „fecisti nos ad te et cor nostrum inquietum est, usque ad requiescat in te." *„Du hast uns für dich erschaffen, und unser Herz ist unruhig, bis es wieder in dir ruht."* Es ist die Rückspiegelung all' dessen, was im Ausfluss von der Liebe erschaffen wurde, um der Liebe Gottes die Möglichkeit zu geben, sich von seinen Geschöpfen selbst wieder lieben lassen zu können. Insofern ist der materielle Kosmos als „Spiegelbild Gottes" in der Tat das eigentliche Ziel der Liebe und zugleich ihre größte Anforderung und Erprobung, und zwar in der Rückführung der in den Gestalten gefangenen Liebe über eine zunehmende Transparenz der Materie. Und das geht nur über den Menschen, der das einzige Geschöpf ist, das beiden „Bereichen" der Schöpfung angehört, nämlich Materie und Geist, und darum bewusst Gott als seinen Schöpfer erkennen und lieben kann.

Teil II
Energien und Strahlungen / Gestaltungen und Wirkungen

Aus der immateriellen Einheit des göttlichen Zentrums ergießt sich das Licht im Urstrahl als ein Gemeinsames von Urenergie, Ursubstanz und Allgeist in die Vielheit unendlicher Gestalten der Schöpfung, deren „Substanz" vom Feinstofflichen bis hin zum Grobstofflichen im materiellen Kosmos reicht. Im Ausfluss wird dieser Urstrahl zugleich in „Urenergie und Urstoff" (Welle und Teilchen) gespalten und ist so kein rein Geistiges mehr wie im göttlichen Zentrum. Das ist die „Erschaffung einer scheinbaren Dualität", die zugleich jene unaufhebbare immanente Spannung, jene „Unschärferelation" des Lebens selbst ist. *„Denn Substanz ist ein seelisches Spezifikum und tritt in der stofflichen Materieform nur als Kraft oder Lebensäußerung in Erscheinung. So ist zwar in jeder Materie irgendeine substanzielle Seelenkraft vorhanden, die Materie selbst ist aber nichts anderes als ein Gerichtetes, ein aus sich selbst verhärtetes Geistiges."*[13]

Dieser Urstrahl als Urwille, Ursubstanz und Allgeist erschafft in einer hierarchischen Stufenfolge die Schöpfung und bestimmt alle Gestaltungen und Wirkungen, wobei die darin wirkenden Grundimpulse immer die gleichen bleiben: Zeugungswille, substantieller Gestaltungswille und Allgeist, welche die alles umfassende Grundlage für die Schöpfung darstellen. Die Urenergie als Schöpferwille ist die Quelle des Universums, der Gestaltgebungswille ist die Liebesenergie und der Heilige Geist ist der Ideengeber im Schöpferwillen, und gemeinsam erschaffen sie ein Reingeistiges in der Schöpfung in manifester Sichtbarkeit. Der ursprüngliche Ausfluss des Urstrahls ist reiner Geist, der jedoch bereits im Ausfließen Gestalt annehmen muss, und das bedeutet: *Substanz zu werden.* Denn im Ausfluss erfährt der Geist seine erste Sichtbarma-

[13] Jakob Lorber: „Das große Evangelium des Johannes"

chung als Licht, das sich zugleich die Bedingungen seiner Sichtbarmachung in substanziellen Frequenzen erschafft.

An dieser Stelle müssen die Begriffe „Energie, Substanz und Bewusstsein" auf ihre spirituelle Bedeutung in der gesamten Schöpfung hin interpretiert und dargestellt werden. Denn die ganze Schöpfung besteht aus Energie, die sich in hierarchisch gegliederten Stufen unterschiedlicher Frequenzbereiche darstellen lässt und über ein durchgängiges Bewusstsein als eine sich entfaltende Einheit verbunden ist. Über Lichtenergien fließen Ideen als das organisierende Prinzip ein, und die Frequenzen bestimmen die unterschiedlichen Strukturen einer Hierarchie unendlicher Bewusstseinsdimensionen. Materie ist verdichtetes Licht, denn alle Materie entsteht und besteht nur durch den Geist. Dieser Geist ist der Urgrund aller Materie, der sich in dieser offenbaren will. Daher ist nicht die sichtbare und vergängliche Materie das wahre Reale, sondern der unsichtbare und unsterbliche Geist dahinter.[14]

Wirkungen der Energien in der spirituellen Hierarchie

So wie die elektrische Energie im Stromnetz verborgen bleibt (es sei denn sie bringe eine Lampe zum Leuchten), so ist es auch mit der schöpferischen Urenergie im immateriellen göttlichen Zentrum der spirituellen Hierarchie, die auch nur im Ausfließen in die Schöpfung zur Erscheinlichkeit gelangt und damit zugleich ihre Wirkungskräfte offenbart. Dieser Prozess beginnt in der zweiten mittleren Triade der Hierarchie, dem 2. Aspekt im Urstrahl, mit der Aufgliederung in 7 Prinzipen als virtueller Vorentwurf für einen sich immer weiter differenzierenden Prozess unendlicher Gestaltungen. Vom 3. Aspekt des Urstrahls, dem Geist, werden dann in der 3. Triade alle Gestaltungen, Wirkungen und die Veränderungen innerhalb einer Evolution bestimmt. Prinzipien sind ein „ideeller Zustand" oder Vorentwurf aller Lebenssphären, an dem man das Wesen und die darin wirkende Beschaffenheiten ihrer Neigungen und Qualitäten erkennen und ableiten kann.

---

[14] Max Planck: „Physik" a.a.O.

Erste Triade: Göttliches Zentrum

Die drei Aspekte der Trinität im Zentrum sind Urwille, Urliebe und Urgeist. Sie sind im ausströmenden Urstrahl vereint und somit die Urquelle der Schöpfung. Es sind die drei göttlichen „Feuer", die im Urstrahl ein Strahlenbündel von Urenergie, Ursubstanz und Bewusstsein bilden, das im Ausströmen aus dem göttlichen Zentrum den Abstieg des Geistes in die Materie bewirkt. Der Urstrahl: Wille, Liebe, Geist.

1. Aspekt: Wille / Urenergie / Feuer

Die Urenergie erweist sich als Wille zum Dasein und der erste Aspekt jener Strahlungen jenes ursprünglichen Impulses, der von der Hierarchie in die Dualität der objekthaften Schöpfung führt. Die Urenergie ist die Schöpfungskraft schlechthin und ist in jedem Atom eingefangen als Restenergie aus der Gesamtenergie der Schöpfung. Diese Energie nimmt niemals ab, sondern verwandelt sich nur ständig[15] und ist lediglich bis zum Kosmos hin atomisiert verpackt. Als Energie im Urstrahl garantiert sie als verbindende Kraft im Universum den reibungslosen Übergang in allen Dimensionen. Denn sie ist jene Kraft, die zwar immer gleich bleibt, aber als Träger von Strahlungen zu unterschiedlichen formalen Gestaltungen führt, weil sie an die hierarchisch strukturierte Welt gebunden ist und in jeder Dimension andere Bedingungen vorfindet. Es ist das „göttliche Feuer" als Grundlage allen Lebens, die Essenz allen Daseins hinter allen Manifestationen. Diese Quelle ist ein Feuermeer im geistigen Zentrum und das inwendige, inhärente und latente Feuer der gesamten Schöpfung.

2. Aspekt: Liebe / Ursubstanz / Wasser

Die Liebe als 2. Aspekt im Urstrahl ist die „Gestalterin" alles, vom ersten Aspekt, dem Willen, Erschaffenen. Dieser *Wille-zum-Sein* wird aus dem zentralen Kraftwirbel geboren und durch den 2. Aspekt mit Leben und Qualität begabt und setzt sich in allen Gestalten aus ungezählten Myriaden von Energieeinheiten zusammen. Alles substanziell Erschaffene dient der äußeren Wahrnehmbarkeit und zugleich als Medium einer Offenbarwerdung des schöpferischen Geistes. Das erfolgt in dreierlei Emanationen: Erschaffung, Gestaltung und Bewusstsein bilden eine Dreiheit, die zu einer Einheit verschmolzen ist. Es ist das immer wieder erscheinende Abbild der **TRINITÄT**: Wille, Liebe und Geist.

---

[15] Das hat Albert Einstein bereits festgestellt: Gesetz von der Erhaltung der Energie

3. Aspekt: Geist / Bewusstsein / Luft

Genau wie die beiden ersten Aspekte Urenergie und Ursubstanz durchströmt auch der 3. Aspekt im Urstrahl, der Geist, als Bewusstsein das gesamte Universum. Über ihn lässt sich auch die Einheit des „Allbewusstseins" vom winzigsten Atom bis zur Gottheit selbst nachvollziehen. Nur so kann das Leben Gottes in seiner essentiellen Manifestation gesehen werden, wie es sich in einem ewig sich ausdehnenden Bewusstsein auswirkt; wie es sich im Atom demonstriert, durch das Mittel der Form erweitert, bis es einen Kulminationspunkt im Menschen findet und dann auf seiner Bahn weitergeht und schließlich als schöpferischer Allgeist, die Gesamtsumme aller Bewusstseinszustände im Kosmos erkennt und offenbart.[16]

4. Aspekt: Seele

Die Seele ist die innige Verschmelzung von Wille, Liebe und Geist und so das verkörperte Leben Gottes selbst. Sie tritt ins Dasein, um die Eigenschaft von Gottes Natur, die wesenhafte Liebe ist, offenbar zu machen. Die Seele bringt im Leben besonders den 2. Aspekt der göttlichen Triade, *die Liebe*, zum Ausdruck, indem sie selber darin das Bewusstsein ist, das allein um die Gottheit weiß. Sie wirkt über den göttlichen Willen und den Geist und erschafft eine Welt neuer Formen, die der Gottheit liebende Absichten offenbaren oder verhüllen.

Als alles durchdringende Kraft ist die Seele der Impuls im Leben, der die gesamte Schöpfung auf ein gemeinsames Endziel hintreibt. Sie belebt alle Wesen, existiert aber auch als Wesenheit unabhängig von der Struktur eines Körpers. Die Seele als *Funke von Gottes Liebe* bestreitet daher das ständige Ringen in der Polarität von Geist und Materie, jener Spannung der „Unschärferelation", die das Leben selbst ist.

Die Seele ist ein Lichtwesen, das durch bestimmte Strahlvibrationen in jeder Gestaltung seine „Tönung oder Einfärbung" erhält; sie ist ein Zentrum schwingender Energien, das im Innern jeder Form für die Dauer der Wirksamkeit eines Strahles das **LEBEN** ist. Denn die Seele ist zwar für den Ausdruck und das Erscheinen des Lebens schlechthin verantwortlich, unterzieht sich aber den übergeordneten Bestimmungen der jeweiligen Gestalt aller Monaden, in denen sie als göttliches Bewusstsein wirkt. Dafür ist die Seele als „Gottes Funke"[17] in den Geschöpfen zwar immer autark und unabhängig, aber dennoch immer von einer sie einfärbenden und eintrübenden Substanz umkleidet. Allein die Seele

---

[16] Teilhard de Chardin: Ziel ist Der kosmische Christus
[17] Meister Ekkehard spricht vom Seelenfünklein Gottes in jedem Geschöpf..

stellt die Verbindung zwischen Energie, Bewusstsein und Gestalt her, was man kurz das Leben nennen kann.

Zweite Triade:
Sieben Prinzipien / Menorah

Die ursprüngliche einheitliche Trinität von Wille, Liebe und Geist als Kraftstrom des Urstrahls teilt sich in der 2. Triade in noch drei weitere Strahlen auf, die mit den drei Hauptstrahlen korrespondieren und durch einen zusätzlichen Strahl in der Mitte als 4. Strahl verbunden sind. Die sieben Strahlen oder Geister sind so die erste Differenzierung des Urstrahls der göttlichen Dreieinigkeit: Wille –Liebe – Geist. Als Derivate der 1. Triade repräsentieren sie deren Wirkungen und stellen die alles umfassende Grundlage für den gesamten Schöpfungsplan dar, der sich in den weiteren Dimensionen in unendlich vielfältigen Gestaltungen weiter differenziert. Die zweite Triade ist quasi die „Ausstülpung der Zentral-monade" und damit zugleich die Erschaffung der Dualität im Universum. Es sind die in Verbindung mit den drei Aspekten des Urstrahles mitbestimmenden Energien. Jeder Strahl verkörpert eine Idee, die als ein Prinzip verstanden werden kann. Die moderne Psychologie spricht von Archetypen (Urbilder), welche den Urgrund aller Erscheinungsformen bilden. Diese sieben Qualitäten sind Grund-prinzipien, die sich in allen Manifestationen in der Schöpfung wiederfinden und in unzähligen Kombinationen alle Gestaltungen der geschaffenen Welt bestim-men. Sie sind die sieben „schöpferischen Bausmeister" oder die erkorenen „Hü-ter in der Hierarchie"[18] und folgen systematisch den Intentionen eines großen Planes, indem sie den Aspekt des göttlichen Lebens zum Ausdruck bringen und die Welt der äußeren Erscheinungen mit Qualitäten ausstatten.

Die Idee von 7 Urgeistern ist uralt und wahr. Wir finden die sieben Äonen oder die sieben Emanationen (göttliche Kraftströme) und das Leben und Wesen der sieben „Geister vor dem Throne Gottes" in den Schriften der Bibel, in den Of-fenbarungen, in den Schriften Platos und aller Eingeweihten wieder, die in alten Zeiten die fundamentalen Erkenntnisse festgelegt und die menschliche Denk-weise durch die Zeitalter hindurch beeinflusst und gelenkt haben.[19] In allen Dar-stellungen der „Hierarchie" versteht man unter diesen „Sieben Geistern Gottes"

---

[18] Der Photonenring: „Dieser wechselseitige Austausch zwischen Kosmos und spiritueller Hierarchie erfolgt über „Hüter in den jeweiligen Dimensionen". Ein solcher Hüter ist ein Wesen, das die spirituelle Energie der Schöpfung in die Materie über morphogenetische Felder überträgt und reguliert.
[19] Die Vorstellung von „Urgeistern" findet sich in den Werken von Jakob Lorber, Alice Bailey, in der Bibel, den Offenbarungen etc. wieder.

virtuelle, ideelle Vorformen, die *Jakob Lorber* als die *„urgeschaffenen großen Geister oder die Gedanken Gottes als aus ihm hervorgehende Ideen"* bezeichnet. Es sind die seit alters her benannten sieben „Urgeister", die man heute als Prinzipien oder sieben Energiestrahlen interpretieren kann. *Dionysios Areopagita*, der als erster diese himmlische Hierarchie beschrieben hat, bezeichnet diese 7 Urgeister der zweiten Triade als „Herren", „Mächte" oder „Herrschaften", wohl um damit die Intentionen und Wirkungen dieser Energien zu unterstreichen und auf diese Weise „himmlische Kräfte" zu veranschaulichen, so wie man in alten Schriften von „Engeln" spricht. *Heisenberg* spricht in diesem Zusammenhang von „Potentia", als einem Bereich außerhalb von Raum und Zeit, einem transzendenten Wirkungsbereich, dem „Quantenraum". Quantenwellen sind darin wie die Platonischen Archetypen, die im transzendenten Bereich des Bewusstseins existieren.

Die sieben Strahlen / sieben Prinzipien

Die sieben Strahlen und ihre Zuordnungen
(dargestellt im Symbol der Menorah[20])

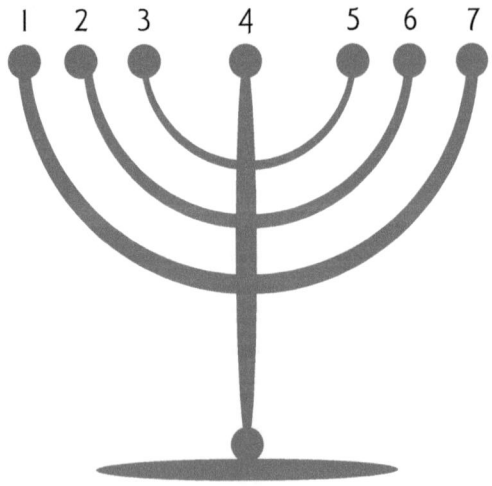

1 2 3 4 5 6 7

---

[20] Siebenarmiger Leuchter / jüdisches religiöses Symbol

Drei erste Prinzipien	Verbindung	Drei zweite Prinzipien
„Welle"	UNSCHÄRFERELATION	„Teilchen"
Aspektbestimmungen	Spannung	Wirkungen
1. Schöpferwille Erschaffen	4. Harmonisierung / Seele	7. Rücknahme des Willens Auflösen / Zerstören
2. Gestaltungswille	Leben / Belebendes	6. Empfangen / Hingabe
3. Allgeist	Umwandlung	5. Bewusstsein / Erkennen

Das Bild der Menorah ist das Symbol dieser ersten Aufteilung der einheitlichen Trinität im Urstrahl zu sieben Kräften in 2 x 3 Gruppen, die in der Mitte durch einen zusätzlichen Strahl zusammengehalten werden, der zugleich die Achse des siebenarmigen Leuchters bildet. Dabei sind die ersten drei Strahlenenergien noch als permanenten Ausfluss aus der ersten „Trinität" der Urenergie des Zentrums zu verstehen, während die drei weiteren korrespondierenden Strahlen sich als Wirkkräfte aus den ersten drei Strahlen ableiten lassen.

Es korrespondieren (gemäß der Menorah)
die Strahlen 1 und 7; 2 und 6; 3 und 5

Korrespondenz:

1. Strahl: Wille / Schöpferkraft / Urenergie erschaffen	7. Strahl: Auflösung / Rücknahme von Willen
2. Strahl: Liebe / Gestaltung, Anziehung und Abstoßung	6. Strahl: Aufopferung / Hingabe / Evolution
3. Strahl: Geistige Offenbarung	5. Strahl: Bewusstsein / Denken / Erkennen

Es korrespondieren 1. und 7. Strahl

1. Strahl: Der Schöpferwille ist die zeugende Kraft im Universum – KERNFUSION

7. Strahl: Auflösung, Zerstörung. Er ist die „Rücknahme" und Auflösung alles gestalteten Erschaffenen, eine Art Freigabe oder Befreiung aus den Verhaftungen an die materielle Geschöpflichkeit der Welt, eine Transparenz über ein Loslassen in die Spiritualität des Geistes – KERNSPALTUNG

Erster Strahl des Willens oder der Macht:

1. Strahl oder 1. Prinzip: Strahl der Schöpferwillenskraft

Wille ist die zeugende Kraft, die sich in der Absicht der Gottheit äußert, die Schöpfung aus sich herauszustellen. Diese Urenergie als Wille oder Kraft wird zur primären Intention, Gestalten zu erschaffen aber auch zu zerstören. Das ist der ewige Prozess des „Werdens und Vergehens". Alle Gestalten treten in ein sich offenbarendes und manifestierendes Formleben hinein, um sich dann wieder auf die ihnen zugrunde liegenden Ideen hin aufzulösen. Daran wird offenbar, dass Formen kein eigentliches Sein besitzen, sondern gleichsam hinter ihre Gestalt wieder zurücktreten müssen, um so auf ihren Schöpfer und Urheber zu verweisen, der das einzig Seiende ist. Es ist die Energie, die alle erschaffenen Formen, wenn diese ihren Zweck erreicht haben, wieder zerstört. Dieser „erste Strahl" des Erschaffens erhält im korrespondierenden siebenten Strahl die entsprechende entgegengesetzte Intention der Zerstörung. So kehren die Energien zum Kraftzentrum zurück, aus dem der erste Energieimpuls kam.

Das 7. Prinzip: Der Strahl der Auflösung

Das Prinzip des 7. Strahls ist daher die Wiederrücknahme und Auflösung alles vom Willen Erschaffenen, um immer neue Gestaltungen zu ermöglichen und den Lebenskreislauf in Bewegung zu erhalten. Dieses „Zerstörungswerk" ist im Kosmos eine Notwendigkeit, weil es die Befreiung für Neues bringt und zyklische Zeitalter einleitet, in denen alte Formen verschwinden, um neuen Formen Platz zu machen.[21] Beides ist die Schöpferkraft schlechthin: Denn es ist der hinter der evolutionären Entwicklung stehende Wille Gottes, der den Geist

---

[21] Dieser erste Strahl ist der „Meister des Todesdramas" in allen Naturreichen; er bringt die Zerstörung von Formen, wodurch Kraft freigesetzt und der «Eintritt ins Licht durch die Pforte des Todes» möglich wird.

durch die Materie vorwärtstreibt, bis er schließlich aus der Materie hervortritt und die Materie den Geist wieder freigibt, indem er zweierlei bewirkt: Erschaffen und Auflösen aller Gestalten, woraus folgt, dass:

1. Erschaffen und Auflösen sich nur auf den Energiekörper beziehen und man dem der Form zugrunde liegenden Energieleben die höchste Bedeutung beimessen muss,
2. und dass man die dichte objektive Manifestation überhaupt nicht als ein Prinzip betrachten darf, weil es verwandelbar und nur das Resultat einer inneren Gestalt ist.

Zusammenfassung der Wirkungen der beiden Prinzipien 1 und 7:

Der Schöpferwille als 1. Prinzip findet in der Dualität des Universums im 7. Strahl eine Ergänzung zum Schöpferwillen in der Rücknahme dieses Willensimpulses als Auflösung alles Erschaffenen in den Formen von Hingabe, Freigabe, Befreiung oder Aufgabe aller Willensstrebungen als „Opfer der Liebe". Der Sinn dieser beiden Strahlen ist das Erschaffen und das „Sterben" aller Formen auf allen Ebenen der Schöpfung. Beides: Erschaffen und Auflösen erfolgt über die Urenergie als *radioaktive Energie,* wobei jede Auflösung eine Art Umwandlung für die Erschaffung eines Neuen ist. Insofern entspricht auch der 7. Strahl dem „Siebenten Siegel" in der „Offenbarung" des Johannes.

Es korrespondieren 2. und 6.Strahl

2. Strahl: Liebe / Ursubstanz
6. Strahl: Empfangen und Hingabe

Der 2. Strahl / LIEBE ist die machtvollste Energiequelle im Bund der sieben Strahlen. Dieser von der Liebe erfüllte Strahl belebt und bringt alle manifesten Erscheinungen der Ursubstanz hervor. *„Der Geist als „Vater" befriedigt im Schöpferwillen (1. Strahl) sein Verlangen nach Zeugung. Die Materie als „Mutter" (Matrix / Imprägnierung) fühlt sich in Liebe vom „Vater" angezogen und erfüllt sein Verlangen, und aus ihrer gegenseitigen Beziehung geht der Sohn als Schöpfungswerk hervor."*[22] Hier sind die zwei großen Strahlen des Willens und der Liebe, die beiden Haupteigenschaften Gottes am Werk, die in allen Gestalten wirken. Denn über diesen 2. Strahl bewirkt die Liebe in allen Gestaltungen Umwandlungen von Substanzfrequenzen; und das elektrische Feuermeer der Urenergie, das die

---

[22] Alice Bailey a.a.O

erste Triade kennzeichnet, wird in brennenden „Ätherstoff" umgewandelt. Man kann jetzt von „ätherisch-energetischer Substanz" sprechen.

Der 6. STRAHL ist als empfangende Hingabe die korrespondierende Kraft zur Liebe und deren sich offenbarende Wirkung in der Schöpfung. Ihm obliegen die Funktionen von Anziehung und Abstoßung aller Geschöpflichkeiten. Es ist eine dienende Liebe in *Demut* im Sinne einer bedingungslosen Zuwendung ohne eigene Bedürfnisse, eine Art „Aufopferung" *Eines* für den *Anderen*, um das Weiterleben in der Evolution zu ermöglichen. Das erfolgt über Strahlungen, die sich als Ursache für alle Manifestationen erweisen oder als das, was Formen zur Kohäsion bringt. Dadurch wird „Reibungsfeuer" zu elektrifizierter Substanz und verschmilzt mit dem elektrischen Feuer des Geistes, wodurch Formen und Gestalten programmiert werden und in Erscheinung treten können.

Zusammenfassung

Dieser 6. Strahl gehört mit dem 2. Strahl insofern zusammen, als die liebende Hingabe erst durch den beide Strahlen verbindenden 4. Strahl in einer Harmonisierung zur Wirkung kommen kann. Der 2. Strahl repräsentiert die Liebe als Gestalterin der Ursubstanz alles Erschaffenen. Dieser Strahl träufelt in alle Formen die Kraft der Liebe ein, die über die Kraft des 6. Strahles in den materiellen Gestaltungen als Verlangen zutage tritt. Es stellt das empfangende Substanzprinzip der Anziehung dar, das die Lebensäußerung des reinen Seins und der Liebe ist. Denn die bedingungslose „Opferbereitschaft" der Liebe bedarf großer Demut und Geduld, weil das „Stirb und Werde" immer auch mit Leiden verbunden ist. Darum bezeichnet Lorber den 6. „Urgeist" als die Geduld, in der auch *Hildegard von Bingen* die „Grünkraft des Lebens" sah, weil allein die göttliche Geduld allen Wesen ihrer Maßgabe entsprechend die Wege der Weiterentwicklung und der schließlichen Vollendung in Gott eröffnet. „Die Geduld ist die Grünkraft des Lebens und Mutter der ewigen, unwandelbaren Barmherzigkeit Gottes. Nur die göttliche Geduld bringt mit der Zeit alles ins harmonische Gleichgewicht."

Es korrespondieren 3. und 5. Strahl

3. Strahl (Geist / Weisheit)

Der 3. Strahl repräsentiert den Geist oder das göttliche Bewusstsein und ist das „Feuer" aller geistigen Impulse, das alle Formen mit Bewusstsein durchdringt und alle Gestalten zu bestimmten Aktionen und Leistungen antreibt. Dieser dritte Strahl ist das große „Mysterium der Elektrizität" selbst, denn es ist strahlende, elektrische Substanz, jener aktive „intelligente Äther" und jene trägerfreie Energie, die sich nicht mit physikalischen Begriffen messen und beschreiben lässt.

5. Strahl (Bewusstsein / Denken)

Der 5. Strahl ist der korrespondierende Ableger des 3. Strahls des Geistes. In dieser Korrespondenz verwandeln sich die Wirkungen des 3. Strahls in das „aktive Bewusstsein" des Geistes, was die Ausstattung aller Formen, die in der Schöpfung erscheinen, vervollständigt. Es ist die Umsetzung des Geistes in seine feurig-elektrische Manifestation des Denkens im Menschen. Die Wirkungen des 5. Strahls bestehen in einer Interaktion zwischen Frequenzen und Bewusstsein, jener permanenten Unschärferelation zwischen Energien und Geist, deren Ergebnis das Leben selbst ist. Wirkten im Schöpfungsakt die beiden Strahlen von Wille und Geist noch vereint im Urstrahl, so erfahren diese Energien in der 2. Triade eine Differenzierung in strahlende Impulse und Wirkungen, die im weiteren Abstieg des Geisteswillens zu einer immer weiter gefilterten Strahlung werden. Das „Feuer des Denkens" ist dabei Elektrizität in ihren spirituellen, höheren Auswirkungen, und nicht so sehr im Sinn von Kraft innerhalb der ätherischen Substanz.

Insofern wird dieser 5. Strahl zur Bewusstwerdung und Weiterführung des 3. Strahles, der „göttlichen Weisheit", als das Prinzip des *denkenden Bewusstseins im gesamten Universum*. Und das bedeutet die Möglichkeit, selbst gedanklich zu wirken, am Schöpfungsprozess Gottes mit teilzunehmen und die Angebote des Denkprinzips als schöpferische Aktivität mit einzubringen. Es ist die vom göttlichen Zentrum ausgehende und bis hin zum Bewusstsein des Atoms im Kosmos ununterbrochene Bewusstseinskette. Denn dieses durchgehende Bewusstsein ist in der Schöpfung der einzige Zugang für das Verstehen und Erkennen des Planes Gottes. Es ist der Geist, die Idee, der Gedanke, der jeder Wirkung als ihre Ursache zu Grunde liegt. Denn in dieser Korrespondenz zwischen dem 3. und dem 5. Strahl geschieht die Umsetzung des „spirituellen Plans". Das ist die direkte Manifestation des Geistes, die alle Formen zur Kohäsion veranlasst, denn alle Formen sind das Ergebnis des Daseinsverlangens des dynamischen Feuers des Willens, wobei elektrifizierte Substanz und das elektrische Feuer des Geistes aufeinander treffen und verschmelzen: Form tritt in „bewusste Erscheinung". Es ist das gemeinsame Vorhaben von willensgesteuerten „**Quarks**" in Verbindung mit gestaltgebenden „**Neutrinos**" und mit den von Ideen „imprägnierten **Tachyonen**". In diesen drei subatomaren „Bausteinen" spiegelt sich die himmlische Trinität von Wille, Liebe und Geist wider.

Über den 5. Strahl erhalten alle Energien und Kräfte ihre geheimen „Namen"[23] und enthüllen ihren inneren Zweck, wodurch der göttliche Plan bewusste Gestalt annimmt. Gestaltungen sind die Selbstoffenbarung Gottes, die aus den Formen wieder enträtselt werden muss. Die Form an sich ist dabei Verhüllung, wobei die Enthüllung der Gedankenwelt Gottes über die Transparenz der Formen Ziel und Sinn ist; denn nur darüber offenbart sich die in der Verhüllung unaufhebbare Einheit Gottes mit sich selbst, der selbst in der Form ewig das unteilbare *Eine Leben* ist. Denn Schöpfung ist nicht nur Verhüllung, sondern auch Enthüllung, Selbstoffenbarung Gottes.

In einer alten Legende heißt es: *„Dunkle Wolken verhüllen die Form. Die Nebel, die aus dem Wassergrund emporsteigen, helfen das Wunderbare zu verzerren, das in der verborgenen Stätte zu finden ist. Ein Lichtstrahl erhellt die Form und das Verborgene tritt nun zu Tage."*[24] Das besagt: Die Vergangenheit offenbart sich über die Form, während die Gegenwart das permanente Einfließen von Energien anzeigt. Das, was zeitlich unterwegs ist, erscheint als eine Wolke, welche die Sonne verbirgt. Doch verborgen hinter dieser Wolke des Innewohnens ist die Liebe, die alles neu macht und die erkannt werden will.

4. Strahl oder „der Herr der Harmonie"

Der 4. Strahl oder die Verbindung der 7 Strahlen untereinander

Das ist der Wirkungsradius der Seele: Harmonie durch Konfliktüberwindung. Diesen 4. Strahl nennt man die Heilige Ordnung. *„Ohne diese Ordnung kann kein Wesen irgendeine bleibende und stetige Form und somit auch nie einen bestimmten Sinn haben."* Denn sie ist die Kraft der bestimmenden Verbindungen aller sieben Strahlen, weil Harmonie eine erste Antwort auf das Gesetz der Dualität in der Schöpfung ist, was immer zugleich Kampf[25] voraussetzt, der im Prinzip der Harmonie eine Gegenkraft findet. Beide Pole sind notwendige für das Leben als Prozess im Universum, dessen Ziel aber immer die Vollendung in einem Ganzen bleiben muss. In der 2. Triade der spirituellen Hierarchie hat daher der 4. Strahl der Harmonie eine virtuelle Bedeutung im Hinblick auf das Leben und muss als teleologisches Ziel der Vollkommenheit verstanden werden. Repräsentantin des 4. Strahls ist die Seele, denn die Seele als „Funke von Gottes Liebe" bestreitet das ständige Ringen in der Polarität von Geist und Materie. Über diesen vierten Strahl spiegelt sich die schöpferische Kraft der spirituellen Hierarchie im ganzen Universum wider, um endlich im Menschen

---

[23] vgl. die Namensgebung im Buch Genesis: das Wort als Sprache und Begriff (Gen 2,19f.)
[24] Sanskrit
[25] Heraklit von Ephesos: „panta rhei" (alles fließt): alles wird, nichts ist statisch. Der Kampf der gegensätzlichen Prinzipien bestimmt Werden und Vergehen. Der Kampf ist der Vater von allem.

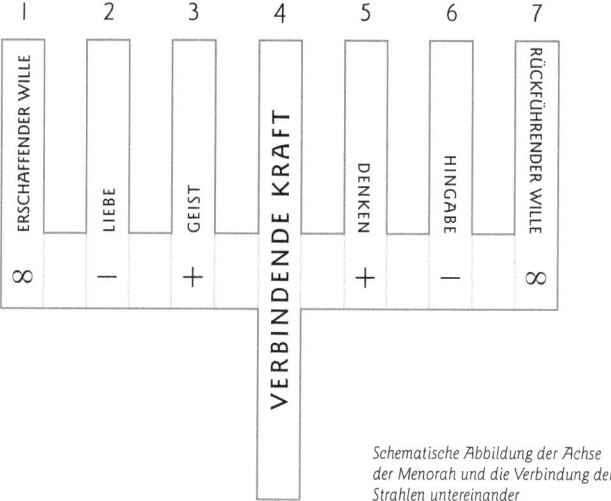

Schematische Abbildung der Achse
der Menorah und die Verbindung der
Strahlen untereinander

die Verbindung von Geist und Materie in einem Bewusstsein zu repräsentieren, die Menschheit über Erkenntnis zur Weisheit zu führen und dem Menschen die „Ebenbildlichkeit" wahrer Gottessohnschaft zu ermöglichen.

Zusammenfassung der zweiten Triade

In der „zweiten Triade der spirituellen Hierarchie" gibt es weder Zeit noch Raum und alle Gestaltungen darin sind vorgebildete und offenbarende Ideen, die den in ihnen waltenden Sinn nicht verhüllen, wie es im Kosmos auf Grund des dort waltenden Prinzips der Polarität der Fall ist, wo der tiefere Sinn sich hinter einer Verhüllung verbirgt. Die drei Hauptstrahlen Wille, Liebe und Geist werden in den 7 Urgeistern zum *Erschaffen, Gestalten und Bewusstsein*. Daher sind die 7 Prinzipien als Vorformungen und spiritueller Entwurf der gesamten Schöpfung zu verstehen, die in der 2. Triade aus der Einheit des göttlichen Zentrums quasi in eine „virtuelle Dualität" heraustreten, um sich in der 3. Triade in unendlich vielen Gestaltungen als Wirkung und Bewusstsein in einer permanenten Umwandlung zu konkretisieren. Das meint Alice Bailey mit den Worten:

„Die sieben Urgeister oder sieben Strahlenkräfte, aus dem zentralen Kraftwirbel geboren, mit Leben und Qualität begabt, setzen sich aus ungezählten Myriaden von Energieeinheiten zusammen, denen allen die Aspekte des Lebens eingepflanzt und eingeboren sind, die mit Qualität ausgestattet und imstande sind, nach außen in Erscheinung zu treten. Diese Energien strahlen in die nächste Triade ein, an deren Basis der Kosmos als materielle Welt steht".

Dritte Triade:
Ausgestaltung / Bewusstseinsentfaltung

Die in der 2. Triade als Prinzipien herrschenden „URGEISTER" erfahren in der 3. Triade ihre bewusste Verwirklichung und Ausgestaltung. War der beherrschende Impuls in der 1. Triade der SCHÖPFERWILLE und in der 2. TRIADE die alles bestimmende URSUBSTANZ, so ist es in der 3. Triade das ALLBEWUSSTSEIN als die primär bewegende Kraft. Es ist der 5. Strahl, der sich von der 3. Triade an als absolut bestimmend erweist. Er ist die einzigartige Machtfülle in Bezug auf das göttliche Denkprinzip, das bis in den Kosmos hinein, und da vor allem im Bewusstsein der Menschheit die wichtigste Rolle spielt.

Diese 3. Triade ist der Bereich, der die spirituelle Hierarchie nach unten hin zur materiellen Dimension des Kosmos abschließt. Entziehen sich die beiden oberen Bereiche der Hierarchie wegen ihrer absoluten Gestaltlosigkeit weitgehend menschlichen Vorstellungen, so wird der unterste Bereich, die 3. Triade, wegen ihrer vielseitigen Gestalthaftigkeit einer bildhaften menschlichen Vorstellung wieder zugänglicher. Dionysios Areopagita schreibt dazu: *„Müssen diese beiden (oberen) Bereiche im Verborgenen bleiben, ... so tritt die unterste Stufe der Hierarchie der Engel mehr in die Vorstellung einer Sichtbarkeit. Darum ist diese letzte Stufe der Hierarchie die Grundordnung in der Kette gegenseitigen Einwirkens, die so die sämtlichen Ordnungen der himmlischen Geister nach unten hin abschließt."*

Auch im dritten Bereich der Hierarchie sind *„Engel reine, persönlich freie, dienende Geister und stehen miteinander in einem Reich schenkender und empfangender Liebe in Gemeinschaft zusammen"*. Diese „Engelwesen" stehen den Menschen bereits viel näher und gelten darum als Boten und Helfer innerhalb der Hierarchie. Denn alle hierarchischen Bereiche kommunizieren miteinander und nehmen so gegenseitigen Einfluss, wobei dieser Einfluss prinzipiell von „höheren" Dimensionen zu „niederen" Bereichen ausgeht. Umgekehrt gibt es von den unteren „Himmeln" in die oberen keinen Einfluss, weil die „Weisheit" der höheren Engel bei weitem die der unteren übertrifft.

„Abstieg" der Energien

Vor allem die dritte Triade der Hierarchie ist durch einen permanenten „Abstieg" aller Energien bis hin zum materiellen Kosmos gekennzeichnet: Es handelt sich bei diesem Abstieg um Zustands- und Bewusstseinsveränderungen, die immer parallel mit Energieumwandlungen verlaufen. Zustandveränderungen gehen in allen Bewusstseinsdimensionen immer auf Energieeinstrahlungen zurück und sind die Folge von Interaktionen zwischen Frequenzen und Bewusstsein, jener Spannung der Unschärferelation zwischen Energie und Geist. Bewusstseinswandlungen bedeuten darum immer einen neuen „Umgang" mit der Urenergie, die bereits in der 3. Triade entscheidend und für jede Zustandsveränderung verantwortlich ist und immer die Verbindung mit dem jeweiligen Bewusstsein herstellt. Insofern kann man nicht mehr allein von Energien sprechen, sondern von Strahlen, die kombinierte Träger von energetischen Bewusstseinsfunktionen sind.

Denn alles ist im Geist bereits vorhanden, wobei Manifestationen über bewusste „Wesenheiten mit Modulcharakter in der Hierarchie" erfolgen, was dann jeweils parallel oder analog auch für alle Manifestationen im Kosmos gilt. Diese energetischen Wesenheiten sind primäre Überträger und besitzen im Rahmen des immanenten Planes gestalterische Funktionen, wobei über die spirituell übergeordneten Hierarchien im Laufe großer Entwicklungen durchaus zuweilen „Anpassungsschwierigkeiten" auftreten können.[26] Denn es gilt dabei immer auch ein Prinzip der bedingt „freien Entscheidung" innerhalb des übergeordneten Schöpfungsplanes, der nur über das durchgehende Bewusstsein in der Schöpfung gefunden werden kann. Das Bewusstsein ist der einzige Zugang für das Verstehen und Erkennen des Planes Gottes, weil der Geist, die Idee, der Gedanke ist es, der jeder Wirkung als Ursache zugrunde liegt.

Primär sind Zustands- und Bewusstseinsveränderungen in der „spirituellen Hierarchie" als Veränderungen der Basisfunktionen von Liebe und Weisheit zu verstehen; das ist auch der Grund, warum *„Engel oder ganze Engelgesellschaften"* sich nicht beständig im gleichen Zustand befinden; denn Zustandsveränderungen sorgen für ständige Bewegung im schöpferischen Kreislauf und inszenieren durch eine „Verdunklung aller Frequenzen" auch jenen unvermeidlichen „Abstieg" aller Energien innerhalb der Hierarchie. Auf diese Art lösen sich die Bewusstseinsdimensionen ab, und zwar nach jeweiliger Maßgabe. Swedenborg berichtet in diesem Zusammenhang, dass dieser *„Abstieg der schöpferischen Energien entsprechend dem jeweiligen Bewusstseinslevel einer Dimension durch ständige Zustandsveränderungen gekennzeichnet ist. Denn im Himmel gibt es keinen Entwicklungsprozess über Zeit- und Raumvorstellungen, sondern nur sich ständig verändernde Zustände."*

Solche „Zustandsveränderungen" sind im Abstieg immer eine Art „Abdunkelung des Lichtes", das im „Himmel" immer die Wahrheit repräsentiert. Denn das göttlich Wahre erscheint in den unterschiedlichen Bewusstseinsdimen-

---

[26] B. Dinosaurier – Die Saurier waren ein solcher „Versuch" auf Erden

sionen verschieden und richtet sich jeweils nach der „Einsicht der Engel" aus.[27] Die Zustände selbst ergeben sich dabei aus den Basiseinstellungen zur Liebe und Weisheit, und nur darüber erfolgt die Umwandlung des jeweiligen Zustandes.[28] Weil aber im Bewusstseinsabstieg *„ein jeder sein Eigenes mehr und mehr liebt, so treten in den Seelen abdunkelnde Zustandsveränderungen auf. Nur in dem Maße, wie ein Wesen vom Eigenwillen absteht[29], verbleibt es in Liebe und Weisheit, in dem Maße aber, wie das nicht geschieht, ist eine Seele in der Liebe zu sich selbst."* „Sind die Seelen als Bewusstseinsträger im letzten Zustand des Abstieges der dritten Triade angelangt, so beginnen sie traurig zu werden, weil ihnen deutlich bewusst wird, dass ihr weiterer Abstieg die Inkarnation auf Erden bedeutet und weil sie das Leben der Menschen mit Schrecken aus ihren Beobachtungen kennen."*

Die 3. Triade ist „das Vorstadium", aus dem im Kosmos alle Formen hervorgehen. Dieses ist der eigentliche Wirkungsbereich der Seele, die als der 4. Aspekt im Leben und als spiritueller Energieträger und Bewirker für alle Zustands- und Bewusstseinsumwandlungen zuständig ist. Beide sind Voraussetzungen für eine spätere Individuation und Gestalthaftigkeit, die letztendlich im Kosmos in der „Ebenbildlichkeit des Menschen" mit Gott ihren krönenden Abschluss findet. Die Seele wirkt über den göttlichen Willen und den Geist und erschafft eine Welt neuer Formen, die der Gottheit liebende Absichten offenbaren oder verhüllen, wobei sie selber das Bewusstsein ist, das allein um die Gottheit weiß. Sie ist jene vibrierende Energieeinheit als Teil aus Gottes ganzer Fülle, welche die Liebe und das Leben erscheinen lässt, weil sie den Stempel der göttlichen Ideen in sich trägt.

Zusammenfassung der spirituellen Hierarchie / der drei Triaden

Im Ausfluss aus dem Zentrum (1. Triade) ist der Urstrahl noch ein einheitlicher „gebündelter Energiestrahl" der spirituellen Trinität von Wille, Liebe, Geist. Dieser Energiestrahl erfährt bereits in der 2. Triade eine erste Differenzierung in 7 „Prinzipien" als Energiezentren, die in der 3. Triade in Energieimpulse und Strahlenwirkungen umgewandelt werden, wobei jener ursprüngliche Geisteswille der Urenergie in allen Gestalten als Bewusstsein fusioniert. Es ist das

---

[27] Swedenborg/ a.a.O. „ ...weil die Engel geistig sind, ist für sie das Göttlich-Wahre das Licht. Je nach der Weisheit der Engel ist das himmlische Licht verschieden."

[28] Swedenborg, a.a.O.: „Was diese Umwandlung betrifft, wurde ich dahingehend unterrichtet, dass bei den Bösen wohl das Verstehen wieder in der Weise verwandelt werden kann, nicht aber ihr Wollen. Das ist vom Herrn so vorgesehen, dass man das Wahre nur aufnehmen kann, wenn man auch zugleich im guten Willen ist."

[29] Sie hegen zwar noch die Hoffnung, in Kürze wieder in den vorherigen Zustand (Himmel) zu gelangen, denn der Himmel besteht für sie darin, von ihrem Eigenen abgehalten zu werden."

„Feuer des göttlichen Impulses", das alle Formen durchdringt und das Universum in kreisender Bewegung hält. Es ist das große Mysterium der Elektrizität, jene strahlende, elektrische Substanz, jener aktive „intelligente Äther", der von den „Devas"[30] beseelt wird, und es ist die in allen Ebenen der Hierarchie wiederkehrende „Trinität" von Wille, Liebe und Geist, die vom Zentrum ausfließt und sich in der Weitergabe der Urenergie hinsichtlich ihrer gestaltenden Wirksamkeit ständig verändert. Dieses Urlicht Gottes will in der „Finsternis" leuchten; und überall wo Licht empfangen wird, geschieht eine geistige Wechselwirkung zwischen Urenergie und empfangender „Substanz". Das ist die Selbstoffenbarung Gottes in zunehmender „Verhüllung" durch gestaltete Substanz, die im weiteren Abstieg aus dem Zentrum durch immer tiefere „Frequenzen" bis hin zur größtmöglichen Verdichtung der Substanz führt und im Kosmos ihre endgültige Verdichtung erreicht. Das sind die sich verändernden „Feuer" oder Energieeinstrahlungen, die in jeder tieferen Ebene eine andere der Verdichtung gemäße Einfärbung annehmen: Der Energiestrahl sinkt tiefer, und gleichzeitig verändern sich beim Eindringen dessen Schwingungen, so dass ständig neue Bedingungen entstehen, um schließlich im Kosmos zur größten Schwingungsdichte in der Materie zu „gerinnen".

Durchdringung von Geist und Materie im Universum

Geist und Materie sind die in der göttlichen Monade des Universums durch die Liebe vereinten scheinbaren „Gegensätze" Yin und Yang. In Wahrheit bestehen aber gar keine Gegensätze, denn alle Materie ist „geronnene Energie", und alle Übergänge zwischen Materie und Energie sind fließende. Denn nur das menschliche Bewusstsein zerteilt die Welt in einen Zustand, der sieht, und in einen, der gesehen wird. Durch den Menschen ist sich das Universum seiner „Selbst bewusst", was zwangsläufig im Bewusstsein des Menschen zur Teilung in Subjekt und Objekt führt. Das ist jene vereinte Polarität[31] von „Geist und Materie", jene zwei spiegelbildlichen Seiten des Universums, welche die Urenergie als „Substanz und Form" im Äther durchflutet. Es ist die ewige Durchdringung von Geist und Materie, die sich über eine Rückspiegelung der spirituellen Hierarchie im Kosmos als ihrem Gegenentwurf erst als Ganzheit erweist.

[31] G. Spencer Brown, „Gesetze der Form": „Die Welt muss sich zunächst selbst zerteilen, und zwar in einen Zustand, der sieht, und in einen, der gesehen wird. Durch uns ist sich das Universum seiner selbst bewusst. Im Menschen teilt sich das Universum selbst in Subjekt und Objekt."
[30] Devas sind in der indischen Mythologie „Engel"; es sind Kräfte, die blind wirken und unter universellen Energiengesetzen stehen.

Diese kosmische Durchdringung von „Licht und Finsternis" erfolgt in einer Art gegenläufigen Bewegung von Geist und Materie. Beide Bereiche wachsen sich förmlich entgegen: Die Materie im Kosmos bringt in einem langen Entwicklungsprozess von der Zelle bis hin zu den „Primaten" einen biologischen Lebensträger hervor, der aufnahmebereit ist für die Inkarnation des Geistes als das in der Materie abgestufte Bewusstsein. Am Schnittpunkt beider steht der Mensch, in dem Geist und Materie aufeinandertreffen und sich gegenseitig durchdringen, um über den Menschen die Materie durch den Geist wieder transparent werden zu lassen. So treffen die absteigenden Bewusstseinsdimensionen der spirituellen Hierarchie im dreidimensionalen Kosmos auf den Menschen, der das Ziel der Evolution in der Materie ist, um durch ihn von da aus wieder einen spirituellen Aufstieg zu beginnen. Aus *Jesus* muss *Christus* werden. Im Menschen treffen sich beide Entwicklungsstränge. Es ist das Zusammenschließen der Antipoden im „Tao-Zustand", der nur über die Liebe, jene unbegreifliche „Unschärferelation" im Universum das Leben und „Lila", das „Liebesspiel Gottes" selbst, ist.

Diese „Schnittstelle" im Universum ist zugleich der „zweite Start" in der Schöpfung als Rückspiegelung der spirituellen Hierarchie des Geistes aus der Materie im Kosmos, weil im Universum immer ein Zusammenspiel zwischen Geist und Materie besteht. Der „erste Start" war die Ausgießung des Geistes zum Abstieg in die Materie. Dieser „Schnittpunkt" wurde vor ca. 25.000 Jahren im Vormenschen erreicht, eine Epoche, die Yukteswar als die *„größte Dunkelheit der Menschheit"* bezeichnet und die Ken Wilber in seiner Schrift „Halbzeit der Evolution" mit dem bezeichnenden Untertitel beschreibt: *„Der Mensch auf dem Weg vom animalischen zum kosmischen Bewusstsein".* Von diesem Zeitpunkt an erfolgt der Wiederaufstieg des Geistes aus der Materie. Geistmorphologie kehrt zurück in die Quelle, und die Materiemorphologie löst sich auf, um als pure Energie von der Quelle für die Schaffung neuer Universen wieder eingesaugt zu werden. Gegenwärtig erleben wir wieder einen solchen „Wendepunkt" im Bewusstsein, indem in der gesamten universellen Bewegung quasi eine Umkehr erfolgt. Es ist wie das Auftreffen eines Tennisballes, wobei die Rückschlagbewegung eine genauso heftige ist wie die Aufschlagkraft. Die Menschheit erleidet diesen „Wendepunkt"[32] in der Gegenwart sehr schmerzlich, weil damit eine gravierende Bewusstseinsveränderung verbunden ist. Denn dieser „Aufprall" ist im Kosmos ja nicht nur ein Moment, sondern nach menschlichen Zeitvorstellungen eine längere Phase, in der jetzt gerade erst der „Rückschlag" begonnen hat.

---

[32] Ken Wilber: „Halbzeit der Evolution"

Es ist die Rückspiegelung der spirituellen Hierarchie in der untersten Bewusstseinsdimension, im materiellen Kosmos, an dessen Schnittpunkt der Mensch als „Ebenbild" Gottes steht, um die Liebe wieder zurückzuspiegeln, um so der Liebe Gottes die Möglichkeit zu geben, sich von seinen Geschöpfen selbst „lieben zu lassen". Insofern ist der materielle Kosmos als Spiegelbild Gottes in der Tat das eigentliche Ziel und zugleich die größte Anforderung und Erprobung der Liebe, und zwar in der Rückführung des in den Gestalten gefangenen Bewusstseins über eine zunehmende Transparenz der Materie. Und das geht nur über den Menschen, der das einzige Geschöpf ist, welches beiden „Bereichen" der Schöpfung angehört, nämlich der Materie und dem Geist, und so bewusst Gott als seinen Schöpfer erkennen und lieben kann.

Im 20. Jahrhundert erlebte die Menschheit diesen „tiefsten Aufprall" besonders heftig, und es scheint darum geboten, die oft erschreckenden Kriegskatastrophen und materiellen Zerstörungen nicht nur als Folgeereignisse im kosmischen Sonnensystem zu sehen, sondern auch als einen notwendigen Befreiungsakt von erdrückenden Traditionen sowie als einen geistigen Umwandlungsprozess in der menschlichen Bewusstseinsentwicklung zu begreifen. Denn davon ist nicht nur die Menschheit betroffen, sondern das gesamte Universum, das an der Kreisbewegung[33] des Allbewusstseins mit beteiligt ist. Augenscheinlich sind die besonders Betroffenen zwar die Menschen, weil sie als Träger des Bewusstseins dasselbe wieder in die entgegengesetzte Richtung bringen müssen. Zugleich ist es aber auch das größte Opfer Gottes in seiner Schöpfung, sich selbst als seinen „eigenen Sohn" aus Liebe zur Hilfe zu schicken.

(siehe zu diesem Abschnitt die Abbildung auf der Folgeseite)

---

[33] Nach A. Wheeler ist „ Das Universum ein sich selbst erzeugender Kreislauf, wobei die Irreversibilität das Merkmal des gesamten Universums ist." Prigonine spricht in diesem Zusammenhang darüber hinaus von einem „Strom pulsierender Universen". Er versteht darunter quasi eine zyklische Abfolge, in der ein Universum das nächste bestimmt oder, wie er es formuliert, ein Universum Anstoß für das Nachfolgende ist, denn der Fluss ist ein permanenter und ergießt ein Universum in das andere ohne Verlust und Anstoß.

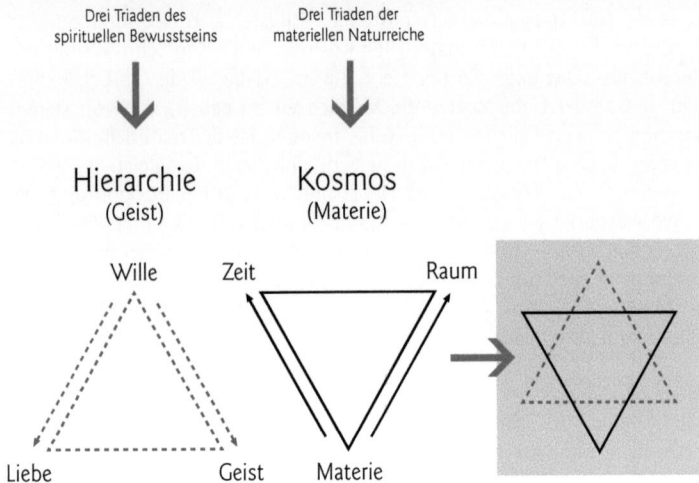

Drei Triaden des
spirituellen Bewusstseins

Drei Triaden der
materiellen Naturreiche

Hierarchie
(Geist)

Kosmos
(Materie)

Wille   Zeit   Raum

Liebe   Geist   Materie

*Die Durchdringung von Geist
und Materie lässt sich über die
Rückspiegelung der spirituellen
Hierarchie vom materiellen
Kosmos aus im Symbol des Sechs-
sterns verdeutlichen: 2 Dreiecke
wachsen einander entgegen
und durchdringen einander im
Sechsstern.*

Teil III

Der Kosmos

Der Kosmos ist im gesamten Universum die „äußerste" Bewusstseinsebene und zugleich als „Peripherie" des gesamten Universums die materiellste Dimension. Er ist die spiegelbildliche *„Ausstülpung"* der geistigen Hierarchie, die quasi von der materiellen Peripherie aus die spirituelle Hierarchie wieder „zurückspiegelt". Es handelt sich aber bei dieser „Umstülpung" von Geist in eine sichtbare quasi reale „Bilderwelt" lediglich um zwei Seiten einer Einheit prinzipiell unterschiedlicher Bereiche, nämlich Geist und Materie, die beide „geeint" werden durch die Spannung der „Unschärferelation", die auch in dem fundamentalen Dualismus zwischen „Welle und Teilchen", jener Vereinigung unvereinbarer Aspekte im Kosmos, offenkundig wird.

Aus dieser Spiegelbildlichkeit lassen sich auch zwischen spiritueller Hierarchie und materiellem Kosmos die analogen Paralleldimensionen ableiten. Denn auch der Kosmos besteht ähnlich wie die geistige Hierarchie ebenfalls aus drei „Triaden", die man als die drei „Naturreiche" im Kosmos bezeichnet und die als analoge Parallelwelten zur geistigen Hierarchie zu verstehen sind. Dabei gilt: Je höher die geistige Sphäre in der Hierarchie ist, um so materiell verdichteter sind die spiegelbildlich-analogen kosmischen Entsprechungen: So entsprechen sich die erste Triade der geistigen Hierarchie und das erste Naturreich, das Mineralreich im Kosmos, ferner die zweite Triade und das Pflanzenreich und ebenso die dritte Triade und das Tierreich. Diese Analogien gelten vor allem für die sich jeweils entsprechenden Energien, die in der Hierarchie als bestimmende Wirkkräfte zu verstehen sind und die wir im Kosmos als erlebbare Gestaltungskräfte erkennen können.

Auch jedes Gestirn im Kosmos hat eine entsprechende geistige „Parallelwelt", die in einer permanenten Wechselwirkung die kosmischen Gebilde beeinflussend mitbestimmt und deren Folgen bis in die materielle Welt der Gestirne durchschlagen und erlebt werden können. So ist z.B. unser Sonnensystem eine für irdische Vorstellungen sehr lange Zeit durch eine Zone größter „geistiger Dunkelheit" in ihrer übergeordneten Galaxie gewandert.[34] Diese Phase scheint

---

[34] Swami Sri Yukteswar, „Die Heilige Wissenschaft": „Es war daher die dunkelste Phase des Kali-Yuga im gesamten Zyklus von 24.000 Jahren".

überwunden und beendet zu sein, was aber keineswegs bedeutet, dass auch auf Erden eine katastrophenfreie oder nach menschlichen Vorstellungen konflikt- freie Phase anbricht. Vom Geistigen her gesehen, sind alle diese bestimmenden Einflüsse wertneutral und hängen mit dem allem zugrundeliegenden verbor- genen göttlichen Plan zusammen, welcher seine Bestimmung wiederum aus der spirituellen Hierarchie erhält. Mit solchen „kosmischen Phasen" hängt z.B. auch die Entwicklung des Bewusstseins der Menschheit zusammen, das eben- falls vom Geistigen aus gesehen weder schlechter noch besser ist. Es handelt sich immer nur um Veränderungen, die von der Liebe aus betrachtet überall gleichwertig sind und nur unterschiedliche Ausgestaltungen annehmen.[35] In diesem Zusammenhang sei der Hinweis auf die Astrologie erlaubt, die sich mit diesen energetischen Einflüssen der Strahlen befasst, die im kosmischen Manifestationskörper als dessen Eigenschaften sichtbar in der wahrnehmbaren Außenwelt in Erscheinung treten.

Alle materiellen Manifestationen im Kosmos sind die „beseelte Gestalt" des dahinter wirkenden Geistes und darum hinsichtlich menschlich-sinnenhafter Wahrnehmung immer nur die „halbe Wirklichkeit", weil alles sinnenhafte Wahrnehmen immer eine Art Illusion ist. Es ist wie bei einem auf eine Lein- wand projizierten Film: Genauso spielen sich auch alle Bewegungen im Kosmos auf einer „fixen Konstante" ab, eben wie die beweglichen Bilder auf einer kon- stanten Filmleinwand. Der Mensch erlebt zwar diese Bewegungen aller zeitlich ablaufenden Bilder als „Realität", was aber die irrelevante Fiktion einer kosmisch bedingten Bewusstseinsvorstellung ist. Es ist die Folge einer astrophysikali- schen Vorstellung und Illusion von einem sich quasi permanent ausdehnenden Kosmos, was wiederum durch die Verhaftung an menschliche Raumvorstellun- gen bedingt ist. Natürlich handelt es sich nicht um eine wirklich expandierende kosmische Bewegung, sondern um eine in sich kreisende, und zwar in einem virtuellen Raum. F. H. Krause spricht in diesem Zusammenhang davon, dass es sich bei Raumvorstellungen im Kosmos möglicherweise nur um eine „Fiktions- illusion" handele.[36] Nur in unserer allnächtlichen „Parallelwelt" im Traum ist diese Illusion aufgehoben, denn darin gibt es kein raum-zeitliches Nacheinan- der, sondern nur ein gleichzeitiges Nebeneinander in einem virtuellen Raum.

Dennoch ist der materielle Kosmos für den Menschen der allein sinnenhaft wahrnehmbare, erlebbare und erkennbare Frequenzbereich und naturgemäß der von den Naturwissenschaften bisher weitgehend erforschte Bereich. Darü- ber hinaus gibt es aber auch im Kosmos ein permanentes Zusammenspiel von geistigen Wirkkräften und materiell erscheinenden Manifestationen, ein bisher

---

[35] J. Gebser, „Ursprung und Gegenwart": Bewusstseinsentwicklung
[36] Helmut Friedrich Krause: „Der Baustoff der Welt"

von den Wissenschaften absolut vernachlässigtes Gebiet. So ist der Planet Erde einmal in das für den Menschen wahrnehmbare und bekannte kosmische Sonnensystem mit eingebunden, unterliegt aber andererseits auch den geistigen Wirkungen und Einstrahlungen im gesamten Universum.

Diese in der Schöpfung wirkende spirituelle Kraft ist die Urenergie, deren drei Urstrahlen Schöpferwille, Gestaltungswille und Allbewusstsein die bestimmenden Energien für den Grundplan der gesamten Schöpfung beinhalten. Dieser Urstrahl durchdringt die gesamte Schöpfung und erreicht den Kosmos bereits gefiltert aus den Triaden der spirituellen Hierarchie. Man kann das am besten verstehen, wenn man sich klar macht, dass alle Geschöpfe eine Ansammlung von Substanz sind, eingegossen in eine bewusste Form. In diesen Formen sind Organe oder Zentren für differenzierte Lebenskräfte eingebaut, die durch Rhythmus und wechselnde Einflüsse zwischen Geist und Materie ihre Funktionen erfüllen und in der Schöpfung ein einheitliches System aus sinnvoll gebildeten und belebten Formen darstellen. An diesem Schöpfungswerk sind alle Wesen und Geschöpfe mitbeteiligt, wobei diese Umsetzung und Umwandlung von Ideen in Manifestationen auch ein ständiges „Verhüllen" des Grundplanes ist, dessen Sinn es im Leben zu entschlüsseln gilt; es ist jenes „Stirb und Werde" im Vernichten und wieder neu Hervorbringen.

Um das zu verstehen, ist es notwendig, die Urenergie[37] wieder bewusst in alle Überlegungen einzubeziehen und sie als die Lebensenergie schlechthin zu begreifen. Das im Schöpfungsakt ausgegossene Licht ist die Sichtbarmachung des Geistes und enthält als Geistausfluss alle Grundelemente bereits in sich, die dann im „Urstrahl" durch Überschneidung der Wellen sich wie bei einer Zeugung zu Teilchen zusammenfinden und auf diese Weise die Materie von licht bis dicht ermöglichen. An sich ist das ein ganz einfacher Vorgang, dennoch bleibt dieser von der Zeugung bis hin zur Gestaltwerdung ein schwer vorstellbarer Prozess, ein Mysterium, das sich erst einem höheren Bewusstsein „enthüllen" wird. *„Denn mit unserem linearen Raumzeitbewusstsein allein ist nur eine einfache Ursache-Wirkungs-Beschreibung möglich, und das ist der „blinde Fleck" im vordergründigen realen Denken. Doch unser Bewusstsein ist sich seines Seins auch jenseits der Trennung von Subjekt/Objekt bewusst und ist in der Lage, jene scheinbare Spaltung zu transzendieren, indem es den „Quantenzustand" des einfachen „Zweiersystems" überwindet."* Goswami

---

[37] Die Urenergie anzuzapfen ist schon lange möglich, nur noch nicht einsatzfähig. Tesla und Reich entdeckten bereits rotierende Energiefelder. Nikola Tesla wollte der Welt darüber die freie und unerschöpfliche Energie zuteil werden lassen, die durch das Anzapfen der Erd- und Atmosphärenladung verfügbar ist und mit Hilfe einer Trägerwelle wie beim Radio weitergeleitet werden kann. Die Zeit wäre jetzt dafür bereit.

Ergebnis ist die Gesamtheit aller kosmischen Manifestationen, die durch das Licht als eine sich entfaltende Einheit miteinander verbunden sind. Dabei sind alle Strukturen das Ergebnis unendlicher Energiekombinationen[38] verschiedener Elemente und Atome, die wiederum der Ausdruck bereits vorher festgelegter Ideen (Geist) sind. Das sind feinstoffliche Energien, die nach ihrem Einfließen in den Kosmos eine Frequenzumwandlung erfahren. Hyperschnelle feinstoffliche Energieschwingungen werden verlangsamt und verdichten sich mehr und mehr, um schließlich die Konsistenz grobstofflicher Gebilde anzunehmen. Daher ist es völlig unlogisch, von kleinsten Bausteinen in der kosmischen Materie zu sprechen. Es gibt nur Übergänge vom Feinstofflichen zum Grobstofflichen und umgekehrt.

Das sind jene „Verhüllungen", die für den Menschen noch nicht gänzlich erfassbar sind. *„Jetzt erkennen wir stückweise, dann aber werden wir das Ganze erfassen können"(Paulus I Kor 13).* Und *Giordano Bruno* spricht in diesem Zusammenhang von einem „inneren Prinzip" im Kosmos, wenn er behauptet, dass der Motor aller Bewegungen aus diesem inneren Zusammenhang von „Gestirnsseelen" resultiert. Damit vergleichbar ist auch die Vorstellung eines „Quantenäthers" als integrierendes Medium.[39] In der Schrift „Die implizite Ordnung" von David Bohm wird der „Quantenäther" als richtungsweisend für das zukünftige Denken der Menschheit bezeichnend. *„Die implizite Ordnung ist fundamentaler und umfassender als die explizite Ordnung. Sie erscheint wie ein Wurzelgrund, in dem die Objekte der expliziten Ordnung vor ihrer Manifestation in virtueller Form als „Keime" oder „Urbilder" ruhen".*[40] Und das entspricht letztlich der Ideenlehre von Platon und deckt sich mit den Vorstellungen von *„morphogenetischen Feldern"* nach *Rupert Sheldrake.*[41]

[38] Marco Bischof Biophotonen S. 123
[39] F. A. Mesmer: „Es gibt eine das ganze Weltall durchdringende und alles verbindende Kraft".
[40] David Bohm: „Die implizite Ordnung"
[41] Morphogenetische Felder sind biologisch gesehen solche, die sich über die manifestierten Zellgrenzen hinaus erstrecken. Es sind unsichtbare organisierende Strukturen nicht elektro-magnetischer Energien.

Die drei Naturreiche:
Mineralreich / Pflanzenreich / Tierreich

Als „Spiegelbild" zur spirituellen Hierarchie besteht der Kosmos ebenfalls aus drei Triaden, die sich als drei unterschiedliche „Naturreiche" darstellen: das Mineralreich, das Pflanzenreich und das Tierreich. In jedem dieser drei „Naturreiche" wiederholt sich genau wie im göttlichen Zentrum der spirituellen Hierarchie die „Trinität" von Wille, Liebe und Geist in jeweils abgewandelter Form. So wird der schöpferische „Urwille" im Urstrahl zum ersten Energieimpuls des Erschaffens schlechthin, die Liebe als Gestalterin feinstofflicher Ursubstanz wird im Kosmos zur grobstofflichen Manifestation einer sich permanent wandelnden Materie, und der Geist entfaltet die spirituellen und virtuellen Ideen im Kosmos zum realen und evolutionären Bewusstseinsprozess in Zeit und Raum.

Die drei „Naturreiche" im Kosmos sind: 1. das Mineralreich, 2. das Pflanzenreich, 3. das Tierreich. Es sind die dem Menschen sinnlich erfassbaren Bereiche der Welt. Diese drei irdischen Naturreiche kann man stellvertretend für den Kosmos als Differenzierungen des „Einen Lebens" für den Planeten Erde auffassen, und zwar hinsichtlich der äußeren Erscheinung, ihrer objektiven Manifestierung oder der nach außen projizierten Schöpfungsidee einerseits und hinsichtlich der darin wirkenden Energien als Bewusstsein andererseits.

Entscheidend ist bei allen analogen Zuordnungen die Dualität der gesamten Schöpfung in Geist und Materie. So stehen sich Spirituelle Hierarchie und Kosmos polar gegenüber:

Spirituelle Hierarchie	Kosmos
1. Triade: Zentrum / Einheit / „Chaos"	*1. Naturreich:* Atome – Mineralien – Gestein; rudimentärer Ausgangszustand der Materie
2. Triade: Prinzipien als Integral von 7 Strahlen	*2. Naturreich:* Pflanzenreich – Gruppenseele
3. Triade: Vielheit – Individuation / Bewusstwerdung	*3. Naturreich:* Tierreich – Vielfalt der Geschöpfe / Bewusstsein / Intelligenz, Instinkt
4. Reich oder Zwischenbereich: DER MENSCH	

Die drei Naturreiche

Jedes Naturreich ist ein Kraft- und Lebensborn für das nächstfolgende, das zufolge des göttlichen Planes in Erscheinung tritt. In diesen Naturreichen – dem mineralischen, pflanzlichen, animalischen – sind wiederum drei Faktoren gegenwärtig, nämlich dass

1. jedes Atom selbst ein Lebewesen ist;
2. alle Formen aus einer Vielheit von Leben aufgebaut sind und dadurch ein kohärentes Ganzes darstellen, durch das eine subjektive Wesenheit eine Absicht auswirkt;
3. das zentrale Bewusstsein innerhalb der Form deren richtunggebender, evolutionärer Impuls, die Quelle ihrer Energie und der Ursprung ihrer Aktivität ist – das, was die Form als Einheit zusammenhält.

Alle Evolution erfolgt aus dem EINEN (Homogenes), um über die VIELHEIT (Heterogenes) wieder zu einem neuen Homogenen zu gelangen: *„Evolution ist eine sich ständig beschleunigende Vorwärtsbewegung aller Teilchen im Universum, welche ununterbrochen und pausenlos, vom materiellen Atom bis hin zum universalen Bewusstsein führt, in welchem Allmacht und Allwissen verwirklicht werden, mit einem Wort: zur vollkommenen Verwirklichung des göttlichen Planes."*[42] Alles geschieht nach kosmischer Gesetzmäßigkeit, denn das gleiche fundamentale Prinzip beherrscht sowohl die Evolution des Atoms, wie auch die eines Sonnensystems.

Vier Elemente: Feuer, Wasser, Erde, Luft[43]

Feuer als Urelement

Jedes der drei Naturreiche wird durch eines der vier Elemente: Feuer, Wasser, Luft und Erde bestimmt. Das Feuer ist das schöpferische „Urelement". Dem göttlichen Zentrum spiegelbildlich entsprechend wird das „Feuer" als schöpferisches Prinzip verstanden, das als inneres, spirituelles Feuer den Geist als planendes Weltprinzip „anfeuert". Für Heraklit, den man den „Philosophen des Feuers" nennt, ist der Feuerbegriff ein allumfassendes und geistiges Wesen, welches das gesamte Universum mit Energie anfüllt, in allen Gestalten wirkt

---

[42] Alice Bailey: „Das Bewusstsein des Atoms"
[43] Rudolf Treumann: „Die Elemente" (1994)

und sie bestimmt. Im materiellsten kosmischen Naturreich herrscht genau wie im hierarchischen spirituellen Zentrum der „feurige Aspekt" des Schöpferwillens vor, aber nicht wie in der spirituellen Hierarchie allein als zeugendes und erschaffendes Prinzip, sondern im Kosmos darüber hinaus als verdichtendes, organisierendes, aber auch auflösendes oder zerstörendes Prinzip. Die Willensenergie ist also einerseits der Schöpfungsimpuls aller Manifestationen im Kosmos (vgl. 1. Strahl) und andererseits auch der notwendige „Zerstörer" oder Auflöser aller materiellen Verdichtung (vgl. 7. Strahl). Die Urenergie ist radioaktives Feuer als Kernfusion und als Kernspaltung.

3 Triaden / Kosmos / Drei Aggregatzustände: fest – flüssig – gasförmig

a) Mineralreich: Verdichtung – Materie (fest): **Erde**
b) Pflanzenreich: Umwandlung – Evolution (flüssig): **Wasser**
c) Tierreich: Bewegungen und Bewusstsein (gasförmig): **Luft**

a) Erde – Mineralreich

Feuer als „vulkanisches" Urelement „verfestigt" sich im „Erkalten" zur Erde im Mineralreich. Die Existenz des Mineralreichs ist darum nicht ursprünglich, sondern erklärt sich erst durch einen Vorgang, durch den es zur Erde wird, nämlich wenn Feuer sich unter unbekanntem Einfluss abkühlt und „gerinnt". Insofern kann Materie als „Kondensat" von Energie verstanden werden, denn Erde als „Element" wird zum Aggregatzustand fester Materie und ist als Analogon die Verkörperung der Fruchtbarkeit und Weiblichkeit; die Mutter Gaia ist ewig schwanger, fruchtbar und gebärend. Fruchtbarkeit hat immer etwas Unheimliches für den Mann, dem das unvermeidliche Geborenwerden ein Greuel ist. Erde ist darum das „schwarze Element". Über Erde verfügt man, sie ist zwar unverzichtbar, aber als ein Selbstverständliches nicht der Rede wert. Erde ist das Kennzeichen des Todes allen organischen Lebens, aber auch zugleich der erste Schritt einer Rückführung in anorganische Materie als Aufbereitung des Grundstoffes für den weiteren Kreislauf des Lebens. Insofern ist Erde als „Element" weniger Ding, sondern eher ein Substrat der „Substanz", die allein eine Manifestation ausmacht; denn Erde ist als Element immer nur eine Ansammlung von Bestandteilen, in die sich ein „Ding" zerlegen lässt. Übrigens ist – global betrachtet – der Anteil der festen Materie auf Erden sehr klein; der größte Teil ist Wasser, und der Zustand im Inneren der Erde ist Feuer.

b) Wasser – Pflanzenreich

In der griechischen Philosophie wird das „Element" Wasser als Ursubstanz für das Leben auf Erden angesehen. *Thales von Milet* sieht im Wasser einen einheitlichen Urstoff. Grund dafür ist das Hervorgehen des Lebens aus dem Wasser und die Evolution und Abhängigkeit alles Lebens vom Wasser. Der Beginn alles organischen Lebens ist im 2. Naturreich, dem Pflanzenreich, zu sehen. Denn alles Leben braucht für seine Existenz Wasser. H_2O ist zwar eine der einfachsten chemischen Verbindungen, beweist aber – rein physikalisch betrachtet – ein unerwartet kompliziertes Verhalten. Wasserstoff und Sauerstoff werden durch Kräfte elektromagnetischer Natur aneinandergekettet, die Wasser zu einer sehr stabilen Verbindung machen; und um das Wassermolekül wieder in Wasserstoff und Sauerstoff aufzubrechen, benötigt man beträchtliche Energien. Es kommt flüssig, erhitzt als Wasserdampf und gefroren als Eis vor. Als Flüssigkeit ist Wasser in allen Organismen ein Transmitter, besitzt die Fähigkeit, Wärme aufzunehmen und zu speichern, um als wunderbare Eigenschaft Leben zu erhalten. Der Mensch besteht zu 65 % aus Wasser.

c) Luft – Tierreich / Mensch

Lange hat die Menschheit das Vorhandensein von Luft als Element überhaupt nicht wahrgenommen. Dieses Faktum ist nicht einfach mit der Unsichtbarkeit von Luft zu erklären, immerhin bewies die Bewegung der Luft als Wind im Wetter ihr Vorhandensein. *Anaximenes* war der erste griechische Philosoph, der die Luft als „Element" zur fundamentalen Substanz erklärte. Er behauptete sogar, alles bestehe aus Luft, und sie sei das eigentliche Wesen der Seele, das Menschen und Lebewesen am Leben erhält. Er leitete das aus dem Atemvorgang ab. Wasser war für den Erhalt des äußeren, physischen Lebens notwendig, Luft für die Belebung der Seele und des spirituellen inneren Lebens. Luft steht synonym für die Entfaltung des Bewusstseins im Leben des dritten Naturreiches (Tierreich), dessen Endziel der Mensch ist. Damit tritt die „Luft" als eine grundbestimmende Verbindung, als ein Analogon für die Zusammengehörigkeit zwischen den physisch-quantitativen Manifestationen und deren psychisch-qualitativen Aspekten in Aktion. Für *Aristoteles* gab es darum keinen leeren Raum, sondern dieser war angefüllt mit einem „Fluid", das zwar unsichtbar ist, das aber alles durchdringt: der Äther. Diese Substanz stellte für ihn die Verbindung zwischen allem Seienden dar, und ist darum selbst ein fundamentales Element. Aristoteles kommt so zu der Folgerung: Es gibt keinen leeren Raum, sondern alle Elemente sind kontinuierlich als ganz kleine und unter sich ähnliche „Teilchen" verteilt. Diesen Gedanken greift heute die „Quanten-Theorie" wieder auf: Der Raum ist „angefüllt" mit Teilchen und Feldern, die für den Aufbau der Welt als „Grundbausteine" dienen. Drei Typen von Teilchen kann man unterscheiden: die „massiven Teilchen", die *Quarks*, als Träger für Materieeigenschaften, die gestaltbestimmenden *Neutrinos* und die masselosen *Tachyonen*, die Informationen transportieren; und das alles erfolgt über den „Raumäther", der als Transmitter für das menschliche Bewusstsein dem „Stoff" von Gedanken entspricht.

„Feuer" im Kosmos

„Feuer" ist ein Sammelbegriff für eine Vielzahl von Wirkungen der Urenergie. Das alltägliche brennende Feuer als ein umwandelndes, das wir in der Flamme kennen, ist nur die Spitze dieses „Feuerbergs". Andere Formen sind die des leuchtenden kosmischen Feuers der Sterne, von denen die Sonne der uns nächste Stern ist. Ferner das im Atomkern verborgene Feuer als Hitze und das unsichtbare Feuer der spirituellen Hierarchie als Belebung des gesamten Universums. Diese „Wesensäußerungen" des Feuers könnte man als Exponenten der dreifachen Art aller Manifestationen in der Schöpfung bezeichnen: es sind die drei Aspekte im Zentrum: Wille, Liebe, Geist als Einheit in der Urenergie:

Manifestationen von Elektrizität

Daher ist alles, was in Manifestation erscheint, im Grunde „physische Elektrizität", welche die Materie im raum-zeitlichen Kosmos belebt, färbt und durchdringt, und parallel so den spirituellen Rahmenbedingungen der hierarchischen Energie-Prinzipien entspricht.

1. Wille – zeugendes Feuer; aktiv-elektrisch – Ursprung der Energie = *1.Triade: Zeugung*
2. Liebe-Weisheit – empfangendes Feuer; passiv-magnetisch – Ursprung der Substanz = *2.Triade: Empfangen*
3. Geist – spirituelles Feuer; Bewusstsein – radioaktiv = *3.Triade: Bewusstwerdung*

(Analog dazu:)
1. Dynamisch-elektrische Energiestrahlung (spirituelle Manifestation) = *Atomenergie*
2. Feurig-elektrische Energiestrahlung (Kosmos / Manifestationen) = *Verbindung von Elektrizität mit Äther – elektrisch-magnetische Energiestrahlung*

3. Das Feuer des Bewusstseins (Denken) ist im Grunde „Elektrizität" in ihren höheren Auswirkungen, und nicht so sehr im Sinn von Kraft innerhalb der Materie.

Diese drei „Feuer" werden im Kosmos
1. zu greifbaren Manifestationen der objektiven Welt (**Quarks**);
2. zu subjektiven und individuellen Gestaltungen (**Neutrinos**); und
3. zur Bewusstwerdung des geistigen Aspektes (**Tachyonen**), der im inneren Leben aller materiellen Geschöpfe zu finden ist.

Diese drei „Feuer" sind hinsichtlich ihrer Strahlenwirkungen im Urstrahl als Schöpferwille, Gestaltungswille und Bewusstsein vereint, deren „Transmitter" die Seele ist, die als Aspekt der „Unschärferelation" die Spannung des Lebens ausmacht. Es ist das „Urfeuer"[44] im Plasma, jenem feinstofflichen Gas, als elektrisch freie Trägerenergie eines unabhängigen „Aggregatzustandes"[45], welches Langmuir, der Entdecker des Plasmas als „wahres Feuer" bezeichnete. Es sendet kein sichtbares Licht aus, sondern ist reine Strahlung elektrisch-magnetischer Energiefelder, die im Kosmos alle Manifestationen ermöglichen. Für die Physik ist dieser Plasmazustand die „Nullpunktenergie des Vakuums".

Erst die Vereinigung dieser drei Feuer (Feuer des Erschaffens, Feuer der Gestaltung und Feuer des Bewusstseins) brachte am Ende der Evolutionskette die Menschheit hervor, indem durch die innewohnende Kraft und Energie das „schöpferische Feuer" vermittels des latent vorhandenen feurigen Funkens des Denkens in der Materie mit dem „Feuer des Geistes" in Berührung gebracht wurde. Da das Bewusstsein eine besondere Affinität zur Ätherenergie besitzt, konnten sich die „gedanklichen Wirkkräfte" in den Bildkräften sichtbar verwirklichen und stetig entwickeln. Einerseits entwickelt sich das Bewusstsein über diese Energien, anderseits erfahren diese Energien über das sich wandelnde Bewusstsein immer wieder eine neue Bedeutung; denn Bewusstseinsumwandlungen bedeuten einen immer wieder neuen Umgang mit Energiestrahlen. Wie man diese Energien benennt, die in jeder Dimension anders erlebt und erfahren werden, ist dabei nicht von Bedeutung.

Bei allen Bewusstseins-Modulationen handelt es sich immer um Energien, die direkt über den Äther in den Kosmos einstrahlen. Es ist ein ähnlicher Übertragungsvorgang wie bei der digitalen Technik. In einer rein analogen Übertragung wären Frequenzen lediglich ein punktgetreues Abbild der

---

[44] Treumann/ a.a.O.
[45] Plasma, das „Ungeformte", das 1929 von Langmuir als wahres Feuer bezeichnet wurde.

Schwingungen und somit ständigen Widerständen und fremden Einflüssen ausgesetzt. In einer digitalen Technik dagegen werden nicht Schwingungen „losgeschickt", sondern ein ganzes „gemessenes Energiemuster" (Energiefeld) übertragen, das vom Empfänger wieder in die ursprünglichen Schwingungen zurückverwandelt wird und darum bei der Übertragung keinerlei Störungen erfährt. Diese störungsfreien Umwandlungen erfahren alle Schwingungen aus der spirituellen Hierarchie im Vakuum des Kosmos über den Raumäther.

Vakuum

Ein Vakuum gibt es nicht; darum ist die Vorstellung von einem „leeren Raum" falsch, weil sich im kosmischen Raum die Ätherenergien ständig durchkreuzen und in allen manifestierten Formen unweigerlich ihre Spuren hinterlassen. Diese Spuren verlaufen nicht linear, sondern umfassen weite Flächen, weil alle Objekte im Kosmos von ausgedehnten elektromagnetischen Feldern umgeben sind. Der kosmische Raum ist kein Vakuum, sondern vom Äther durchflutet.

Diese unsichtbare, nicht „materielle Substanz im Raum" ist eine Art Brücke zwischen den beiden „Aspekten" Geist und Materie, weil sie einerseits der spirituellen Hierarchie angehört und andererseits im materiellen Kosmos wirkt. Es ist eine universelle sich selbst determinierende Energie am Werk, die sich im Einklang mit einem sich selbst ordnenden Ganzen befindet. Äther ist eine massefreie Energie, die nach *W. Reich* im Kosmos einen massefreien „Orgon-Ozean" bildet, dessen Einflüsse und Wirkungen sich ständig verändern. Von dieser „Nullpunkt-Energie" hängt das gesamte Leben und die Bewusstseinsentwicklung im Kosmos ab. Physikalisch gesprochen handelt es sich dabei um das „Skalarpotenzial des Vakuums", das selbst keine „Masse" besitzt und deshalb bei „Übertragungen" auch keinen störenden Einfluss auf Schwingungen nehmen kann, sondern lediglich Wellen von „Verdichtungen und Verdünnungen" verursacht, und das bedeutet, dass Skalarwellen jederzeit durch Interferenzen in elektromagnetische Wellen und in Materie umgewandelt werden können, um auf diese Weise nach Thomas Bearden[46] sowohl Bewusstsein als auch Substanz zu steuern, bzw. auch umgekehrt von beiden beeinflusst zu werden. *„Skalarwellen sind longitudinal schwingende massefreie Wellen im elektrostatischen Potenzial des Vakuums, die nicht an die*

---

[46] Thomas Bearden: „Skalarfelder"; „Biophotonen" (S. 404): „Insofern ist Beardens Theorie richtig, falsch sind nur seine alten physikalischen Begriffe. Es sind keine Gravitationswellen, sondern Urenergiestrahlungen, die eben nicht schon physikalisch nachweisbar, aber durchaus bereits erfahrbar sind.

Lichtgeschwindigkeit gebunden sind (Licht ist eine Vektorwelle) und sich deshalb schneller oder langsamer als das Licht bewegen können. " Es sind quasi „trägerfreie Energien", die über das menschliche Bewusstsein auch „angezapft" werden können und daher als massefreie Frequenzen auf keinen Fall physikalisch als Gravitationswellen zu verstehen sind, sondern als Urenergie-Strahlen, die eben nicht physikalisch nachweisbar[47] sind, aber durchaus wirken.

Die Beziehung von Energiewirkungen und gestalteter Form hängt immer mit jener „Nullpunktenergie" oder dem spirituellen Willen und der schöpferischen Gestaltung zusammen und bringt in den drei Naturreichen des Kosmos eine sichtbare Reaktion des Formaspektes über diesen immanenten Willen hervor. Der immanente Wille als Schöpferwille kommt aus der spirituellen Hierarchie und ist immer der Auslöser von prästabilierten (vorher festgesetzten) Ideen.[48] Die Auswirkungen in manifestierten Gestaltungen sind dann die Reaktion der Natur auf diese wirkende Kraft, quasi ihr Anteil an den „Offenbarungen" der immanenten Gesetzlichkeit, die sich ihr wie einer Matrize einprägen, um sich dann nach genetischen Gesetzmäßigkeiten evolutionär weiter zu entfalten und zu entwickeln. Das erfolgt allein durch die in der Urenergie befindliche Kraft der Ideen, weil Urenergie immer zugleich ein Geistiges und damit ideenhaft Bewusstes ist. Denn auch alle Gedanken sind Energien: Es müssen daher alle Energien in Hinsicht auf ihren Gehalt an Kraft einerseits und in Hinsicht auf ihren Gehalt an Bewusstsein andererseits verstanden werden. Denn das Bewusstsein als immanente Kraft der Substanz bestimmt die Gestaltung und Form und ist Qualität und Wesen einer Monade. Alle drei gehören in der Trinität zusammen und sind die Urquelle für alle Manifestationen. Der Ansatz für eine wissenschaftliche Forschung sollte darum immer der Zugang über das „Gedankliche" sein, weil jede erkennbare Wirkung eine Ursache hat, der immer ein Gedanke zugrunde liegt.

Primärer Ausgang ist daher der Gesamtzusammenhang der gemeinsamen Evolution von Bewusstsein, Gestalt und atomarer Materie (Substanz). Dabei sind Analogien nur eine Form des Verstehens, denn der gesamte Kosmos ist ein „Abbild" und kein „Ebenbild"[49], nämlich die Projektion eines „göttlichen Gedankens". Platon hat diese Vorstellung in seiner Ideenlehre dargestellt: Dabei sind die Energien die Substanzträger, die Ideen die vorgegebenen Ge-

---

[47] Skalarwellen sind in der klassischen vektoriellen Analytik ein Begriff für eine Quantität, die allein durch ihre Wirkungen charakterisiert ist. Diese Wellen wurden bereits von Nikola Tesla entdeckt. Wirken zwei gleichstarke Kräfte aufeinander, die aber sehr unterschiedliche Strukturen aufweisen, dann ergibt das ein Nullvektorsystem, und bei Koppelung entsteht an den Überlagerungspunkten eine vektorielle elektromagnetische Welle.
[48] J.G. Leibniz „Prästabilierte Harmonie"
[49] Nur der Mensch ist ein Ebenbild.

staltträger (Plan), und die Liebe ist die beseelende Gestalterin schlechthin. Sie ist auch jene „Unschärferelation", die aus Liebe die Spannung zwischen Geist und Materie, zwischen göttlicher Idee und kosmischer Manifestation erleidet und erträgt. Dabei ist zusammenfassend zu beachten,

1. dass sich alle Schlussfolgerungen aus obigen Feststellungen immer nur auf den „Energiekörper" (Ätherleib) beziehen und man darum dem allen manifesten Formen zugrunde liegenden „subjektiven Leben" die höchste Bedeutung beimessen muss.

2. dass die dichte objektive Manifestation des Trägers überhaupt nicht als ein Prinzip betrachtet werden darf, weil Manifestationen verwandelbar und immer nur Resultate einer inneren Gestalt sind, woraus drei Bestimmungen folgen:

   a) das negative, rein empfangende und unorganisierte, greifbar objektive Äußere ohne die innere Energie wäre formlos und sinnlos.
   b) die *wahre Form* oder der „Energieträger" erfüllt das, was unorganisiert ist, mit Energie und bewirkt dessen Kohäsion.
   c) die *flüchtige Essenz* oder das Wesentliche – das geistige Leben – hat seinen Brennpunkt innerhalb der *wahren Form*, also im Energiekörper.

Das Gesetz der Strahlen

Die heutige Wissenschaft versteht einigermaßen, was Feuer durch „Reibung" ist, weil dieses „Feuer" seit Menschengedenken für alle irdischen Belange (Wärme, Licht und Bewegung) genutzt wird. Zu Beginn des 20. Jh. begann sich die Physik erstmals seit dem Altertum wieder mit dem „Feuer" als einem naturwissenschaftlichen Objekt zu beschäftigen; und die Forschung ist dabei, das Rätsel des „atomaren Feuers", der Atomenergie zu entschlüsseln, wobei das „spirituelle Feuer" nach wie vor ein Geheimnis bleibt und als Gegenstand der Erforschung bei der Physik in Wirklichkeit noch gar nicht „angekommen" ist (Unschärferelation, multidimensionale Weltmodelle, Weltäther etc.). In der klassischen Physik wird jede Bewegung durch die sie steuernden Kräfte bestimmt. Sobald wir Position und Geschwindigkeit eines Objektes zu einem bestimmten Zeitpunkt kennen, können wir mit Hilfe der Newtonschen Bewegungsgleichung seine Bahn berechnen. Der „Unschärferelation" zufolge, die in die deterministische Philosophie wie eine Bombe einschlug, haben wir es dagegen nur mit Wahrscheinlichkeiten zu tun – mit Quantensprüngen und Nicht-Lokalitäten.

Immerhin sprechen Quantenphysiker bereits von einer „Umhüllung" der Galaxien, die durch Reibung schwerer Elemente zu millionengrad heißen Röntgenstrahlen angeregt wird, wobei aber die Wissenschaftler noch immer nicht wissen, was diese „Umhüllung" ist. Es ist die „Strahlung" der Urenergie, die im Kosmos weder sichtbar noch messbar ist und alle kosmischen Maßvorstellungen weit überschreitet. Aber diese Urenergie erhält das gesamte Universum am Leben, ist bereits über Röntgenstrahlen erfahrbar und in der Atomspaltung „praktizierbar". Das bedeutet allerdings nicht, dass sie auch schon verstehbar ist. Zwar ist die Urenergie in „Negativversuchen" der Forschung über sogenannte „Symptome" sowie in der Atomspaltung nachweisbar, aber keiner weiß wirklich, was für Energien dabei freigesetzt werden.

Seitdem die Forschung die Radioaktivität gewisser Substanzen auf Erden entdeckt hat und man feststellte, dass alle Substanzen ab einer gewissen Stufe ihrer Evolution zu „strahlen" beginnen, findet auch die wissenschaftliche Forschung der „Strahlungsgesetze" Beachtung. Radioaktivität beruht auf ionisierenden Strahlungen[50] wie Alpha-, Beta- und Gammastrahlung, sowie auch Röntgenstrahlungen. Es handelt sich dabei um kurzwellige Strahlungen, die beim Aufeinandertreffen von Atomen diese ionisieren, d.h. Elektronen abspalten oder hinzuzufügen, so dass die positiv geladenen Protonen des „Kerns" und die negativ geladenen Elektronen der „Schale" einander nicht mehr neutralisieren und das Atom nicht mehr als Ganzes negativ oder positiv elektrisch geladen ist. Radioaktivität, radioaktiver Zerfall oder Kernzerfall (lat. *Radius* = Strahl) ist eine Eigenschaft instabiler Atomkerne, sich spontan unter Energieabgabe umzuwandeln. Unter dem Begriff Radioaktivität[51] wird automatisch der historisch geprägte Begriff „radioaktiver Zerfall" oder Kernzerfall verstanden. Das aber meint in erster Linie lediglich die Mengenabnahme des Ausgangsstoffes beim Zerfall instabiler Atomkerne, die sich spontan unter Energieabgabe umwandeln. Dabei wird die freiwerdende Energie als ionisierende Strahlung energiereicher Teilchen abgegeben. Diese makroskopische Sichtweise charakterisiert den Vorgang nur unvollständig, denn auf

---

[50] Es handelt sich dabei um Zyklotronresonanz: wenn geladene Teilchen oder ein Ion infolge äußerer Anregung in eine Kreiselbewegung übergeht. Diese führt unter bestimmten Bedingungen zur Zunahme der Reaktionen in der Ionosphäre und in lebenden Organismen und durch Beschleunigung zur besseren Energieübertragung in Verbindung mit dem Magnetfeld. (vgl. J. Manning: „Löcher im Himmel" (S. 240 ff.)

[51] Radioaktivität / Isotope: Atomkerne, die eine gleiche Protonenzahl besitzen und damit zum gleichen Element gehören, aber eine unterschiedliche Zahl von Neutronen und daher verschiedene Massen haben. Physikalisch unterscheiden sie sich durch den Spin (Spin = Eigendrehung, auch Umdrehung /Rotationen), unterschiedliche Reaktionen, magnetisches Moment und Volumen. Ionisierende Strahlung bewirkt eine Verwandlung von Atomen in Ionen, d.h. neutrale Teilchen werden in einen elektrisch geladenen Zustand versetzt. Die dabei entstehenden Radikalen beeinträchtigen bei belebtem Gewebe die Funktion der Zelle; daraus resultiert radioaktive Strahlung. Radikale sind bei der Ionisierung eines Atoms freigewordene Elektronen.

---

der Ebene der Atome findet eine gesetzmäßig definierte Umwandlung der Kerne in bestimmte andere Kerne statt. Und das ist der Übergang von einem Daseinszustand in einen anderen.

Strahlungstätigkeit ist die Wirkung, welche allein durch die „innere Essenz" eines Gebildes hervorgerufen wird und sich durch die Form hindurch bemerkbar macht, sobald ein bestimmter Grad der „Verfeinerung" erreicht ist, so dass Strahlung möglich wird. Immer wenn diese „essenzielle Aktivität" einer Form eine so hohe Schwingungsfrequenz erreicht hat, dass die äußeren Begrenzungen der Form die „Essenz" nicht länger „gefangen" zu halten vermögen, entweicht die „subjektive Essenz" als Strahlung. Das ist immer das Kennzeichend dafür, dass im Evolutionsprozess jeder gestalteten Substanz eine ganz bestimmte Stufe erreicht wurde und bedeutet, dass die „wahre Form", der „Ätherleib" – womit die alles bestimmende ätherische innere Form der Energie gemeint ist – ihren gegenwärtigen Entwicklungsstand über Strahlungen „fühlbar" macht. Die dabei freigesetzten Essenzen werden (in Kettenreaktionen) zu „Leitern jener größeren Kraft" und bilden ein neues magnetisches Zentrum. Denn wenn ein partieller kosmischer Grundplan seiner Vollendung nahe kommt, wird er *radioaktiv*, und überträgt über Strahlung seine Essenz auf eine andere *absorbierende Monade*, wobei die Essenz von einer aufnehmenden Konstellation absorbiert wird und die äußere *Hülle* zu ihrem ursprünglichen, unorganisierten Zustand zurückkehrt. Diese „Empfänglichkeit" ist es auch, die bei einer Bearbeitung von radioaktiven Substanzen oft zu betrüblichen Zuständen führen kann; denn jedes radioaktive Atom wird aufgrund dieser Leitfähigkeit zu einem Kraftauslöser, wobei Radioaktivität das Kennzeichen ist, dass im Evolutionsprozess die Stufe einer „Umwandlung" erreicht worden ist. Das gilt für alle Elemente im Kosmos und ist das „Feuer des göttlichen Impulses", das alle Formen durchdringt und sie zu bestimmten Aktionen und Leistungen antreibt.

Alle Umwandlungsprozesse beruhen darauf, dass sich magnetische Schwingungen einer stärkeren positiven Strahlung bemerkbar machen und eine Resonanz in schwächeren Gebilden finden und so quasi durch eine Resonanz einen Anstoß zum „Aufschaukeln" eines schwingungsfähigen Systems geben, was zu Energieübertragungen führt, sodass die stärkere Schwingung den eingekerkerten zentralen Funken aus dem schwächeren befreien kann und in gewissem Sinn z.B. eine Teilung eines Atoms (Monade) oder einen Wechsel der Ladung verursacht. Insofern sind Atome in sich sowohl negativ als auch positiv: positiv in Bezug auf die eigene formale Begrenzung, negativ in Bezug auf eine anzustrebende und übergeordnete Sphäre. So wird bei einer Umwandlung ein Atom in einer höheren Zusammensetzung quasi wieder zum „Elektron" eines umfassenderen Systems. Jeder Umwandlungsvorgang ist demnach zweifältig und bedingt zunächst ein Stadium, in dem der innere positive Kern entfacht, betreut und entwickelt wird und eine „Inkubationszeit" durchmacht, in der innerhalb einer „Begrenzung" die innere Flamme systematisch so lange geschürt wird, bis die Voltspannung erhöht, die Begrenzung gesprengt und die „Essenz" befreit werden kann, um in einer höheren Einheit wieder aktiviert zu werden.

Es ist jene immanente Fähigkeit, die über das begrenzt Manifestierte (Erreichte) hinausreicht, jener notwendige Dualismus zwischen dem, was begrenzt wird und der begrenzenden Substanz selbst, denn im geordneten Daseinsplan bleibt die „Begrenzung" nur so lange bestehen, wie sie zur Erreichung bestimmter Ziele notwendig ist. Daraus folgt, dass alles Sichtbare, soweit es sich dabei um objektive Formen und durch bestimmte Lichtsphären zur Manifestation gelangende Geschöpfe handelt, nicht alles sein kann, was wirklich ist, sondern dass sich hinter allem Sichtbaren ein ungeheuer großer spiritueller Bereich befindet. Denn alle Modulationen und „Überschreitungen" von Begrenzungen werden über das „Feuer" der Radioaktivität bewirkt. Es ist ein inwendiges, inhärentes und latentes Strahlungs- und Emanationsfeuer; ferner ein erzeugtes, assimiliertes und ausgestrahltes Feuer; ein belebendes, stimulierendes und zerstörendes Feuer; ein übermitteltes, reflektiertes und absorbiertes Feuer – Feuer, die Grundlage allen Lebens; Feuer, die Essenz allen Daseins; Feuer, das Mittel zur Entwicklung und der Impuls hinter allen Umwandlungen. Daraus leitet sich wiederum Folgendes ab:

1. Das „permanente Atom" bildet die Grundlage für alle Formgestaltungen und ist buchstäblich ein vibrierender Kraftpunkt, dessen Kern oder Keimsubstanz die positive spirituelle Kraft ist, während die „Umhüllung oder das „Gefäß" die negative Kraft bildet.

2. Die *wahre Form* oder die „Essenz" ist das, was das „Unorganisierte" mit Energie erfüllt und dessen Kohäsion bewirkt, denn das greifbar objektive Äußere ist ohne die innere Essenz formlos und nutzlos.

3. Die *flüchtige Essenz* ist das wesentliche, geistige Leben innerhalb der *wahren Form* und hat ihren Brennpunkt im Kern.

4. Strahlungstätigkeit ist immer die Wirkung, welche die innere Essenz hervorruft, die sich durch die Form hindurch bemerkbar macht, sobald die Form einen solchen Grad der Verfeinerung erreicht hat, dass dies möglich wird.

5. Wenn ein partieller, kosmischer zyklischer Grundplan seiner Vollendung nahe kommt, wird er *radioaktiv* und überträgt die Strahlungen seiner Essenz auf andere Gebilde, wobei diese Essenz von einer anderen Konstellation absorbiert wird.

6. Das Leben beginnt darüber zu pulsieren, die „Sphäre" rotiert, und infolge dieser Rotation erspürt sie andere Sphären und fusioniert mit diesen.

Der Begriff „Strahlung"[52] bezeichnet in der Physik die Ausbreitung von Teilchen oder Wellen. Im ersten Fall spricht man von *Korpuskularstrahlung* oder Teilchenstrahlung, im zweiten von *Wellenstrahlung*. Strahlungsimpulse haben immer eine Richtung und transportieren Energie, entweder Strahlungsteilchen als „Masse" oder Bewusstseins-Informationen als „Welle". Wenn dabei zwei „Körper" einander gleich viel Energie pro Zeiteinheit zustrahlen, findet „netto" kein Transport statt, sondern es besteht Strahlungsgleichgewicht. Trifft eine Strahlung auf ein Hindernis, wird sie entweder absorbiert, umgewandelt, unbeeinflusst transmittiert (hindurchgelassen), gestreut oder reflektiert (zurückgeworfen); man spricht dann von Remissionen. Die historische Debatte, ob Lichtstrahlen aus Teilchen oder Wellen bestehen, wurde in der Quantentheorie damit beantwortet, dass ein Lichtstrahl aus Photonen besteht, deren Fokus im Rahmen der Quantenmechanik durch eine „Wahrscheinlichkeitswelle" beschrieben wird. Diese Wahrscheinlichkeitswellen können miteinander interferieren (siehe Doppelspaltversuch). In der Theorie der Materiewellen wurde gezeigt, dass jedem Teilchen eine Wellenlänge zugeordnet werden kann. Dies erklärt, warum zum Beispiel ein Elektronenstrahl auch Interferenzphänomene zeigt.

Zu den „Transmitterstrahlen" gehören im Kosmos auch die Röntgenstrahlen, über die man sich in Zukunft auch in andere „Dimensionen" wird versetzen können. Ansätze zum Verstehen solcher Kräfte bietet ferner das Prinzip der Laserstrahlen als Kombinationen und Bündelungen von Energien. Denn im Laser findet man das Prinzip der „Resonanz" im Licht wieder. Es wird eine einheitlich schwingende, das Licht tragende „Vakuumwelle" angeregt, worüber man quasi Materie und Licht begreifen könnte – wie die Musik eines verborgenen, nichtmateriellen Instruments. Denn Materie ist aus Schwingungen aufgebautes, verdichtetes Licht, darum findet das Rätsel dieser Zustände nur im Innern der Materie seine Auflösung, und zwar durch Begriffe wie Eigenschwingung, Eigenfrequenz und Resonanz. Im Atom sind gebundene Elektronen trägerfreie Schwingungen, genau wie Bewusstsein eine „trägerfreie

---

[52] Radioaktivität und Strahlung werden umgangssprachlich oft miteinander verwechselt oder synonym verwendet (Radioaktivität oder radioaktive Substanz). Gemeint ist Strahlung radioaktiver Stoffe.

Energie" ist. So ist auch die sogenannte „Gravitation" die Wirkung einer masse- und wellenlosen Energieverstrahlung aus den Gestirnen im Kosmos, wobei die Materie kraft unvorstellbaren Drucks radial nach allen Seiten verstrahlt. Dieses Kernverstrahlungsfeld ist der „Baustoff der Welt", die sublime Raumenergie eines radialen Urfeldes. Noch begreift man überhaupt nicht die enorme kosmische Hitze, die durch das „Feuer" der Urenergie im Kosmos freigesetzt wird.

Der gesamte Kosmos ist von einem Energiestrahlenfeld durchflutet, das man bisher als „Äther", Protoplasma oder Prana bezeichnete; heute verwendet man in der Physik dafür Begriffe wie *Nullpunktenergie, Skalarfelder, Tachyonenfeld, Neutrino-Ozean, Quantenäther oder Schwerkraftfelder*. Im Kosmos sind alle Gestirne aus dieser „Raumenergie" geschaffen und lösen sich über eine Kernverstrahlung auch wieder in Raumenergie auf, wobei *Raumenergie der Baustoff des Weltwillens ist*. Dabei wird im Kosmos das „Absolute", das spirituelle Innen, durch ständige Veränderungen im Außen „verhüllt", wobei das Kernverstrahlungsfeld zwar selbst immer das unveränderliche Absolute bleibt, nicht dagegen dessen Intensität. Darum sollte der Begriff „Materie" dahin zurückgegeben werden, wo ihn die östlichen Schulen immer gebraucht haben, nämlich als *uranfänglicher Äther*. Denn der Äther ist jenes unberührbare Etwas, welches die Basis der berührbaren Dinge ist. Das Wort *Substanz* selber meint: *das, was unten steht* oder, *was hinter den Dingen liegt*. Daher ist der Äther das Medium, in dem Energien oder Kräfte wirken oder sich wahrnehmen lassen.

Anziehung und Abstoßung – „Gravitation"

Die Raumenergieverstrahlung im Kosmos bildet ständig Energiestrahlenfelder von radialer Struktur, wodurch alle Vorgänge im Kosmos in voller Abhängigkeit dazu stehen und sich innerhalb dieses Energiefeldes als in „Bewegung" erweisen. Energiefelder bestimmen einerseits die Zunahme der Dichte eines Körpers und andererseits „Anziehungskraft und Abstoßungskraft", die beide das Ergebnis der Grundwirkung eines Verstrahlungsfeldes sind. Denn radiale Kernverstrahlungsfelder sind die Ursache für alle „Bewegungen und Abstände" der Gestirne untereinander, weil alle Gestirne im Kosmos ständig „Raumenergie" verstrahlen. Auf diese Weise hält das Raumenergiefeld eines jeden Gestirns über seine Strahlungsintensität den Abstand zu den Nachbargestirnen, wobei sich aus den zu- und abnehmenden Intensitäten ihrer

Energiefelder zwangsläufig die Bewegung eines jeden Gestirns in die Richtung ergibt, aus der die Verstrahlung am intensivsten ist.

Das ist für uns im Kosmos nur an den Bewegungen und Wirkungen als eine Art „Anziehungskraft" (quasi „Gravitation") feststellbar. Auf jeden Fall ist das Raumenergiefeld der Träger der wellenförmigen Fortpflanzung aller Strahlungsarten, wobei die „Kernverstrahlung" selbst zwar in die Sphäre des „spirituellen Absoluten" gehört, aber dennoch für alle Erscheinungen im Kosmos die allein bestimmende Größe ist. Dieses Freiwerden der Kernenergie aus der Sphäre des „Absoluten" vollzieht sich permanent und mit unvorstellbarer Wucht, ist aber kein „Urknall", sondern das ewig alles Bewegende und Verwandelnde aller Manifestationen durch ständige Zustandsänderungen der Energiefelder. Dabei sind alle Gebilde im Kosmos schwerelos. Das bedeutet, dass z.B. nur auf der Oberfläche von Gestirnen „Dinge" etwas „wiegen". Das ganze Gestirn selbst „wiegt" nichts. Ursache dieser „Schwerelosigkeit im Vakuum" ist aber nicht die radiale Bewegung der Gestirne selbst, sondern die Radialität der Gravitationsfelder. Denn sie verursachen im Gestirnskern den Materiezerfall, was sich auf der Oberfläche als Anziehungskraft oder Gravitation erweist, aber lediglich über die Zunahme des Druckes aus dem Mittelpunkt erfolgt. Denn alle Materie wandelt sich um, indem sie sich letztlich wieder in den Geist verstrahlt, der im unendlichen Kreislauf die „Energiepumpe" des Ganzen ist. Da die Schwerewirkungen vom Gestirnskern ausgehend nach allen Seiten verstrahlen, heben sich die Wirkungen im „Vakuum" auf. Unsere Sinneswahrnehmungen sind nur dazu geeignet, diese äußere Lebenssphäre in ihren Wirkungen zu erfassen und niemals die Ursachen. Denn das Absolute im Kern weist jede Forschungsbemühung zurück. Erfasst wird nur die Welt der Wirkungen und der Erscheinungen, die in der indischen Religion mit Recht als „Maya" bezeichnet wird. *Darum, wer die Wirkungen für die Ursache hält, so heißt es in den Upanishaden, gehört den „bösen Geistern" an.*[53]

Jede Bewegung im Universum ist zwar eine „Konstante", kann aber nicht in einer mathematischen Formel erfasst werden, weil mathematische Formeln immer systemimmanent bleiben. Ferner ist diese „Konstante" weder eine Gegenkraft zu einer „scheinbaren Expansion", noch für eine Gravitation. Denn beide „Größen" gibt es im Kosmos nicht; was aber nicht bedeutet, dass Gestirne ohne „Anziehungskraft" sind, denn diese ist eine Voraussetzung für die „Zeugung und Erschaffung" aller Gebilde. Es ist eine Art „Liebesumarmung", die bereits jedes Atom oder Teilchen zur Verschmelzung mit einem „Partner" zwingt, nicht aber eine Gravitation im physikalischen Sinn.

---

[53] F. H. Krause, a.a.O. S. 58

Primär haben auch die radialen Eigenbewegungen aller kosmischen Gebilde nichts mit den „spirituellen Einflüssen" hinsichtlich einer „Verschmelzung" zu tun, sondern sind als Folgeerscheinungen lediglich ein Ausdruck des Lebens selbst, von dem Giordano Bruno sagt: *Die Bewegung der Gestirne resultiert aus einem „inneren Prinzip".* Er spricht in diesem Zusammenhang von „Gestirnseelen" als Motor, was wiederum nicht mit der Vorstellung von physikalischer „Schwerkraft" zusammenhängt, wodurch die Bahnen der Gestirne angeblich bestimmt würden. Der „spirituelle" Einfluss bezieht sich dagegen immer auf die Substanz der Gestirne als Ausformung im manifesten Kosmos sowie auf die Kernverstrahlung, die von den in Verbindung stehenden spirituellen Kräften ständig mitbestimmt wird. Und das meint auch F. Krause, wenn er die *„Gravitation"*[54] *als „Schwellenkraft" bezeichnet, in der sich „Relatives und Absolutes" berühren",* und somit diese Berührung auf keinen Fall als Gravitation im Sinne der klassischen Physik versteht.

Noch Newton sah lediglich die Masse als Schwere der Anziehungskraft an. Krause meint dagegen die Energie selbst und beschreibt den freien Fall aufgrund wachsender Energiefelder. Diese Energie muss erforscht werden. Ferner sah er den „Materiezerfall" richtig als „spirituelle Energieumwandlung"; denn alle Materie löst sich wieder in ihre Urenergie auf, wobei jene „Gravitationskraft" entsteht, die eine Energie des Ausgleiches aller Materie- und Geistkräfte darstellt. Das bedeutet: Es handelt sich dabei immer um die Wechselwirkungen zweier Energiepotenziale, wobei selbstverständlich das stärkere Potenzial das schwächere beherrscht, was dann in der Art einer „Anziehung" seine Darstellung findet. Im Kosmos werden so die einzelnen Körper als Massen im Gleichgewicht gehalten, was jedoch nicht aus der Massenanziehung resultiert, sondern aus dem Zusammenfließen zweier Orgonströme. Aus diesen jeweils konvergierenden Strömen bildeten sich im Kosmos ursprünglich die jene „Anziehung" ausübenden „schweren Massen". Diese wurden und werden im einheitlichen Bezugssystem des Kosmos fokussiert, indem sie sich auf derselben Ebene bewegen, sodass sich ihre Mittelpunkte zwar quasi aufeinander zu bewegen, aber die damit zunehmende Geschwindigkeit ihrer jeweiligen Rotationen einerseits und der Fliehkräfte andererseits so aufeinander abgestimmt sind, dass Zentripetalkräfte und Zentrifugalkräfte einander neutralisieren.

Dieses Wirken im „Vakuum" drückt immer eine „universale Konstante" aus, was eine wechselseitige Beeinflussung hervorruft, wobei sich nie die Energie umwandelt, sondern nur die Erscheinungsformen; denn es sind universelle sich selbst determinierende Energien am Werk, die sich im Universum sämt-

---

[54] F. H. Krause, a.a.O. „Der Baustoff der Welt"

lich im Einklang mit einem sich selbst ordnenden Ganzen befinden. Das ist der Lebensstrom schlechthin, der bis in die verdichteteste Materie dringt und dort als Energie alles in Frequenzvibrationen versetzt. Diese höchste Konzentration von Energiestrahlungen im Kosmos bietet auch eine mögliche Erklärung für das Vorhandensein sogenannter „Schwarzen Löcher" an. „Schwarze Löcher" gibt es an sich nicht; sondern das, was man so bezeichnet, sind hochfrequente Energieströme aus anderen Dimensionen, die erst im Kosmos über Rotationen quasi „Strudel" aus Substanz bilden. Diese Urenergie befindet sich in der Mitte eines jeden „Rotationsstrudels", aus dessen Fliehkräften die „Materie" quasi herausgeschleudert wird. Erst die Reibung in der kosmischen Ätherhülle ergibt über Rotationen Licht und Materie. Die in der Mitte einer Rotation befindlichen Energiezusammenballungen erscheinen quasi „schwarz", weil sie pure Energie sind. Über einen ungeheuren „Sog" wird einerseits „Materie" eingesaugt; andererseits erzeugen Strahlungen über „Reibung im kosmisch-ätherischen Ozean" als Voraussetzung die „Geburt" neuer Sternensysteme. So wird die Urenergie, die aus der spirituellen Hierarchie ständig in den Kosmos einfließt, zu wirkenden und leuchtenden Einstrahlungen für die Erzeugung neuer Gestirne und ist andererseits die Wiederauflösung im Einsaugen „abgebrannter Materie" zurück zur Urenergie. Es ist das perfekte Recyclingsystem, welches als gleiches Prinzip sowohl für das Atom, als auch für eine Galaxie gilt. Einerseits wird darüber Energie empfangen und andererseits Materie wieder zu Energie „verbrannt".

Rotation oder Spin[55]

Im Atom wie in einer Galaxie befindet sich in deren Mittelpunkt ein Strudel, über dessen Rotationen der permanente Schöpfungsvorgang stattfindet. Insofern könnte man Rotation als „Geburtsvorgang der Materie" bezeichnen, weil es strahlende Energie ist, die sich in einem Rotationsstrudel zu Materie „verstrudelt" und „verdichtet". Diese Rotationsstrudel haben zwei Funktionen: einerseits wird darüber Energie empfangen und andererseits Materie wieder zu Energie „verbrannt". Eine Art zweier Schlote, die Energie und Materie austauschen, wobei Energie und Materie immer gleich bleiben; denn es geht nichts verloren – es sind große „Öfen", in denen Energien über

---

[55] Der Spin (von engl. spin, Drehung, Drall) ist eine quantenmechanische Eigenschaft von Elementarteilchen, eine Art Eigenrotation. Der Spin verhält sich mathematisch (z.B. unter Rotationen des Raumes) bis zu gewissem Grade als Drehimpuls. Außerdem gilt der Erhaltungssatz des Gesamtdrehimpulses nur für die Summe aus Bahndrehimpuls und Spin eines Systems. Daher ist der Spin im Gegensatz zum Isospin nicht nur mathematisch eine dem Bahndrehimpuls analoge Eigenschaft, sondern tatsächlich eine Art von Drehimpuls, allerdings von Anfang an ein nicht-klassisches physikalisches Phänomen.

Strahlungen zu Materie, und Materie wieder zu Energien verbrannt werden: Ausfluss der Energie in den Kosmos und Abfluss „abgebrannter"[56] Energien aus der Materie zum Ursprung. Es gibt dabei keinen „Urknall" und auch keinen „Kältetod", sondern „Materie" löst sich über den Geist wieder auf; und umgekehrt materialisiert sich der „Geist" in einem ewigen Kreislauf.

Diese permanente Umwandlung kann jeder Mensch selbst über das Erleben seiner physischen „Materieumwandlung" verstehen und begreifen. Denn auch beim Menschen löst sich „Materie" über den Geist wieder auf und materialisieren sich umgekehrt „Gedanken und Ideen" in einem ewigen Kreislauf. Die Ursache dieser „Umwandlung" selbst ist dabei nicht „messbar", aber die Wirkungen sind durchaus nachweisbar. Messbar sind immer nur die Folgen dieses Prozesses, die man als Wirkungen in der „real messbaren Materie" feststellen kann. Darum ist es auch ein unsinniger Versuch, über einen „Teilchenbeschleuniger" nach der Ursache der Schöpfung zu suchen. Denn alle physikalischen Erklärungsversuche einer hinter der Materie wirkenden spirituellen Kraft führen in die systemimmanente wissenschaftliche Sackgasse und sind somit hinfällig. Die Ausgießung des Urstrahles, der in der Tat alle Keime und Informationen der gesamten Schöpfung enthält, ist jener spirituelle Impuls, der Reingeistiges in manifestierter Sichtbarkeit ermöglicht.

Im Universum rotiert jede Sphäre, denn Strahlen sind in ständiger Zirkulation, und zwar als Ausdruck einer fortschreitenden, zyklischen Rotation von zunehmender Intensität, von deren Wirksamkeit die Bestimmungen, Gestaltungen und Evolutionen im Universum abhängen. Denn Strahlen als Energiewirkungen sind nicht nur Kanäle, durch die alles Sein flutet, sondern auch Einflusskräfte, die in einem gegenseitigen Austausch an der gesamten Schöpfung mitarbeiten. Dabei ist jeder Strahl immer zugleich Empfänger, Verwalter und Sender verschiedenartiger Energien, die aus unterschiedlichen Quellen stammen. Strahlen bestimmen in Zeit und Raum vor allem die äußeren Erscheinungen im Kosmos, die für einen manifesten Träger dessen Wesensäußerung oder Ausdruck[57] sind. Es ist die synthetische Aktivität der Materie selbst, innerhalb der drei Arten von kreisender, zyklisch-spiralförmiger und vorwärtsstrebender Bewegung eine vereinte Bewegung zu bilden, die von der wechselseitigen Beeinflussung der unterschiedlichen „Feuer" der Materie, des Denkens und des Geistes bewirkt wird. Dabei rotiert jede „geschlossene

[56] Gesetz von der Erhaltung der Energie im Kosmos / Einstein
[57] Wenn man dieses Prinzip ins Persönliche überträgt und es auf einen einzelnen Menschen anwendet, so wird verständlich, dass jede menschliche Persönlichkeit die Wesensäußerung eines „Engels" sein sollte, der demzufolge mit jedem anderen Engel im Reich der Seelen ursächlich verbunden ist; denn ein jeder wird von diesen Energien belebt, und steht darüber mit allen kosmischen Kräften in Verbindung.

Sphäre" in sich, und alle Umwandlungen erfolgen über zirkuläre Bewegungen, wobei Umwandlungen entweder zu einer Zerstreuung oder zur Integration in eine höhere Einheit führen. Das bedeutet, dass immer die „sphärenhafte Begrenzung" niedergebrochen wird und das Leben, die „Essenz" im Zentrum entweicht, um mit einem Gegenpol zu verschmelzen, wobei die entweichende „Essenz" in der neuen Formation „empfangen" wird, um das Positive weiterhin anzustreben. Denn der Kern im Atom, die Keimsubstanz, ist immer die spirituelle positive Kraft, während die Hülle oder „sphärenhafte Begrenzung" als Gefäß für die positive Kraft des Kerns die negative Kraft bildet. Bei einer „Umwandlung" wechseln ihre beiden Funktionen.

Dieser Prozess verläuft im Universum in zwei Richtungen, welche die unterschiedlichen Wirkungen der Rotationen bestimmen. Im „Abstieg des Energieflusses" aus dem spirituellen Zentrum dienen Rotationen primär einer permanenten Verdichtung von Energien zu Materie. Es sind die „erschaffenden und stabilisierenden" Aktivitäten der gesamten Materie (Quarks), jene eindeutigen und gleichzeitig wirkenden Schwingungsmuster in den Atomen, deren Aktivitäten durch das „Reibungsfeuer" angeregt werden. Im „Wiederaufstieg" dagegen wird eine vorwärts drängende Spiralbewegung wirksam, die sich zu immer höheren Schwingungen transponiert, wobei die Frequenzen immer schneller und die „Trägerformen" ständig „leichter" und transparenter werden; denn im Gegensatz zur kosmischen Materie fällt in höheren Dimensionen jegliche „Reibung", die für eine Verdichtung notwendig war, weg. Das „Feuer" wird in höheren Dimensionen wieder mehr und mehr zu einem virtuellen Feuer als pure Energie.

In diesem „Prozess" eines Aufstieges verfolgen alle Zyklen in den Gestaltungen ein imaginäres Ziel: „Transparenz", wobei der jeweils höhere Schwingungsrhythmus überwiegt, um gestalthafte Formen in einer letztendlichen Transparenz verschwinden zu lassen und auszuschalten. Mit anderen Worten: es müssen im Prozess des Lebens alle „Hüllen", jene Anhäufungen von materiellen „Manifestierungen" und bewussten Vorstellungen, wieder abgebaut und aufgelöst werden. Das ist ein mehrschichtiger Ablösungsprozess, um in einer vorwärts drängenden Spiralbewegung höhere Frequenzen und eine Höherpotenzierung zu erreichen, die auf eine Transparenz aller Gestaltungen abzielt. Im Gegensatz dazu streben die eindeutig auf Verdichtung gerichteten Rotationen nur in Richtung einer Materialisierung, wobei sich die Frequenzen verlangsamen und tiefer werden. Dabei ist der jeweils endgültige Verdichtungspunkt dann erreicht, wenn die notwendige Stabilität einer erzielten Masse erreicht ist.

Durch diese wechselseitigen Wirkungen in diesem Prozess kann eine Rotation derartig schwach werden, dass sie nicht mehr auf kosmische Strahlenvorgänge reagiert und die eigene Rotation aufhört.[58] Umgekehrt wächst mit wachsender Intensität auch die Beschleunigung der Achsendrehung und führt zu erhöhter Strahlungsfähigkeit. Auf Erden wächst z.B. die radioaktive Strahlungsfähigkeit „oberflächlich" mehr und mehr an, während der Planet „Erde" selbst in seiner Kernsubstanz mehr und mehr an Strahlungsfähigkeit verliert. Von der Energiefelddichte eines Gestirns hängen auch dessen Aggregatzustände (wie fest, flüssig oder gasförmig) ab. Leider kann die wissenschaftliche Forschung Erkenntnisse nur an der Oberfläche ausmachen, was gesicherte Aussagen aus dem großen Abstand zur „Kernzerfallszone" im Mittelpunkt eines Gestirns kaum zulässt.

Zusammenfassung

Das Geheimnis, das allen Naturreichen im Kosmos innewohnt, ist: Verdichtung und Umwandlung. Verdichtung und Umwandlung ist als „fundamentales Bewusstsein" ein Charakteristikum aller atomaren Materie. Dabei hat jedes Naturreich seinen eigenen Code. Dieser bestimmt den Aufbau und die Verbindungen, worauf die sichtbaren Strukturen aller Gestaltungen zurückzuführen sind.[59] Es ist die Gesamtheit dessen, was wir „Natur" nennen. Auf diese Weise kann jedes Naturreich als eine Totalität oder Sphäre angesehen werden, durch die sich ein „Bewusstsein" irgendeiner Stufe oder eines Grades manifestieren kann. Jedes Naturreich bringt sein „Aggregat" aller Formen als Totalität hervor, die wiederum einen Platz innerhalb eines noch größeren Zusammenhangs findet.

Unfassbare ätherische Substanzen werden im Kosmos permanent zu dichten wahrnehmbaren Welten komprimiert, wobei nach einem evolutionären Plan diese objektive (äußere) Welt wieder in den Urzustand zurückverwandelt werden muss. All das, was während der Erschaffungsperiode des geformten Daseins an Ordnung und Rhythmus, an Tendenzen und Qualitäten ins „Bewusstsein" der Atome, Elemente und Gestalten eingepflanzt wurde, muss über eine Transparenz wieder „aufgelöst" werden. Diesen Auflösungs- und Umwandlungsprozess sehen wir z.B. als wirkende Strahlung radioaktiver Substanzen. Heute steht die Entschlüsselung des ersten „Naturreiches", des

---

[58] So wie beim sonnennächsten Planeten Merkur, der beim Umlauf um die Sonne nur eine 1,5-malige Achsenumdrehung hat, oder wie beim Trabanten Mond, der gar keine mehr besitzt.

[59] Die bekannteste Wirkung mineralischer Initiation durch Feuer ist die fundamentale Veränderung und Umformung, von Kohle in einen vollkommenen Diamanten. Ein weiteres Beispiel für eine höhere Wertstufe ist die Strahlung, das Senden von Strahlen, wie z.B. beim Radium.

Mineralreiches, in der Atomphysik und Astrophysik an und läutet ein Neues Äon ein, was man auch parallel zum „Bewusstseinswandel" vom Mentalen ins Supramentale sehen muss. Umwandlung zielt dabei immer auf „Transparenz" alles bisherigen Manifestierten.

Bei jeder „Entmaterialisierung" geht es also immer darum, über „Radioaktivität" in ein „höheres Element" umgewandelt zu werden. Was für die Elemente der Materie gilt, gilt im abgewandelten Sinn auch für das Bewusstsein. Denn auch hierbei gilt: Je höher die Schwingungen im Bewusstsein eines Menschen werden, um so verfeinerter werden auch dessen Körperschwingungen. Der Mensch wird auf diese Weise „radioaktiv kompatibel" und hat dann von solchen (für die Materie schädlichen) „Strahlungen" nichts mehr zu befürchten, sondern ganz im Gegenteil: Diese Strahlungen werden dann das Bewusstsein und die damit verbundenen Erfahrungsmöglichkeiten eines Menschen erweitern, weil radioaktive Strahlungen für das Bewusstsein einen öffnenden Charakter haben und den Menschen zu einer erweiterten Sinneswahrnehmung verhelfen. Das gilt besonders auch für Röntgenstrahlen.

Drei Naturreiche

1. Das Mineralreich (1. Naturreich)

a) Urenergie
b) Urmaterie
c) Urbewusstsein

Das erste Naturreich, das „Mineralreich", befindet sich als kosmische Manifestation der Urenergie an der „äußersten Peripherie" des Universums, und zwar als eine Art Gegenpol zum „geistigen Zentrum" der spirituellen Hierarchie. Darin offenbart sich auch die Spiegelbildlichkeit der beiden Systeme: spirituelle Hierarchie und kosmische Naturreiche. Denn beide Bereiche – geistiges Zentrum und das erste materielle Naturreich – bilden die extremen Gegensätze von spiritueller Substanz einerseits und größter materieller Dichte andererseits. Gemäß dem göttlichen Willen im Zentrum der geistigen Hierarchie entspricht auch im Kosmos der „Schöpferwille" als bestimmende Urenergie dem ersten materiellen Naturreich. Wille oder Lebensenergie haben dabei synonyme (sinnverwandte) Bedeutung. Sie drücken etwas Abstraktes aus, das für sich existiert und mit einer wie immer gearteten substantiellen Erscheinungsform noch nichts zu tun hat.

Das „Festwerden oder Erstarren" von Energien zu Materie im I. kosmischen Naturreich ist in der objektiven Welt das sichtbare Ergebnis des Wechselspiels von Energien und Substanz, wodurch der geordnete Rhythmus des materiellen Kosmos samt seiner inneren „Schmelzmasse" erschaffen wurde. Es handelt sich um den ersten Energiestrahl, der im Kosmos als strahlende Energie in Erscheinung tritt und sich hinsichtlich seiner Wirkungen auf einer Skala vom Geist bis zur Materie befindet. Energie als Derivat der Zeit, womit gemeint ist, dass der Geist als Schöpfer sich im Kosmos als Materie äußert, was immer nur in der Zeitlichkeit möglich ist, die wiederum als geronnene Zeit zum Raum wird. Der Geist fließt aus in Energie oder Licht und gerinnt in der Zeitkathete zum Raum. Diese Energie ist die Schöpfungskraft schlechthin und ist in jedem Atom als Restenergie aus der Gesamtenergie eingefangen, denn sie nimmt niemals ab, sondern verwandelt sich nur ständig in einer permanenten Evolution.

Das „Mineralreich" stellt somit im Kosmos den Höhepunkt eines Kondensationsprozesses dar. Die atomaren Grundstrukturen des „Mineralreiches" sind dabei in geometrisch vollkommenen Formen organisiert. Die dynamische Energie vereint sich an diesem Punkt tiefster und dichtester Festigkeit zu manifesten Ausgestaltungen, und zwar mit einer außerordentlich wirksamen Ausstrahlung des „Feuers", der Radioaktivität, deren verstärkte Durchstrahlung das gesamte Mineralreich „radioaktiv" macht und im Laufe der Evolution zu einer Grundeigenschaft im Kosmos wird. Diese Strahlungen haben nicht nur Auswirkungen auf die umgebende Mineralwelt selbst, sondern auch auf die Naturreiche der Pflanzen- und Tierwelt.

Da in der Tat die Grenze zwischen Energie und Materie fließend ist, kann die Wissenschaft diese nicht-materiellen und dennoch wirkenden Ausstrahlungen nicht exakt messen und bis jetzt weder „beweisen" noch wirklich registrieren; denn diese Erkenntnisse sind nur über die „vierte Bewusstseinsdimension" möglich, die in naher Zukunft wohl als neue Wissensquelle aktiviert werden wird, und zwar genauso, wie auch in früheren Hochkulturen die Eingebungen immer aus der vierten Dimension erfolgten. Leider ist in der heutigen Menschheit die Qualität „spiritueller Empfangsstationen" derart degeneriert und vom Mentalen überdeckt, dass der Empfang durch ein übersteigertes intellektuelles Ichbewusstsein fast total für intuitive Eingaben blockiert ist.

Einer der wenigen letzten bedeutenden spirituellen Physiker war Nikola Tesla[60], der mit seinem „Ätherkonzept" eine Erklärung für die Erzeugung von Energie und Materie aus dem „Nichts" anbot. Dieses „Anzapfen" freier Null-

---

[60] Nikola Tesla, Physiker und Elektrotechniker (1856 Kroatien-1943 New York, seit 1889 US-Bürger) serbischer Abstammung.

punkt-Energien ist schon lange möglich, nur noch nicht für die Menschen „einsatzfähig". Bereits Tesla und Reich entdeckten rotierende trägerfreie Energiefelder, deren praktische Umsetzung noch immer nur wenigen Menschen gelingt. Tesla wollte der Welt die freie und unerschöpfliche Energie zuteil werden lassen, die durch das Anzapfen der Erd- und Atmosphärenladung verfügbar wäre und mit Hilfe einer Trägerwelle wie beim Radio weiter geleitet werden könnte. Das ist sehr wohl möglich, wurde aber bis heute von der Wissenschaft und Industrie erfolgreich unterbunden. Das Anzapfen von trägerfreier Energie erfolgt, indem die Energie in der Materie so gelenkt wird, dass sie nicht als Anziehung wirkt, sondern als Träger von Bewegungsenergien, deren Richtung man über das Bewusstsein bestimmen kann. Dabei geht es nicht um eine Umsetzung der Energie in materielle Schubkraft, sondern in eine geistige, was in nächster Zukunft möglich werden wird.

Wenn dieses „Absolute" auch schwer vorstellbar ist, so erscheint es doch notwendig, sich mit diesen Vorstellungen gedanklich anzufreunden, denn für das menschliche Bewusstsein ist ein „Übersteigen" in höhere Bewusstseinsdimensionen durchaus auch heute schon möglich. Darum sollten die Naturwissenschaftler endlich aufhören, Regeln und Naturgesetze allein von systemimmanenten materiellen Gestaltvorgaben und Wirkungen abzulesen, sondern stattdessen von den ursächlichen Bedingungen der darin wirkenden Energien selbst, die es hinter allen Gestaltungen zu begreifen gilt. Denn alles ist Strahlung, weil alles Licht ist. Darum muss die Forschung nur in diese Richtung gehen und nicht im technischen Experimentieren verharren. Die Griechen führten keine Experimente durch; sie verstanden die Welt als ein Ganzes von Geist und Materie und versuchten nicht, allein aus der Materie heraus die „Welträtsel" zu lösen. Das ist natürlich unsinnig, weil Ursache und Erschaffung der Schöpfung kein im Kosmos messbarer oder ablesbarer Vorgang sein kann, sondern immer ein spiritueller ist. Die im Kosmos materialisierten Ideen sind immer nur die eine Hälfte der Medaille und schon gar nicht das Wesentliche, sondern ein abgeleitetes Ergebnis. Darum ist auch das Experiment mit dem „Teilchenbeschleuniger" so ein ungeeigneter Versuch, ein absoluter Milliardenflop, wie bereits Goethe in ähnlichen Zusammenhang feststellte: „ ... *So sehen wir die Naturwissenschaftler, wie sie neu sich bildende Grillen mit Freuden aufnehmen, um Aufmerksamkeit zu erregen, und lediglich die geistigen Räume mit Phantomen anzufüllen trachten.*"

Heute weiß zwar jedes Kind, welche Gefahren die Atomspaltung in sich birgt, und doch hat überhaupt noch niemand begriffen, was eigentlich bei einer Atomspaltung wirklich vor sich geht und woher die gewaltige Energie kommt! Das aber zu begreifen sollte das Ziel der Wissenschaft sein, nämlich über die Quelle dieser Energie nachzudenken. Man muss darum die wirkenden Strahlen als bereits transponierte Energien verstehen, die z.B. bereits seit Jahrtausenden in der Astrologie als das Leben bestimmende Einflussenergien verstanden wurden. Bis heute hat der Mensch den materiellen Kosmos weitgehend erforscht, was darüber hinaus keine wirklichen Erkenntnisse bringt, sondern lediglich nur weitere Kenntnisse. Es ist an der Zeit, hinter den gesammelten, materiellen Kenntnissen die darin wirkenden Energien selbst zu erforschen. Für diese Forschung gibt es zwar schon seit ca. 100 Jahren Ansätze, aber die meisten Wissenschaftler sträuben sich noch immer, die Schöpfung als ein Ganzheitliches und in sich absolut stimmiges System anzuerkennen, in dem es den Zufall überhaupt nicht gibt, sondern nur ein vollkommenes System geordneter Wellen, worin Störungen absolut notwendig sind, um das System überhaupt in Bewegung zu halten und erkennen zu können. Denn nur über „Störungen" kann man die Vollkommenheit erahnen. Es ist wie mit dem Bösen, das notwendig ist, um die Entwicklung zur Vollkommenheit überhaupt in Gang zu halten.

Urenergie im Mineralreich / Strahlen und Rotation

Die Urenergie wird im Kosmos zur gestaltenden Strahlenenergie, die mit Bewusstsein „umhüllt" ist. Diese Energie nimmt niemals ab[61], sondern verwandelt sich nur ständig in ihren Wirkungen. Das hat Einstein bereits festgestellt; was er übersehen hat, ist, dass diese Energie unerschöpflich ständig aus Gott bis hinunter in die Materie des Kosmos fließt, wo sie nicht als Energie erlebbar ist, sondern nur über deren Wirkungen in den materiellen Manifestationen erahnt werden kann. Im Gegensatz dazu existiert in der spirituellen Hierarchie, also in den hohen Bewusstseinsdimensionen des Universums eine rein gestaltlose Energie. Die in diesem Ausfluss der Urenergie enthaltenen „Ideen" haben als „implizite Ordnung" grundlegende Bedeutung für die im Kosmos daraus folgenden gestalteten „Manifestationen" als „explizite Ordnung"[62].

Nur über diese Hypothese können jene starren Denkschemata der klassischen systemimmanenten Physik überwunden werden, weil nur über diese spirituelle Komponente eine Erklärung für die völlig verhärteten „expliziten physikalischen Gesetze" ermöglicht wird. Auch für Teilhard de Chardin sind alle Elemente im Kosmos bereits im Geist angelegte „Grundbaustoffe"[63], aus deren Anfang das gesamte Universum resultiert: *„Es sind im Schöpfungsausstoß gestaltgebende Teile des Lichtes latent enthalten, und diese unterschiedlichsten Baustoffe, die sich vom Licht als Energien abspalten, durchdringen als Licht den gesamten Kosmos."* Die in den Ideen angelegten Energien beinhalten alle Prozesse im bestimmen-

[61] Gesetz von der Erhaltung der Energie.
[62] D. Bohm, a.a.O.
[63] aber nicht im Sinn der chemischen Elemente.

den Grundplan. Wenn der Grundplan einer „Monade" seiner Vollendung nahe kommt, wird er seinerseits *radioaktiv*, und überträgt über Strahlung seine Essenz auf einen anderen höheren Grundplan einer *absorbierenden Monade*. Dieser periodische Wechsel verursacht einerseits die Erschaffung der Materie und andererseits eine permanente Auflösung aller Materie, wodurch ein ständiges Erscheinen eines neuen bisher „verborgenen" Grundplanes ermöglicht und die Übertragung aller Lebenskeime von einem Grundplan zum anderen bewirkt wird.

Alle Einflüsse und Wirkungen von Energiestrahlen werden über Rotationszentren in der Materie übertragen. Das ist das Gesetz der Schwingungen, der Bewegung, Evolution und Rotation. Wichtig ist dabei, dass kein Atom radioaktiv zu strahlen beginnt, solange sein eigener innerer Rhythmus noch nicht bis zu dem Grad stimuliert ist, dass das positive innere Leben zur Auferlegung einer höheren Schwingungsfrequenz reif ist und dadurch die negativen Energien innerhalb der atomaren Peripherie von der Intensität dieser Schwingung abgestoßen und nicht mehr von deren anziehenden Qualitäten bestimmt werden. Das beruht darauf, dass sich stärkere positiv geladene Energien bemerkbar machen und gegenüber den magnetischen Schwingungen eine Resonanz finden. Auf diese Weise befreien diese Schwingungen den „eingekerkerten zentralen Funken" und verursachen in gewissem Sinne die Zerstreuung eines Atoms. Dabei ist Radioaktivität als Strahlung immer der Stand einer partiellen „Vollendung". Wenn aber dieses Stadium erreicht ist, dann wird jedes radioaktive Atom aufgrund seiner Strahlungsfähigkeit zu einem Kraftauslöser, und die befreiten „Essenzen" werden (in „Kettenreaktionen") zu Leitern jener größeren Kraft, die ein neues magnetisches Zentrum bildet.

Diese „Höherpotenzierung" von Energien erfolgt immer erst dann, wenn vor allem die „ätherische Form" oder die „Essenz" auf gewisse Impulse zu reagieren beginnt. Und das bedeutet, dass Strahlung nichts mit dem Entweichen aus der physischen oder dichten „äußeren" Form zu tun hat, sondern nur mit jener „Periode" im Leben einer lebendigen Entität, in welcher der „ätherische Pranakörper" das innewohnende Leben nicht länger zu begrenzen oder gefangen zu halten vermag. Denn diese Kraftausstrahlung ist letztlich allein die schöpferische Willensenergie. Erreicht eine Gestalt ihre Endbedeutung, wird sie automatisch in die Gestaltung einer für sie höheren Dimension hineingezogen, was über magnetische Energie erfolgt. Dabei wird sie in der neuen „Position" wieder in den positiven Impuls eines weiteren und übergeordneten Formaufbaus umgewandelt. Die Radioaktivität imprägniert dabei immer den Gestaltaspekt der jeweils neuen Form als ätherische Matrize.

Gegenwärtig ist man hinsichtlich der Radioaktivität des Mineralreiches dieser Wahrheit etwas näher gekommen, obwohl die Wissenschaft noch immer nicht bereit ist zuzugeben, dass jede Strahlung nur über die spirituelle Kraftauslösung der inneren Essenz erfolgt: Dieser Kernverstrahlungsprozess nicht elementarer Teilchen hängt mit den elektrischen Ladungsmöglichkeiten der Quarks im Verhältnis von 2/3 positiver zu 1/3 negativer Ladung zusammen, wodurch ständig Frequenzimpulse zur Assoziierung mit Photonen oder Elektronen ausgelöst werden, die das „fundamentale Bewusstsein" bedeuten und bereits im Atom über eine Art Bewegungsfreiheit hinsichtlich der Richtung einer Weiterentwicklung und Fusionierung entscheiden. Allem Anschein nach lässt sich jeder Umwandlungsvorgang, wenn er zutage tritt, bei oberflächlicher Betrachtung auf äußere Faktoren zurückführen. Im Grunde ist er aber das Endresultat einer Entwicklung, bei welcher der innere positive Kraftkern eine so ungeheure Schwingungsfrequenz erreicht hat, dass er schließlich die negativ-magnetischen Elemente, die seinen Einflussbereich ausmachen, zerstreut und sie so weit von sich wegschleudert, dass das Gesetz der Abstoßung die Oberhand gewinnt. Dann werden sie nicht länger von ihrem ursprünglichen Zentrum angezogen, sondern „suchen" ein anderes auf.

Urmaterie im Mineralreich

Aus Energien wird Materie, denn Materie ist „geronnene Energiefrequenz", wobei Materieteilchen Verdichtungen von Schwingungsfeldern sind. Bereits *Michael Faraday* war davon überzeugt, das Materie Feldverdichtungen seien: „Knoten im Feinstofflichen". *„Nicht das Feld bedarf zu seiner Existenz der Materie als seines Trägers, sondern die Materie ist umgekehrt eine Ausgeburt des Feldes."*[64] Aus diesen Schwingungsfeldern gehen Materieteilchen als Verdichtungen dieser Felder hervor. Sie sind als „Knoten" sich überlagernder Wellen zu verstehen und scheinen dem „Nichts" zu entspringen. Das geschieht durch Überlagerungen (Interferenzen) von Schwingungen. Dabei ordnet sich in den Schwingungsknoten, wo sich die Kräfte aufheben, Materie an. Durch Energiezufuhr entstehen dynamische Strukturen, die sichtbarer Ausdruck eines unsichtbaren Schwingungsfeldes sind. Alle Strukturen sind ein Ergebnis unendlicher Kombinationen verschiedener Elemente, die Ausdruck und Manifestation von bereits vorher existierenden Ideen sind und einem „Plan" unterliegen, nach dem diese sich zusammenbinden und sich unendlich weiter entwickeln können.

---

[64] Michael Faraday glaubte bereits zu wissen, dass Materie lediglich Feldverdichtungen darstelle: Knoten im „Feinstofflichen". Meckelburg, Ernst / Transwelt S. 211

Das ist jener permanente elektromagnetische Verstrahlungs- und Evolutions- prozess von Energien zu Materie, deren „kleinste Teilchen" jene unmessbaren *Quarks* sind. Diese stehen an der Grenze von Licht und Energieumwandlung, denn das Licht ist das organisierende Prinzip in der Schöpfung, wobei dieser permanente Prozess das Leben selbst ist. Auf diese Weise werden die „ideel- len Muster" der „impliziten Ordnung"[65] in die materielle Welt der „expliziten Ordnung" transponiert. Der weitere Weg der expliziten substantiellen Ord- nungen in höhere Integrationen und Strukturen erfolgt dabei immer über eine strahlungsmäßig gesteigerte Radioaktivität aller Elemente, die eine Höherdi- mensionierung ermöglicht und die jeweils begrenzende Organisationsform einer Monade zu überschreiten hilft, um in der Abgabe von Strahlungen in einer höheren Position wieder als Baustein integriert zu werden.

Atome galten bekanntlich als die „kleinsten Bausteine" in der Materie, als so- genannte Kernsubstanz, aus welcher alle Formen des 1. Naturreiches gebildet sind, kurz: alles das, was die Chemie und Mineralogie über dieses Naturreich festgestellt hat und was wissenschaftlich erforscht ist. Solange allerdings das Wesen der Atome und deren innere Struktur noch Gegenstand des Forschens, Spekulierens und Theoretisierens ist, müssen alle Aussagen über Materie nur als symbolisch verstanden und nicht im wörtlichen Sinne gesehen werden. Obwohl im gegenwärtigen Forschungsstand zwar das Atom in Aufbau und Wirkung erforscht ist, bleibt nach wie vor der subatomare Mikrokosmos in seiner Energie-Materiebeziehung ein noch zu lösendes Rätsel.

Beim Mineralreich geht es daher nicht allein um das Atom selbst, sondern, wie wir heute wissen, um die komplexeste Struktur innerhalb eines subato- maren Mikrokosmos. Dieser ist vom gleichen Urlebensfunken belebt, der in- nerhalb des materiellen Makrokosmos im Atom den Baustein zur Erschaffung und Erhaltung aller, auch der höchstentwickelten Lebensformen in den drei Naturreichen bereitstellt. Denn: Ein Atom ist ein Mikrokosmos elektrischer Phänomene, ein Energiezentrum, aktiviert durch seine eigene innere Struktur, das Strahlung abgibt und die Kernsubstanz ist, aus welcher alle Formen die- ses Naturreiches gebildet sind.

Heute sind die Wissenschaftler der „Chaostheorie" einer Lösung dieses Pro- blems am nächsten (Prigonine, Fourier, Bohm, Popp). Diese Richtung muss gedanklich unterstützt werden, denn nur sie allein führt endlich aus der star- ren Physik heraus und bringt die Komponente der Geistmöglichkeiten in alle starren Materie-Theorien hinein.

[65] Bohm a.a.O

Das Atom als „messbares" Partikel der Materie besteht aus einem positiven Energiekern, der wie die Sonne von den Planeten von Elektronen oder negativen Anteilen umgeben ist. Die Elemente differieren entsprechend der Zahl und Anordnung dieser negativen Elektronen um ihren positiven Nukleus und rotieren um die zentrale elektrische Ladung, genau wie unser planetarisches System um die Sonne kreist. Die Elektronen sind dabei selber wieder „Welten innerhalb von Welten". Denn es ist möglich, das Elektron selbst weiter aufzulösen und zu unterteilen, was in Regionen führt, die dann nicht mehr dem Physischen angehören, worunter man berührbare Substanz versteht, sondern dem Psychischen zugerechnet werden müssen.[66]

Noch *Newton* definierte *das Atom als ein hartes, unteilbares, letztes Partikel,* das eine weitere Unterteilung nicht erlaube. Es wurde als endgültig letztes materielles Partikel im Universum anerkannt. Aber mit der Entdeckung des Radiums (1898) und der Wirkungen radioaktiver Stoffe, sah man sich einem völlig neuen Aspekt der Materie gegenüber; denn es war klar geworden, dass das als letzte Einheit angenommene „Atom" diese keineswegs war.

Die Definition des Atoms heißt nun:

„Ein Atom ist ein Kraftzentrum, eine Phase elektrischer Phänomene, ein Energiezentrum, aktiviert durch seine eigene innere Struktur, das Hitze oder Strahlung abgibt." Das Atom lässt sich in Elektronen auflösen und wirkt als Energie. Wenn man also ein Zentrum von Energie oder Aktivität vor sich hat, sieht man sich einem doppelseitigen Konzept gegenüber: einmal handelt es sich um eine durch Energie verursachte Bewegung (geistiger Impuls) und dann um das, was durch die Bewegung mit Energie durchdrungen und aktualisiert wird (Transposition in eine manifestierte Gestalt). Es ist das ständige Oszillieren zwischen „Welle und Teilchen", jener Bereich, der zwischen Geist und Materie steht, das „Protoplasma", das die ursprüngliche Idee der Urmaterie ausdrückt".[67]

In diesen kohärenten Prozessen, in denen Energien als „Wellen" den Umschlag in stabile Ordnungssysteme bewerkstelligen, verbinden sich ferner die „Teilchen" kooperativ miteinander und „kollektivieren" daraus ein Ganzes in zeitlich-räumlichen Mustern und Strukturen: *„Es ist eine kohärente Wechselwirkung elektromagnetischer Art, die bewirkt, dass dort, wo schon Photonen gleicher Energieverteilung gespeichert sind, eine Tendenz zur Ansammlung weiterer gleichartiger Photonen besteht, ein Prozess, der die Grundlage des gesamten Aufbaus der Materie ist, wobei diese Kontraktionen und Expansionen, die durch Licht angeregt werden, rhythmisch verlaufen"*(Anonymos).

---

[66] Heute bereits erreicht: String-Theorie, Quanten-Theorie
[67] Bailey, a.a.O.

Alle Materie unterliegt dabei aber immer dem übergeordneten Strahlungs-feld eines Planeten und damit auch allen bestimmenden Abmessungen und Strukturen im Kosmos (z.B. Lichtgeschwindigkeit). Für eben diese Strahlungs-felder richten Atome, Moleküle, Zellen und Organismen für die Entwicklung auf Erden gleichsam optimale „Antennen" aus. Denn nach der Theorie der „Bosekondensation"[68] hat die Materie über das Licht als organisierendes Prin-zip die Möglichkeit, „Antennen auszufahren", um informative Impulse aus der kosmischen Umwelt zu empfangen und optimal zur eigenen Stabilisie-rung einzusetzen. Es handelt sich dabei um eine Art Speicherung und Bün-delung elektromagnetischer Wellen gleicher Energie und Frequenz, wobei ein rotierender Photonensog entsteht, der eine daraus resultierende Interferenz und somit den Aufbau kohärenter Zustände in raumzeitlichen Strukturen be-wirkt. An den Kreuzungspunkten von Interferenzwellen wird ein „Quant" als Zwischenzustand von Materie und Energie erzeugt, und diese Art der Überschneidung ist für die gesamte Materie gestaltgebend und formbestim-mend. Dabei sind Frequenzkohärenzen, die sich als Elemente differenzieren, bereits „Strukturmuster". So werden Photonen durch Kohärenz zur Brücke für höhere Dimensionen und bilden die Mitte zwischen potentieller und ak-tueller Information. Nach dieser Theorie ist das kohärente Energiefeld sowohl Grundlage der „Intelligenz" aller Teilchen, wie auch die Ursache ihres Dran-ges zusammenzukommen und zu kooperieren: „Intelligente Materie" oder Protoplasma.

Urbewusstsein im Mineralreich /
der Bewusstseinsaspekt im Mineralreich

Der Begriff „Protoplasma" (Plasma) ist zusammengesetzt aus dem griechi-schen Wort *„früher als" und „der Stoff", aus welchem die Dinge gemacht sind.* Es ist jenes unberührbare Etwas, das die Basis der berührbaren Dinge ist. Öst-liche Schulen sprechen vom *„uranfänglichen Äther".* Das Wort *Substanz* meint ähnlich wie Protoplasma *„das, was unten steht"* oder, *„was hinter den Dingen liegt".* Daher nimmt man an, dass der „Äther" das Medium ist, über dessen Energiefelder Ideen in Materie verwandelt werden und als Kraft wirken, die sich wahrnehmen lässt.

Das Atom besitzt Eigenschaften von einer Art Aktivität, die sich verändert, so dass man sagen kann: Das Atom ist eine lebende Einheit, eine kleine vib-rierende Welt, innerhalb deren Lebenssphäre noch andere „Leben" zu finden

---

[68] Erwin Schrödinger, „Was ist Leben?" (1987): Bose Kondensation in der DNS / „Ursprung der Materie"

sind. Genau so wie in jedem Menschen, der eine Entität voll Kraft und Leben ist, sich auch noch andere „Lebewesen" in seiner Einflusssphäre halten, z.B. Zellen und Organe des Körpers. Ebenso vibriert durch den Mikrokosmos des Atoms „Intelligenz" oder Bewusstsein. Es sind „Elementarteilchen" auf der Basis ganz einfacher kohärenter Organisationen, die durch Informationen gebildet werden und ein rudimentäres Bewusstsein haben. Denn so wie jeder Moment des Bewusstseins eine explizite Gestalt hat, die einen Vordergrund darstellt, ist auch jener implizite Inhalt der dazugehörige Hintergrund. Und genauso hat auch ein Materieteilchen oder eine Welle als expliziter Teil einer Ganzheit ihre Ergänzung in der impliziten Ordnung. Denn jedes sinnlich wahrnehmbare und physikalisch messbare Phänomen ist nur das in diese materielle Welt hineinragende Ende einer umfassenderen spirituellen Wirklichkeit eines göttlichen Bewusstseins.[69] Heute spricht man in der Physik von einer „Selbstorganisation des Universums" und hinsichtlich der Materie von einer innewohnenden „Intelligenz". Es gibt dabei nur Gradunterschiede im vibrierenden[70] „Bewusstsein".

Auch Atome wählen sich nach „Plan" ihren eigenen Weg; denn sie haben die „Fähigkeit zur Wahl", und dies in aufsteigender Linie vom tiefsten Grund der Materie bis hinauf zum Gipfel als Bewusstsein einer formativen Einheit. Es ist eine Art *Auto-Determination* oder der Ansatz zu einer „Denkfähigkeit". *„Durch jedes Atom in der Welt vibriert absolute Intelligenz"*, die in Form von Radioaktivität bei allen Umwandlungen auf zweierlei Art wirkt: als schöpferisch-spirituelle und als zerstörerisch-materielle Kraft. Es erfolgt dabei im Kosmos immer der jeweilige Zusammenschluss der beiden Energien: Magnetismus und Elektrizität, die sich in der Evolution ständig wieder als gegensätzliche und getrennte Energien aufspalten und neu vereinigen. Diese Energien können wir zwar „physikalisch" messen, sie unterliegen aber in ihrem Zusammenschluss als Urenergie („Radioaktivität") nicht mehr dem kosmischen „Lichtmaß"[71], weil die Urenergie eine trägerfreie Energie ist, die das ganze Universum erfüllt.

Bewusstsein als Schwingung ist immer das Resultat eines subjektiven Impulses, der sich durch eine Stoßwelle auf die jeweilige sogenannte „Substanz" bemerkbar zu machen sucht. Dieser aufprallende Eindruck wird vom „impliziten" spirituellen Leben direkt übermittelt, um dann seinerseits als Gewahrwerdung wieder von der „expliziten" Substanz zurückvermittelt zu werden. Ein analoger Vorgang lässt sich in den Reaktionen des Nervensystems im

[69] David Bohm, a.a.O.
[70] Jean Charon: „Elektronen besitzen eine geistige Substanz und sind Träger eines eigenen Geistes."
[71] Albert Einstein

physischen Träger und in deren Zusammenhang mit dem Gehirnbewusstsein beobachten. Es handelt sich dabei um den schöpferischen Impuls als Neigung zur konkreten Ausgestaltung des Abstrakten. Diese innewohnende Fähigkeit, *„Formgestalt anzunehmen, bedeutet, einer Idee einen Körper zu verschaffen"*.

Schöpfung ist „Substanzierung" von Ideen; weil es ist die „Urenergie" selbst ist, die sich zur eigenen Erhaltung ständig im Produzieren einer aus ihr fließenden Kraft aus sich herausstellt. Dabei entsteht quasi „Substanz" in Energieschüben eines „Erschaffens und Belebens". Diese geeinte Polarisierung ist die „Unschärferelation" als selbst erzeugte Spannung, die sich in einer nach außen „gestülpten" Polarisierung der Materie bestätigt. Kohärente Zustände sind daher die Schnittstellen, an denen über die „Unschärferelation" das Geistige ins Materielle hinein wirksam werden kann."[72] Es sind jene „Polaritäten", die als komplementäre Eigenschaften[73] in der chinesischen Philosophie Yin und Yang genannt wurden und den Zustand des „Tao" bezeichnen, der seinen eigenen Gegenpol mit einbezieht, um wirklich stabil sein zu können. Der „Tao-Zustand" ruht in sich und kann doch ständig neue Energie und Leben schaffende Gegensätzlichkeiten aus sich heraus erzeugen.[74] Es ist die Erschaffung und Vereinigung unvereinbarer Gegensätze zu einer neuen höheren Einheit in einem Prozesshaft-Gleichzeitigen, wobei die „Unschärferelation" jene schöpferische Spannung zwischen „Teilchen und Welle" ist, welche beide als „untrennbar Getrennte" vereint.

Die Vermittelnde Brücke zwischen spirituellen Eingaben und materiellen Manifestationen, zwischen *implizierter und explizierter Ordnung* ist der „Äther", das Protoplasma, als nicht materielle „Substanz", die aber trotzdem auf die Materie einwirkt. Exakter wäre das als ein ätherischer Zustand definiert, der von Thomas Bearden als „skalare Felder" im Kosmos bezeichnet wird. Bereits im 19. Jh. vermerkte der Chemiker Cavendish zur Ignoranz der wissenschaftlichen Forschung gegenüber diesem Phänomen: *„Nur die Akzeptanz des Äthers allein wird die Lösung bei allen schwierigen Problemen herbeiführen. Denn alle materielle Schöpfung geht von diesem Zustand der vierten Dimension aus und ist nur darüber zu begreifen. Ist der kosmische Zeitpunkt erreicht, an dem das zu offenbarende Sein wieder fällig ist, wird ein „Samen" gesät: Ein Ruf geht dann von der vierten Dimension in die dreidimensionale Welt hinüber und wird sichtbar. Der „Samen" sind die Gedanken, die in die materielle Welt eintreten und in dieser nun ein Partikel Materie sind. In ihnen sind alle zum Wachs-*

---

[72] Popp, Fritz Albrecht
[73] Niels Bohr war der erste, der dieses Komplementaritätsprinzip formulierte.
[74] Das Tao-Prinzip vermag auf den verschiedensten Systemebenen jene Polaritäten hervorzubringen, die für die Entstehung und Weiterentwicklung des Lebens notwendig sind.

tum notwendigen Eigenschaften eingeschlossen. Jeder Stern entspringt so einem Gedanken und untersteht dann den Gesetzen der Dreidimensionalität. Hat aber ein Planet seine vorbestimmten Ausmaße erreicht, beginnt er wieder zu verfallen und sich zu entmaterialisieren".

Über das Protoplasma sind alle „Teilchen" und „Wellen" direkt miteinander verbunden und beeinflussen sich ohne Zeitverlust über jene „skalaren Energiefelder" der sogenannten „Nullpunktenergie", in der quasi alles in der Schöpfung als Ideen oder Samenform angelegt ist; weil die wichtigste Eigenschaft der Urmaterie allein der dahinter wirkende Geist ist, der zwar selbst formlos und unmanifestiert ist, aber dessen verbindende übertragende „Partikel", jene formbestimmenden **Tachyonen** sind, die permanent Überlichtgeschwindigkeitsfelder erzeugen. *Tachyonen* sind Nullpunkt-Energie in Partikelform und haben darum keine spezifische Frequenz, enthalten aber alle Informationen im vollkommenen Energiefluss im Universum. Es sind „vorausgesagte" Teilchen, die sich schneller als mit Lichtgeschwindigkeit bewegen, experimentell aber nicht nachgewiesen sind. Nullpunkt-Energie ist eine Art Schwingungsenergie, die niemals einen energielosen Zustand erreicht und mit den Schwingungen der Unschärferelation identisch ist. Wichtig ist, dass beide keine spezifische Frequenz haben und daher durch Fremdenergien nie beeinflusst werden können. Nur darüber erhalten alle feinstofflichen und physischen Ebenen Zugang zu Informationen; denn das Umsetzen von Ideen geschieht durch einen Prozess kontinuierlicher Energieverstrahlung von Strukturen bis hin zur Materie.[76] Bereits Edison berichtete im 19. Jh. in diesem Zusammenhang:

„Ich glaube nicht, dass Materie träge ist und durch eine von außen kommende Kraft bewegt werden kann. Mir scheint, dass jedes Atom von einer gewissen Menge primitiver Intelligenz beherrscht wird. Man betrachte nur die Tausende von Variationen, in denen Wasserstoffatome sich mit denen anderer Elemente verbinden und dabei die verschiedensten Substanzen formen. Können Sie behaupten, dass sie dies ohne Intelligenz tun?"

Diese innewohnende Intelligenz des Atoms ist sein „Bewusstsein", was sich gegenwärtig noch hinter unserer Unkenntnis der Gesetze, die für Radioaktivität bestimmend sind, verbirgt. Radioaktivität entspricht in der östlichen Vorstellung der „Vishnu-Brahma"-Energie oder der durch die Materie hindurch vibrierenden und durchstrahlenden Urenergie. Es erscheint deshalb notwendig, die allgemein übliche Auslegung des *Atom*-Begriffs zu erweitern, so dass man darunter nicht nur das Atom der Chemie versteht, sondern auch: Das „bewusste Leben" im Zentrum der festgestellten positiven Ladung elektrisch-

---

[76] Christian Opitz; siehe Anhang: Tachyonen-Energie im Überblick!

magnetischer Kräfte.

Der Streit, ob die Natur des Atoms in dieser oder anderer Form als letzter Faktor in allen physischen oder chemischen Prozessen angesehen werden muss, scheint sich auf höchst einfache Weise lösen zu lassen, nämlich durch die Annahme, dass Atome als Zentren von Kraft eine bleibende „Seele" besitzen, und dass jedes Atom „Bewusstsein" und Bewegungskraft hat. Diese Deutung zeigt, dass man sich hier in einem fließenden Bereich zwischen Materie, Seele und Geist bewegt, obwohl noch immer die meisten Naturwissenschaftler diesen Aspekt ignorieren. Hinter jeder zum erstenmal gebildeten Struktur — sei es ein Gedanke, eine Handlung oder ein materielles Objekt — steht ein spirituelles Feldmuster, das nicht nur elektromagnetischer Natur ist. Bei genereller Betrachtung der Atome machen sich zwei Dinge bemerkbar: einmal die intensive Lebendigkeit und Aktivität des Atoms selbst und seine innere atomare Energie; und zweitens sein Wechselwirken mit anderen Atomen, das Abstoßen einiger und Anziehen anderer. Daraus kann man schließen, dass die Evolution eines jeden Atoms auf zwei Ursachen zurückzuführen ist: auf das innere Leben des Atoms selbst und auf seine Wechselwirkung oder seinen Interkurs mit anderen Atomen.

Das mag wie wilde Spekulation klingen, doch von der Analogie her könnte es auch innerhalb der planetarischen Sphäre eine Wesenheit geben, deren Bewusstheit so weit über der des Menschen liegt wie das Menschenbewusstsein über dem eines Atoms. Haben wir nun aber im Atom Intelligenz, im menschlichen Wesen Intelligenz, und haben wir im Planeten eine Intelligenz, welche alle Funktionen kontrolliert, sollte es dann nicht logisch sein, eine größere Intelligenz auch hinter allem zu vermuten?! Dies führt uns letztlich zu dem Standpunkt, den die religiöse Welt von jeher vertreten hat, dass ein göttliches Wesen existiert. Wo der Christ ehrfürchtig „Gott" sagen würde, würde der Wissenschaftler mit gleicher Ehrfurcht „Ur-Energie" sagen, und doch würden beide das gleiche meinen.[77]

---

[77] Der heilige Paulus mag an etwas ähnliches gedacht haben, als er vom „Himmlischen Menschen" sprach. Mit dem „Leib Christi" meint er alle jene Lebenseinheiten, die in diesem Einflussbereich gehalten werden Eine Sanskritaufzeichnung lautet: „Jegliche Form auf Erden und jedes Atom im Raum strebt mit allen Kräften nach Selbstformung gemäss dem Vorbild, das mit dem Himmlischen Menschen vorgegeben ist. Die Involution und die Evolution ... haben ein und dasselbe Ziel: den Menschen." Teilhard de Chardin: „Kosmischer Christus".

Im Mineralreich kommt die Qualität in zwei extremen Gegensätzen zum Ausdruck: als statische, inaktive, passive Natur der Mineralien und als „spirituelle Aktivität", womit die Qualität der Radioaktivität dieses Naturreiches gemeint ist. Denn das Endziel für alle mineralischen atomischen Formen ist deren radioaktive Qualifikation, jene dynamische Strahlkraft, die alle Substanzen ungehindert durchdringt. Radioaktivität ist für alle mineralischen Formationen eine Art „Einweihung" im Sinne einer Höherpotenzierung oder der selbstveranlasste Schritt zur Befreiung der Essenz und die planvolle Ausgestaltung aller Formen dieses Naturreiches unter dem organisierenden Einfluss des „Siebten Strahles". Mit der Entdeckung der Atomenergie besteht bereits die Möglichkeit, aus der Masse-Materie die „Urenergie" zu lösen. Energie und Masse stehen immer in einem Spannungsverhältnis, das wechselseitig ist. Bisher wurden aus der Masse nur sehr geringe Energien freigesetzt. Man denke an das Feuer oder an das Wasser in ihren Umsetzungen für die Energiegewinnung. Mit der Atomenergie wurde bereits der Kern der Masse angezapft, was schon viel stärker ist.

Zwei Faktoren bestimmen die Strukturen des Mineralreiches:

Der eine Faktor ist derjenige, dass alle mineralischen Gebilde in sich jene Lebenselemente beherbergen, aus denen andere Formen ihre Nahrung ziehen. Denn jedes weitere Naturreich hängt von der Existenz dieses ersten Naturreiches ab, das diesem im „zeitlichen" Evolutionszyklus vorausgeht und von dem es seine Lebenskraft holt. Denn jedes Naturreich ist ein Kraft- und Lebensborn für das nächstfolgende, das zufolge des göttlichen Plans in Erscheinung tritt.
Der zweite Faktor ist das Geheimnis, das allen Naturreichen innewohnt: Verdichtung und Umwandlung, wobei jedes Naturreich seinen eigenen Code hat. Bisher wurden auf Erden unfassbare ätherische Substanzen permanent zu dichten sicht- und greifbaren Welten komprimiert, um von nun an nach einem evolutionären göttlichen Plan diese objektive (äußere) Welt wieder in den Urzustand zurückzuverwandeln. Erschaffung und Auflösung erfolgen beide über Strahlung und Wirken radioaktiver Substanzen. Die gegenwärtig beobachtete verstärkte „Durchstrahlung" macht das gesamte Mineralreich radioaktiver als je zuvor, wobei diese verstärkte Radioaktivität in zyklischer Folge innerhalb einer Epoche für alle Naturbereiche zur bestimmenden Grundeigenschaft wird. Diese verstärkte kosmische Strahlung hatte auch die Entdeckung der Radioaktivität zur Folge, so dass Forscher im Stande waren, auf intuitivem Wege, also über ihre eigenen Bewusstseinsvibrationen, die-

se Energiestrahlungen im Mineralreich „wiederzuerkennen".[78] Alles im Universum besitzt Geist, es gibt dabei nur Gradunterschiede im vibrierenden „Bewusstsein",[79] das sich im 1. Naturreich durch die Einstrahlungen zweier korrespondierender Strahlen erweist: des 1. Strahls des schöpferischen Willens und des 7. Strahls der Wiederauflösung alles Geschaffenen.

2. Das Pflanzenreich (2. Naturreich: Evolution des Lebens)

a) Energie im Pflanzenreich
b) Substanz im Pflanzenreich
c) Bewusstsein im Pflanzenreich

Das Pflanzenreich als zweites Naturreich entspricht der mittleren Triade der spirituellen Hierarchie und damit zugleich auch dem Aspekt des zweiten Energiestrahls im Urstrahl (1. göttlicher Schöpferwille – 2. göttliche Liebe – 3. Ideen Gottes). Im Pflanzenreich formieren sich „Atome" zu ersten organischen molekularen Verbindungen als Beginn aller belebten und entwicklungsfähigen Gestalten von Pflanzenfamilien. Dieser zweite Aspekt ist der Strahl der Liebe schlechthin, die mit „fühlendem Bewusstsein" in allen Formen lebt und wirkt und zugleich die Wesensäußerung in der Welt aller Phänomene ist. Es ist der Lebensimpuls, der zum Licht drängt und durch das Gesetz der Anziehung einen gestalthaften Zusammenschluss herbeiführt. Das ist der Beginn eines Kontaktmechanismus unendlich differenzierter und weitverzweigter Gestaltung unzähliger „Pflanzenfamilien", wobei aus dem Zusammenschluss organische Moleküle werden, aus denen sich wiederum organische Zellgebilde entwickeln. Im Laufe der Entwicklung werden die Reaktionen aller lebenden Wesenheiten auf Kontakte zunehmend impulsiver, wobei sich diese Wechselwirkungen in einer Welt von Energien voller vibrierender Kraftzentren offenbaren. Diese kohärenten Wechselwirkungen[80] haben in allen biologischen Systemen eine besonders wichtige Bedeutung, weil auf ihnen die Gestaltbildung in den Zellen beruht. Dabei ist jede Einzelform ein „Universum" für sich, vom Leben erfüllt und von der Urenergie durchpulst. Es ist eine endlose Reihe atomarer Lebensimpulse, die sich „fortpflanzen" in immer wieder neuen Gestaltungen und sich so in unaufhörlicher Bewegung befinden; es sind die ersten „Gruppierungen" auf Erden, wobei die Gesamtheit aller Lebewesen (Biosphäre) durch das Licht miteinander verbunden ist und eine sich gemeinsam entfaltende Einheit bildet.

---

[78] Das erfolgte parallel zur „bewussten Entdeckung" des Uranus vor ca. 200 Jahren.
[79] Jean Charon: „Elektronen besitzen eine geistige Substanz und sind Träger eines eigenen Geistes".
[80] Bischof, a.a.O. (S. 211): „Kohärente Zustände liegen mitten zwischen Teilchen und Welle."

Für diese Verbindungen von Molekülen sind Bewegungsenergien verantwortlich, die über elektronische Anreize von einem Reaktionspartner ausgelöst werden. Sobald diese angeregt sind, ändert sich die elektronische Ladungsverteilung auf die Teilchen so, dass sie sich gegenseitig anziehen, um mit einem Partner eine neue, stabile Einheit zu bilden. Danach befinden sich Zellen nicht mehr in einem „chaotischen Wellenbad", sondern in einem geordneten „kohärenten Biophotonenfeld"; denn „Biophotonen" sind dabei die optimalen Regulatoren aller chemischen Umsetzungen. Es setzt eine planmäßige Steuerung ein, wodurch jede chemische Reaktion gezielt die erforderliche Frequenzkomposition und Polarisationsrichtung erhält. Es handelt sich also immer um Kräfte, welche die Tendenz zur Kohäsion, zur konkreten Gestaltung und deren Stabilisierung haben. Dieser energetische Prozess wird durch das Bioplasma[81] (Totalität aller Teilchen) ermöglicht, das wie ein einziges Ganzes funktioniert. Basis dieser Energien sind die gestaltgebenden virtuellen *„Teilchen"*, die **Neutrinos**.

Denn hinter einem Neutrinostrahl verbirgt sich die grundlegende, spirituelle Natur aller Gestalten. In Kooperation von Bioplasma und „Neutrinos" werden alle Gestalten im Pflanzenreich hervorgebracht. Immer wenn sich ein energiereiches Neutrino mit einem Elektron in eine Wechselwirkung begibt, entstehen manifeste Strukturen, die in der Materie über unzählige elektronische Vorgänge erfolgen, wobei auch immer wieder Mutationen entstehen. Jede erscheinbare Realität besitzt Frequenzgleichheit mit der dahinter wirkenden Idee. Zwischen Welle und Teilchen liegt daher immer Frequenzgleichheit vor.[82] *„Dabei sind Frequenzkohärenzen, die sich zur Biophotonenbildung differenzieren, als Elemente bereits ein „Strukturmuster".* Bei diesen Wechselwirkungen zwischen einem „Neutrino" und einem „Elektron" prallt das Neutrino vom Elektron ab, wobei hohe Mengen von Energie und Impulse ausgetauscht werden. Als kosmische Strahlung sind „Neutrinos quasi solare Raumschiffe"[83] und besitzen die Möglichkeit, den massiven Schild eines Sternkörpers zu durchdringen und dabei zu „erkennen", wie es in dessen Zentrum aussieht. *Diese Botschaften erreichen uns ununterbrochen, von einem Strahl getragen, der so hell ist wie das Licht der Sonne, und den wir doch nicht wahrnehmen können."*[84]

---

[81] „Plasma" ist ein vierter „Aggregatzustand der Materie", eine Art Medium mit Halbleitereigenschaften und Laserqualität. Als Bioplasma z.B. ist es die Totalität aller Teilchen und funktioniert wie ein einziges Ganzes.
[82] Das hatte bereits Nikola Tesla festgestellt.
[83] Christine Sutton: „Raumschiff Neutrino"
[84] Ph. Morrison

Auf keinen Fall dürfen diese Energiestrahlungen nur als elektromagnetische Frequenzen verstanden werden, da sie nicht im kosmisch-materiellen Bereich fest zu machen sind. Es gibt aber eine ganz natürliche Fortsetzung dieser „Geistteilchen" auch in anderen Dimensionen, wo sie weder neutral noch „Teilchen" im kosmischen Sinne sind, sondern Energiestrahlen innerhalb einer Energie-Skala in höheren Bewusstseinsdimensionen. Denn „Neutrinos" haben auch in diesen ganz ähnliche Aufgaben wie elektromagnetische Frequenzen im Kosmos, allerdings darüber hinaus für den jeweiligen „Substanzzustand" auch noch weitere Bedeutungen. So sind sie z.B. dort für das Erscheinen von Gestalten und für die ständige Verwandlung derselben zuständig – ähnlich wie im Traum. Im Kosmos sind Gestaltvorstellungen meist relativ „feste", aber im Element Wasser oder Luft ist der Begriff der Gestalthaftigkeit schon kaum noch anwendbar. In dieser Richtung muss man sich auch die Gestalt-gebung über „Neutrinos" vorstellen, die in einem viel höheren Maße als auf Erden allein von einer bewussten Vorstellungskraft abhängen. Mit dieser Kraft operiert im Menschen der „Ätherleib", der auch die Vorstellungen in der Phantasie und im Traum ermöglicht; und das ist die Energie der Neutri-nos, worüber in Zukunft auch der Einstieg in höhere Bewusstseinsdimensi-onen erfolgen wird. Und eines Tages auch das „Beamen" – und zwar dann, wenn am Ende des Äons die festen Materieteile der Körper wieder einer mehr „ätherischen Bildhaftigkeit" gewichen sein werden. Denn alle diese Prozesse erfolgen im Zusammenspiel mit dem „Äther und im Pflanzenreich mit dem dafür entsprechenden *Bioplasma.*

Bioplasma besitzt Halbleitereigenschaften und ist ein biologisches Medium mit Lasereigenschaften, in dem Energien durch Oszillationen gespeichert werden. Auf diesen Phänomenen beruhen nach Auffassung der Biopho-tonenforscher biologische Gruppenformationen und Gestaltbildungen in Zellpopulationen oder Organismen.[85] Das Licht ist dabei immer das organi-sierende Prinzip, denn dessen Frequenzen bestimmen die Strukturen. Son-nenlicht verknüpft die ersten Moleküle zu größeren Gebilden, welche die Anfänge der biologischen Entwicklung darstellen. Darum befindet sich auch in allen biologischen Gebilden Licht: die Biophotonen. Es sind die Licht-quanten einer Strahlung, die aus lebenden Zellen kommt. *„Diese Biopho-tonenstrahlung hat ihren Ursprung in elektronisch angeregten Molekülen."*[86], wobei es in Wirklichkeit überhaupt keinen fixen konkreten Zustand von Er-scheinungen gibt, weil sich alles in einem fließenden Wandel befindet. Es gibt nur verschiedene Arten von Energien, von deren Wirkungen ein wech-

[85] Popp, Fritz-Albert
[86] Popp a.a.O.

selseitiger Einfluss bestimmt wird. Die dabei entstehende Strahlung ist immer das Ergebnis einer Umwandlung und kennzeichnet zugleich die jeweilige Vollendung eines „partiellen" Zyklus, der wiederum in die „Kettenreaktion" einer Evolution eingebettet ist.

Biophotonen sind für die Kommunikation der Zellen untereinander notwendig, weil sie dem Informationsaustausch dienen. Der gesamte Stoffwechsel wird zentral von Biophotonen gesteuert und hängt mit dem Mysterium der Elektrizität zusammen. Es ist strahlende, elektrische Substanz, aktiver intelligenter Äther, erfüllt von Kräften, die blind wirken und unter den kosmischen Energiegesetzen stehen. Es sind jene „Knotenpunkte" zwischen Geistigem und Materie, die durch „Kohärenz der Biophotonen" entstehen". Kohärenz ist die Fähigkeit von Wellen zur Überlagerung oder Interferenz, wodurch ein geordneter Zustand entsteht, bei dem die Wellen ein zusammenhängendes und kommunikatives Feld bilden.

Kohärente Zustände von Biophotonenfeldern sind somit die Schnittstelle zwischen den virtuellen wellenhaften Feldern der potentiellen Informationen und den messbaren teilchenhaften Feldern der aktuellen Informationen. Denn die Wirklichkeit der Schöpfung besteht aus einem „dynamischen Schaukelspiel" zwischen aktuellen und potentiellen Informationen. Aktuelle Informationen sind die bekannten energetischen Wirkungen, die mit unseren Sinnesorganen registrierbar und dank ihrer Lokalisierung auch wahrnehmbar sind. Die „potentiellen Informationen" hingegen sind als „Welt der Möglichkeiten" der zweite Aspekt der imaginären Wirkungen, die alle Lebensformen betreffen. Man kann diese Biophotonenfelder[87] als Mittler zwischen Körper und Seele bezeichnen. Es ist der fließende Bereich zwischen Materie, Seele und Geist. In diesem Zusammenhang spricht *Rupert Sheldrake* von morphogenetischen Feldern, einer Art „Erinnerungscontainer": Hinter jeder zum erstenmal gebildeten Struktur, sei es Gedanke, Handlung oder materielles Objekt, steht immer ein „Feldmuster", das nicht elektromagnetischer Natur ist, sondern jenseits von Zeit und Raum existiert. Die daraus folgende Hypothese lautet: Hinter der materiellen Teilchenebene liegen weitere grundlegende, feinstofflichere „Ebenen" (Frequenzbereiche, Geistbereiche, Bewusstseinsstufen), aus denen die gegenständliche Welt hervorgeht und sichtbar wird; und diese Biophotonenfelder stehen an der Spitze der Regulierungshierarchie im materiell-physikalisch erfassbaren Bereich.

Man spricht in diesem Zusammenhang in der Wissenschaft vom „Taoprinzip"[88]

[87]. Popp a.a.O.

des Lebens. Es handelt sich dabei um kohärente Zustände, die den Zustand des Biophotonenfeldes bestimmen, in dem sowohl die Bildung von Formen und Strukturen aller Lebewesen, wie auch die Regulierung sämtlicher Stoffwechselprozesse zustande kommen. Denn in diesem „Prozess" entspringen Teilchen und Felder quasi aus dem „Nichts", verschwinden aber auch wieder genauso geheimnisvoll. Es ist das Erscheinen einer anderen Wirklichkeit, ganz im Sinne jener ursprünglichen Zeugung von Teilchen und Welle, die ja auch die Bedingung für das Erscheinen einer Materialisierung sind, und ebenso ihre jeweilige Wiederauflösung und Umwandlung im ewigen Kreislauf von Energie ermöglichen. Es ist wie das Erscheinen und Verschwinden von „Ufos": Sie erscheinen als Materialisierung im Kosmos und können sich sofort wieder in ihre Dimension zurückziehen, ein ganz ähnlicher Vorgang wie im Traum: Auch Traumgestalten erscheinen und verschwinden, wobei solche Phänomene durch Überschneidungen der Dimensionen hervorgerufen werden, indem sich Energien aus höheren Dimensionen in tieferen zu gestalthaften Phänomenen umwandeln. Dieses plötzliche „Erscheinen aus dem Nichts" ist die Folge „vibrierender" Energiezentren jener großen, allumfassenden Bewusstheit, die das Seiende schlechthin ist. Der gleiche Gedanke wird von Paulus im 2. Kapitel seines Briefes an die Epheser angedeutet: *„Wir sind sein Kunstwerk."*[89] Wörtlich ist die Übersetzung aus dem Griechischen *„Wir sind sein „poiema" (oder seine Idee)"*. Paulus meint damit, dass Gott in allen Manifestationen eine Idee, ein spezifisches Konzept oder detailliertes „Kunstwerk" zum Vorschein bringt. Insofern sind die Biophotonenfelder als „gestaltendes Prinzip" immer maßgebend beteiligt.

Substanz im Pflanzenreich – Evolution und Gestaltung

In der Schöpfung ist jede materielle Manifestation als Form ein monadisches, also in sich geschlossenes Kraftzentrum und als ein energetischer „Knotenpunkt" zu verstehen, der durch das Zusammentreffen von positiv-zeugenden Kräften im Zusammenwirken mit negativ-empfangenden Energien über die Urenergie erzeugt und vereint wird. Aber was ist eine Form wirklich?

Im Lexikon findet sich folgende Definition: *„Eine Form ist die äußere Gestalt oder Konfiguration eines Körpers."* In dieser Definition liegt die Betonung auf ihrem Äußerlichsein, ihrer Berührbarkeit und Manifestation. Das Wort **Manifestation** stammt aus zwei lateinischen Wörtern (manus, die Hand; fendere, berühren – wie „handhaben, mit der Hand anrühren"), wodurch der Gedanke suggeriert wird, dass das Manifestierte das ist, was gespürt und als berührbar

---

[88] siehe oben: Taoprinzip (a.a.O., S. 74-77)
[89] Eph 2, 10

erkannt werden kann. Und doch wird in dieser Interpretation der wichtigste Teil übersehen, so dass man nach einer weiteren Definition Ausschau halten muss. Plutarch vermittelt die Idee der Manifestation viel einleuchtender als das Lexikon, wenn er sagt: *„Eine Idee ist ein unkörperliches Wesen, das an sich keine Substanz besitzt, das aber gestaltloser Materie Gestalt und Form verleiht und zur Ursache von Manifestationen wird."* Dabei handelt es sich um eine Art bipolarer Strukturierung von aktuellen und potentiellen Informationen, *denn die Wirklichkeit besteht aus einem dynamischen Schaukelspiel zwischen aktuellen und potentiellen Informationen.* Aktuelle Informationen sind energetische Wirkungen, die deutlich wahrnehmbar sind. Potentielle Informationen hingegen gehören in die „Welt der Möglichkeiten". Letztere wurden bisher von der Wissenschaft praktisch nicht berücksichtigt, obwohl gerade sie es sind, die Moleküle, Zellen, Zellverbände, ja sogar ganze Organismen zu einer Einheit zusammenschließen und dazu bringen, als Ganzheit zu agieren.

Dabei wird deutlich, dass Formen an sich reine Illusionen sind; sie bilden in der Schöpfung nur ab und verhüllen damit zugleich den inneren schöpferischen Impuls, welcher enträtselt werden muss. Allein für eine an ihre äußeren Daseinsbedingungen optimal angepasste Form bestünde demnach an sich kein weiterer Entwicklungsbedarf mehr. Doch der immanente Lebensdrang in allen Formen drängt auf eine Weiterentwicklung im Sinne einer zielgerichteten Evolution, in der Mutationen „lebensnotwendige" sind. Diese „partiellen Wendepunkte" in eine kontinuierlichen Entwicklung sind Bewegungsimpulse, die immer eine Phase verstärkter Radioaktivität hervorrufen, durch welche eine positiv-elektrische Polung in eine negativ-magnetische überführt wird. Es ist der radioaktive Prozess jener verborgenen spirituellen Wirkungen, die mit dem Begriff „Mutation"[90] zwar angedeutet, aber noch nicht erklärt sind. Es ist eine endlose Reihe atomarer Lebensimpulse, die immer wieder in eine Form eingepflanzt werden und sich in unaufhörlicher Evolution befinden.

Diese Impulse sind geistig infiltrierte Entwicklungssprünge, welche jeder neuen Gestaltwerdung im evolutionären Prozess eine lebendige Dynamik verleihen. Es ist jener immanente Impuls zur Wandlung, der die Maxime einer optimalen Anpassung an jeweils gegenwärtig herrschende Bedingungen zugunsten einer neuen Gestaltbildung außer Kraft setzt, und zwar in Richtung auf ein als Form zwar noch Ungewisses, aber sehr wohl als im spirituellen Vorentwurf bereits Existierendes. Darum müssen immer wieder solche „spirituellen Einflüsse" angenommen werden, die einerseits in der Materie „quasi

---

[90] lat. = Verwandlung → Entwicklungssprung

stabile" Systeme instabil machen und zum Einsturz bringen, aber allein dadurch weitere Entwicklungsphasen in Gang zu setzen.

Evolution der Substanz

Alles kommt unter diesem fundamentalen Gesetz der Evolution zustande, und dieses ist als das in allen Formen wirksame zentrale Leben zu verstehen. Es handelt sich um Ideen, die sich manifestieren, sich immer mehr in die Substanz „verlieren" und sich je nach ihren Bedürfnissen in eine Gestalt kleiden, um sich dann wiederum selbst von dieser sie umgebenden Form zu befreien und eine neue, ihren Bestimmungen angemessenere Gestalt anzunehmen. Hierin liegt das Geheimnis der kosmischen Involution, an deren Ende sich der Geist wieder von der Form löst und endlich Befreiung erlangt. Das ist das jeweils „partielle Sterben", in dem der Geist die ihn einschließenden Mauern seiner jeweiligen körperlichen Form verlässt. Insofern ist der „Tod" in Wirklichkeit lediglich das Entrinnen oder die Freisetzung des Lebens aus dem Ausdrucksträger einer höchst unzureichenden Form. Denn in der belebten Welt gibt es keine tote Materie, die nicht mehr belebt werden könnte. So ist auch nicht der Zerfall von Zellen mit Tod zu bezeichnen. (Das nächsthöhere Organ der sich zersetzenden Zellen ist zwar tot, aber niemals die sich zersetzenden Zellen selbst). Eine Leiche enthält mehr Leben als man denkt! Wilhelm Reich benannte dieses alles belebende Prinzip im Kosmos „Orgon"[91], wodurch im Kosmos alles zusammenhängt und sich gegenseitig beeinflusst und ständige Verwandlungen hervorbringt.

Evolution ist darum das primäre „Charakteristikum" der Gestaltwerdung im 2. Naturreich, denn im Pflanzenreich beginnt jener Entwicklungsprozess aller lebenden Organismen, deren Element das Wasser ist: *„Aus dem Wasser kommt das Leben."* War das Feuer in der griechischen Philosophie das Element der Seele, so das Wasser das Element des wahrnehmbaren Lebens. Für den Philosophen Thales war das Wasser darum die „Ursubstanz" selbst, weil alles Leben aus dem Wasser entsprungen ist. Empedokles sieht im Wasser den „Besänftiger" des Feuers, die Harmonisierung von Wille und Liebe in den Manifestationen; und Evolution ist jener Vorgang, der das Leben in allen Einheiten zur Entfaltung bringt. Es ist der Drang zur Entwicklung, der schließlich zur Verschmelzung aller Einheiten und Gruppen führt, bis die Gesamtsumme

---

[91] Orgon: Wilhelm Reich hat damit etwas wiederentdeckt, was schon die alten Ägypter kannten – den biologischen Energietransfer. Natürlich hat das auch etwas mit der Sexualkraft zu tun, die ja im Kundalini belebt werden soll. So entstehen z.B. im Körper immer dann Stauungen, wenn der Geist verhindert, dass die Energie durchfließen kann, weil in den Organen der Orgon-Fluss gestört ist.

aller Manifestationen erreicht ist. Das ist *„Gott, in dem wir leben, uns bewegen und sind"*[92]. *„Es ist der intelligente Wille, der lenkt, entwickelt und alles letztlich zur Vollkommenheit bringt. Das ist die der Materie selbst innewohnende Vollkommenheit und die Tendenz, die im Atom, im Menschen und in allem was ist, latent vorhanden ist."*[93]

Evolution ist eine sich ständig beschleunigende Vorwärtsbewegung aller Teilchen im Universum und erfolgt aus dem Homogenen über das Heterogene wieder zurück zum Homogenen, und zwar ausgehend von jenen winzigen Mannigfaltigkeiten, die wir Moleküle und Atome nennen, bis hin zu ihrer Häufung im Aggregat aller Manifestationen. Sie führt *vom materiellen Atom bis hin zum universalen Bewusstsein, in welchem Allmacht und Allwissen verwirklicht werden: mit einem Wort, zur vollkommenen Verwirklichung des göttlich Absoluten.* In seinem Modell der Evolution ist für Popp das Entwicklungspotenzial, die Gesamtheit aller Lebewesen als eine untereinander verbundene und sich gemeinsam entfaltende Einheit zu verstehen, in welcher verschiedene Individuen und Populationen sich nicht nur um ihrer selbst willen entwickeln, sondern auch im Interesse der Gesamtheit aller lebenden Systeme.

Immer wenn innerhalb dieses Entwicklungsprozesses ein Gebilde seinen partiellen Bestimmungsabschluss erreicht hat und sich darin quasi in einem „partiellen Endzustand" befindet, erfolgt eine negativ-magnetische Anziehungskraft von übergeordneten höher dimensionierten Gebilden, wodurch über erhöhte Strahlentätigkeit, (Radioaktivität) Gebilde in einem höheren Verbund einbezogen und umgewandelt werden, um wieder als erneuter positiver elektrischer Impuls für den Aufbau des übergeordneten Gebildes zum Einsatz zu kommen. Dabei ist immer Radioaktivität am Ende und am Anfang solcher Umwandlungsprozesse der endscheidende Impuls für stets neue Gestaltungen. Während des relativ längsten „stationären Zustandes" eines Gebildes wird dieses durch eine „Trennwand begrenzt", weil sich nur innerhalb eines solchen „Grenzringes" das „Feuer des reinen Geistes" durch Verschmelzung oder Vereinigung mit elektrischer Substanz manifestieren kann. Diese „Begrenzung" ist der Hauptfaktor des strukturierten Systems einer Manifestation und dient der Stabilität eines Gebildes, bestimmt den größten Teil der Manifestation und hat bis zum Beginn des Umwandlungsprozesses die Oberhand.

Das ist auch der Grund, warum substantielle Begrenzungen bis hinunter zum physischen Atom reichen und als Voraussetzung für eine Umwandlung

[92] Paulus: Predigt auf dem Areopag (Apostelgeschichte 17,28)
[93] Alice Bailey a.a.O.

notwendig sind: Denn Begrenzung bedingt immer die Fähigkeit, diese auch in einer Evolution übersteigen zu können. In einem geordneten Daseinsplan bleibt jede Begrenzung nur so lange bestehen, wie sie zur Erreichung bestimmter Teilziele notwendig ist. Darauf folgt dann eine Auflösung oder Höherpotenzierung, und das ist das „Mysterium der Radioaktivität". Prigonine spricht in diesem Zusammenhang von zwei Zustandsmöglichkeiten: Entropie[94] oder Quantensprung.

Denn organisierte Systeme verlaufen nicht linear, sondern nach folgendem Muster: Alle Systeme „ermüden" bis zum Endzustand der Entropie. An diesem „Bifurkationspunkt"[95] bricht das System zusammen oder es kommt zu einem Quantensprung in eine höhere Ordnung: Zellzerfall oder Höherpotenzierung. Wenn sich also ein Gebilde an einem solchen Bifurkationspunkt befindet und die „Ausrichtung der Nullpunktenergie" gut funktioniert, dann erfolgt ein positiver Quantensprung – *„das jedoch ist der Gnade Gottes überlassen".*[96] Darüber besitzt die Wissenschaft noch keine Kenntnis, denn in jeder gestalteten Form drängt immer ein Impuls zur Weiterentfaltung und Entwicklung, welche die Grundlage aller Manifestationen ist und den Hintergrund aller Evolution bildet. Diese erfolgt in drei Phasen: *„Geburt, stationärer Zustand und Auflösung".* Die Ausprägung dieser mit eigener Identität begabten Daseinsformen entspricht *der Schwangerschaft* einer Mutter, die ein Kind aus der Materie ihres eigenen Körpers erbaut und hervorbringt, das trotz bestimmter Gleichheit mit der Mutter dennoch ein eigenes Bewusstsein und einen eigenen Willen aufweist und sich dreifältig manifestiert, als Körper, Seele und Geist. Denn alles ist im Geist bereits vorhanden, wobei die jeweilige Manifestation über virtuelle „Wesenheiten mit Modulcharakter" aus der spirituellen Hierarchie und der substanziellen DNS erfolgt, die dann jeweils parallel oder analog im Kosmos zu Manifestationen stimuliert werden. Zwar steht der Plan als teleologisches Ziel immer darüber, aber innerhalb der gesamten Entwicklung bestehen dabei auch gewisse Entscheidungsfreiheiten, die wiederum mit der alles bestimmenden „Nullpunkt-Energie" zusammenhängen.

In diesem Prozess „saugt" quasi der permanente Urstrahl über die „sieben Prinzipien" in der Hierarchie deren Einflüsse auf, um sie dann auf die kosmischen Grundpläne weiterzuleiten, wo sie um strukturelle Muster zirkulieren und von deren Tönung eingefärbt und so mit der Grundtendenz einer

---

[94] Entropie / Tendenz höchster Unordnung, Tendenz zum Strukturverlust, Abbautendenzen, Auflösung
[95] Bifurkationspunkt = Weggabelung
[96] Prigonine: „Bifurkationspunkt ist der Moment, an dem es sich entscheidet, ob es sich um Auflösung oder Höherpotenzierung handelt."

Schwingungsqualität imprägniert werden. Diese Ausstrahlungen gehen in geordneten Zyklen von ihrer Urquelle aus, um auf die verschiedenen Zentren in den Gestalten überzugehen. So zirkuliert diese Kraft oder Qualität von Grundplan zu Grundplan, wobei sie etwas hinzufügt und gleichzeitig etwas wegnimmt. Vom physischen Standpunkt aus gesehen ist diese Strahlenkraft das, was der Materie Energie verleiht. Vom psychischen Gesichtswinkel aus gesehen, ist sie das, was Qualität und Bewusstsein verleiht.

Dieses Ordnungsprinzip einer optimalen Anpassung aller im Fluss der Evolution befindlichen Gebilde wird durch ein weiteres Ordnungsprinzip ergänzt: Und das ist jener allen Gestaltungen zugrundeliegende „spirituelle Plan", nach welchem im Kosmos stabile Zustände vollendeter Anpassung durch neue Impulse schlagartig in einen instabilen dynamischen Zustand „umkippen" können. Denn in dieser primär biologischen Evolution geht es nicht nur um die Erschaffung des Bioplasmas, sondern gleichzeitig auch um eine Entwicklung des Bewusstseins, und zwar von dessen rudimentärster bis zur höchsten entwickelten Form im Menschen. So führt uns die Evolution der „Substanz" ganz natürlich zur Evolution der Formen. Von solchen rein materiellen Formen unterscheiden sich auch Formen, die in reinerer Substanz existieren, wie etwa Gedanken.

Bewusstsein im Pflanzenreich

An dieser permanent wechselnden Auflösung und Vollendung innerhalb aller evolutionären Umwandlungen und Gestaltungen sind immer auch „intelligente Wesen" beteiligt, die man heute durch den Begriff der „Neutrinos" oder „Tachyonen" ersetzen könnte, die neben den notwenigen Einstrahlungen für die materielle Erschaffung der „Quarks" für die Entwicklung des „Bewusstseins" in den drei Naturreichen zuständig sind. Sowenig man sich auch darüber klar sein mag: an allen begrenzenden Formen arbeiten auch „spirituelle Bauleute" (Devas) ununterbrochen mit. Es sind die „Neutrinos", die diesem Evolutionsprozess als „Werkzeug" dienen und die Materie nach einem bestimmten Plan gestalten. Sie entwickeln alle Formen aus ihrem „Bewusstsein" heraus, wobei der vorgesehene und übergeordnete Plan den Neutrinos quasi „imprägniert", bzw. im „Bewusstsein" derselben latent vorhanden ist. So werden alle Formen von innen nach außen immer neu erzeugt. Denn der Evolutionsprozess ist nicht das Wirken einer außerhalb befindlichen Gottheit, die ihre Energie und Weisheit auf eine erwartungsvolle Welt ausgießt, sondern vielmehr etwas, das selbst in dieser Welt latent vorhanden ist und verborgen im Kern des Atoms, eines Planeten oder in einem Sonnensystem liegt. Es ist jenes Etwas, das alles dem Ziel der Vollendung entgegentreibt, und jene Kraft, die allmählich aus dem Chaos Ordnung und letzte Vollkommenheit erschafft.

Neutrinos sind materiefreie Energien, die Schwingungen in der Materie verursachen, welche einerseits deren Neigung zur Auflösung hemmen und andererseits die „Substanz" zwingen, eine sphärenartige Gestalt anzunehmen, um aus dieser Matrix einen materiellen Körper zu erbauen, der über Neutrinos in eine kohärente Form gebannt wird. Neutrinos sind das „Feuer des göttlichen Impulses", das alle Formen durchdringt und sie zu bestimmten Aktionen und Leistungen antreibt und als dynamisches Feuer der Bewegung alle Gestaltungen in die vorhergesehene Bahnen der Entwicklung treibt. Denn wenn wir von Energie sprechen, muss es auch das geben, was Energie spendet, das, was die Quelle der Energie und der Ursprung jener Kraft ist, die sich in der Materie kundtut: Der Geist Gottes.

Bestand im Mineralreich die primäre Aufgabe in der Erschaffung der „Trägermaterie", so waren darin „Verdichtung und Umwandlung" das „fundamentale Bewusstsein" aller atomaren Materie. Es bestimmt den Aufbau und die Verbindungen von Atomen, woraus die sichtbaren Strukturen aller Gestaltungen im Kosmos erbaut sind, also die Gesamtheit aller Strukturen im Mineralreich und somit auch alle Grundbausteine im Pflanzen- und Tierreich. Im Pflanzenreich, dem 2. Naturreich, kommt das Prinzip der „lebendigen Anpassung" als Basis des „Bewusstseins" hinzu. Es ist die Fähigkeit, sich nach dem Modell zu *richten*, das in den Äthersphären der spirituellen Hierarchie festgelegt ist und parallel *unten* im Kosmos das zu produzieren, was *oben* vorgefunden wird. Das geschieht in diesem Naturreich mit einer schon viel „bewussteren Anpassungsfähigkeit" als im Mineralreich, wo sich der Prozess reiner Verdichtung mehr blindlings vollzogen hat. Im Pflanzenreich sind auch jene geheimnisvollen und verborgenen alchimistischen Prozesse angesiedelt, welche das Bioplasma dieses Reiches instandsetzen, den Lebensunterhalt der Sonne, dem Wasser und der Erde zu entnehmen und diese „Nahrung" in Formen und Farben zu „transformieren". Ziel im Pflanzenreich ist es auch, eine magnetische Anziehung hervorzubringen, deren Quelle auf Erden alles „seelische Leben" bestimmt. Mit dem Pflanzenreich beginnt auf Erden das seelisch-emotionale „Lebensbewusstsein" und die Evolution als Fortpflanzung.

Hinsichtlich der Einstrahlung der 7 Prinzipien weist das Pflanzenreich im Gegensatz zu allen anderen Naturreichen drei Einstrahlungen auf. Denn alle anderen erhalten je nur zwei Einstrahlungen. Das Resultat dieser drei Strahlen (Zwei, Vier und Sechs) die dieses Naturreich durchfluten, besteht im Hervorbringen der magnetischen Anziehungskraft, welche auf den 2. Strahl der

Liebe zurückzuführen und diesem Reich primär zu eigen ist. Der 4. Strahl zielt darauf ab, zwischen Form und Leben eine Harmonie zu schaffen und so „Schönheit in der Natur" zuwege zu bringen. Die Wirkung des 6. Strahls ist das Wachsen ins Licht und damit verbunden die Tendenz zur Evolution und Höherentwicklung, die von da an allen Lebensformen eigen ist. Dieser Strahl bringt die im Mutterboden der Erdkruste ruhenden Samen an die Oberfläche zum Leben und repräsentiert jene Energie der Liebe, die nach außen zur Gestaltung drängt. Die vereinte Wirkung dieser Strahlen brachte im 2. Pflanzenreich auch den Duft der Blumen hervor, der damit die höchste Form „pflanzlichen Bewusstseins" repräsentiert. Über den Duft „kommunizieren" Pflanzen mit der gesamten Natur, wobei Gerüche sowohl anziehen, als auch abstoßen können. Das Pflanzenreich ist somit im allgemeinen Plan des gesamten Sonnensystems der hervorragende Beitrag des Planeten Erde; denn jeder einzelne Planet steuert im Sonnensystem zu den Gesamtleistungen, die aus dem Evolutionsprozess resultieren, seinen einzigartigen und individuellen Anteil bei. Das „Pflanzenreich" ist das unvergleichliche Produkt unseres Planetensystems. Der Erfolg ist in der Erzeugung einer einheitlich grünen Farbe zu sehen, die auf dem ganzen Erdball zu finden ist.

Nach esoterischer Auffassung liegt in der „Grünkraft des Lebens" der Pfad des Dienens (6. Strahl) und die „magnetische Bereitschaft" eines hingebungsvollen Empfangens im gesamten Pflanzenreiches begründet.[97] Dieses zweite Naturreich, das Pflanzenreich, schöpft auf Erden seine Lebenskraft aus drei Quellen: der Sonne, dem Wasser und dem Erdboden. Von den beiden letzten Quellen ist es der mineralische Gehalt, der für den Aufbau und Wuchs der Pflanzen von wesentlicher Bedeutung ist, denn die Strukturen aller Pflanzenformen werden aus Mineralprodukten gebildet. Diese Struktur wird Schritt für Schritt nach dem spirituellen, ätherischen Modell ausgebaut, wobei der spirituelle Lebenswille, Drang oder Impuls die endgültige Form bildet. Dabei ist es die magnetische Kraft des „ätherischen Bioplasmas", welche die Minerale, die für das Formskelett benötigt werden, zu sich heranzieht.

Im Universum ist es ein unumstößliches Gesetz, geringeres Leben oder Sphären in einen höheren Einflussbereich hineinzuziehen. Diese magnetische Kraft der spirituellen Hierarchie „sammelt" quasi aus den „monadischen Grenzringen" die Bestandteile aller „Manifestationskörper" im Kosmos zusammen: d.h. das, was diese für jede Integration brauchen. Dies erfolgt quasi bei jeder „Wiedergeburt" in einer höheren Monade, wobei in diesem Prozess alle Atome dadurch radioaktiv werden, sodass sie auf ein stärkeres, magnetisches Zentrum reagieren. Diese Reaktion kommt durch die allmähliche evolutio-

[97] Hildegard von Bingen: „Geduld ist die Grünkraft des Lebens"

näre Entfaltung eines immanenten „Bewusstseins" zustande. Freilich ist die Wissenschaft noch nicht bereit zuzugeben, dass Strahlung allein nur darauf zurückzuführen ist.

Für diese Erkenntnisse und für den „Sprung" in andere Dimensionen ist alles physikalische und biologische Basiswissen völlig bedeutungslos und hilft selbst den genialsten Spezialisten nichts, um diese Zusammenhänge zu erkennen; und doch ist es notwenig zu wissen, worum es der Physik bisher ging. Ein Einstieg ist jedoch nur über die Akzeptanz einer „Energie" aus höheren Dimensionen möglich, welche sich jedoch niemals mit den Maßen der euklidischen Physik bestimmen lassen wird. Für diese Akzeptanz wird der Mensch das „Aufnahmeorgan" erst noch entwickeln müssen, um zu „verstehen", ohne „bemessen" zu können. Aber einst waren die Menschen auch davon überzeugt, die Erde sei eine Scheibe.

Zusammenfassung zweites Naturreich

Das primär bestimmende Prinzip des Pflanzenreiches ist die Anziehungskraft, die sich vornehmlich in Farben und Duft äußert, und die höchste Ausdrucksform von kommunikativer Aktivität in diesem Naturreich ist. Es ist quasi eine Vorform für spätere Kommunikationen im Tierreich, die sich vor allem durch Wohlgeruch bemerkbar macht. Denn Duftstoffe hängen eng mit der Fortpflanzung zusammen, also mit dem Fortbestand einer bestimmten Pflanzengattung, wofür allerdings Pflanzen den Wind oder Insekten als Vermittler benötigen. Man könnte von einer Art *„Sexualität im Pflanzenreich"* sprechen. W. Reich bezeichnet diesen biologischen Energietransfer als Bio-Elektrizität. Das wirkliche Geheimnis des Wohlgeruches, sein Zweck und seine Bestimmung liegen wohl darin, auf jene Kräfte und Mittel einzuwirken, welche die Verbreitung und Fortdauer des Pflanzenreiches bewirken. Diese Kräfte unterliegen dem unsichtbaren Einfluss jener Gestaltungsenergien, denen es obliegt, im gesamten Universum Lebensformen zu erschaffen und diese bis zur höchstmöglichen Vollendung zu bringen. So erklärt sich auch der Einfluss, den der 6. Strahl (Hingabe und Devotion) auf die Flora dieses Naturreiches ausübt. Das Wesen dieses Strahls kommt in folgenden symbolischen Sanskrit-Worten zum Ausdruck: *„Er hat sein Auge zur Sonne gerichtet; er wendet die Lebensfülle stets den Strahlen der Wärme zu und bewirkt das Wunderspiel der Farben und die herrlichen Wohlgerüche".*

Das Pflanzenreich ist der Umformer des vitalen „Pranafluidums" und übermittelt dieses den anderen Lebensformen auf unserem Planeten, und das ist die göttliche Funktion dieses Naturreiches und der einzigartige Beitrag der Erde im allgemeinen Plan des Sonnensystems. Denn jeder einzelne Planet steuert zu den Gesamtleistungen im Sonnensystem, die aus dem Evolutionsprozess resultieren, seinen einzigartigen und individuellen Anteil bei.

Das globale Ziel im 2. Naturreich, zu welchem das Leben als ein Ganzes ständig hinstrebt, ist die Erweiterung der Kommunikation und Kooperation. Zellen erweisen sich bereits dabei als hochstrukturierte Gebilde, wobei die Bildung und Aufrechterhaltung dieser Architekturen eine konstante Energiezufuhr erfordert. Bei der Auflösung dieser Strukturen wird die darin gebundene Energie wieder frei. Bei diesem Vorgang von „Geburt und Sterben" leuchten Zellen immer auf, weil dessen Ursache eine erhöhte Strahlungsintensität vor jeder Zellteilung ist. So ist das Pflanzenreich eine Lebenssphäre der „Neigungen", was für alle „Pflanzenfamilien" gleicher Wesen gilt, deren Lebenssphäre über eine „Gruppenseele" geeint ist. Das 2. Naturreich bildet die Brücke zwischen dem „Mineralreich" und dem „Tierreich", und zwar analog zur zweiten Triade der spirituellen Hierarchie, die ebenfalls ein Bindeglied zwischen der Einheit im spirituellen Zentrum und der Vielheit individueller Geschöpfe in der dritten Triade darstellt.

1. Dem zweiten Naturreich entspricht in der geistigen Hierarchie die zweite Triade.

2. Der zweite Strahl der Liebe-Weisheit entwickelt im Kosmos eine außerordentlich starke Sensibilität. Der vierte Strahl der Harmonie und Schönheit bringt die Harmonie zwischen „Substanz" und Bewusstsein zuwege, die in diesem Naturreich zu finden ist, weil in diesem Naturreich bereits eine sehr große Mannigfaltigkeit von Strukturen zu übergeordneten Einheiten verbunden ist (vielfache Ausdifferenzierung von ganzen Pflanzenfamilien).

3. Diese zunehmende Differenzierung dokumentiert sich im zweiten Naturreich als magnetische Anziehungskraft, Wohlgeruch, Farbe und Wachsen zum Licht hin.

4. Es besteht eine genaue Anpassung oder Fähigkeit, sich nach dem Modell zu „richten", das in den prädestinierten ätherischen Ideen der spirituellen Hierarchie festgelegt ist, um so im kosmischen Naturreich das zu produzieren, was in den Ideen vorgeformt ist. Das geschieht im 2. Naturreich mit größerer Anpassungsfähigkeit als im Mineralreich, wo der Prozess der Verdichtung sich mehr blindlings vollzieht.

5. Geheimnis der Umformung: Es handelt sich um jene verborgenen „alchimistischen" Prozesse, welche die Flora dieses Reiches in den Stand versetzen,

ihren Lebensunterhalt der Sonne, dem Wasser und dem Erdboden zu entnehmen und diese Nahrung in Formen und Farben zu „transformieren".

6. Beginn der Fähigkeit zur Fortpflanzung und damit der Beginn der Evolution allen „Lebens".

7. Jedes einzelne Naturreich steigert den „Bewusstseinsaspekt" zu einer immer höheren Vollkommenheit und bekundet eine größere Empfindungs- und Reaktionsfähigkeit auf äußere Umweltbedingungen als das vorhergehende Naturreich.

3. Das Tierreich (3. Naturreich: Geist / Bewusstsein)

Im gesamten Entwicklungsprozess auf Erden ist die Linie, die mit der Evolution der „Substanz", dem „Werden und Vergehen" der atomaren Materie zu tun hat, am augenscheinlichsten. Daneben gibt es aber auch die Evolution des „Geistes", die sich von einer rein materiellen Evolution unterscheidet. Darum ist die Frage berechtigt: Gibt es hinter der objektiven Form aller Manifestationen auch eine Evolution des Bewusstseins, eine alle Gestaltungen von innen heraus belebende Intelligenz? Eine solche Betrachtungsweise der Evolution als ein Entfalten von innen nach außen würde bedeuten, dass sich alles aus einem spirituellen Zentrum her „entrollt" und Evolution lediglich die Entfaltung einer stetig zunehmenden Reaktionsfähigkeit ist, womit man eine sehr einleuchtende Begriffsbestimmung bei der Betrachtung aller Manifestationen des Materieaspektes hätte; denn eine solche Betrachtung beinhaltet das Prinzip der Schwingung und der Reaktionen auf Schwingung, und das betrifft den in aller Materie immanenten „intelligenten Willen".

Das dritte Naturreich, die „Tierwelt", entspricht der dritten Triade der spirituellen Hierarchie, in der sich nach Dionysios Areopagita die „Engelgesellschaften" mehr und mehr zu individuellen Wesenheiten zu differenzieren beginnen. Das ist ein Vorgang, dem abbildhaft im dritten Naturreich die unendliche Artenvielfalt und zunehmende Individualität der Tiere entspricht. Mit diesem Prozess verliert der Einfluss der „Gruppenseele" zu Gunsten sich herausbildender „Einzelseelen" mehr und mehr seine beherrschende Kraft. Jede „Einzelseele" erhält viel mehr „Entscheidungsfreiheit" und erfährt erstmalig Polaritäten, mit denen sie sich auseinandersetzen muss. Alles wird zur unterschiedlichen Vielheit, die verwirrend ist und zur Herausforderung wird, sich zwischen Sympathie und Antipathie zu entscheiden. Das 3. Naturreich steht darum primär unter dem Einfluss des 3. und 5. Geist-Strahles, der mehr und mehr die gesamte Entwicklung aller physischen Gebilde bestimmt. Im ersten Naturreich, dem Mineralreich, bestimmt der Schöpferwille primär das gesamte Geschehen. Im Pflanzenreich erweckt primär die liebende Seele alles Leben im schöpferischen Evolutionsprozess. Im dritten Naturreich wird für die Anpassungsfähigkeit, der „Instinkt" entwickelt, der sich immer deutlicher richtungsweisend bemerkbar macht. Denn im dritten Naturreich entfaltet sich der hinter allem stehende und bestimmende Geist zum individuellen Bewusstsein, das am Ende der Evolution des dritten Naturreiches im Menschen sich endlich seiner selbst bewusst wird. Es ist jene Befähigung, die bereits in der Tierwelt Reaktionen auf das Leben hervorzubringen vermag, die man bereits als bewusste „Zielrichtung" bezeichnen kann und die auf den „freien Willen" des Menschen vorausweisen.

In den beiden Naturreichen unterhalb des Menschen könnte man das Bewusstsein noch als „blind" bezeichnen, das erst im Menschen zur erhellenden Offenbarung wird. Der tierische Instinkt benutzt genau wie die menschliche Intelligenz jenen Reaktionsapparat, den wir Nervensystem, Gehirn und die fünf Sinne nennen. Aber erst der Mensch als Zwitterwesen (Kentaur)[98] von animalischem Leib und geistigem Bewusstsein entwickelt „Intelligenz". So groß auch der Unterschied zwischen Mensch und Tier sein mag, so besteht zwischen beiden jedoch eine viel engere Beziehung, als zwischen Tier und Pflanze. Das 3. Naturreich wird primär vom Geist beherrscht, was sich in einer aktiven und zunehmend bewussteren Anpassungsfähigkeit äußert, überdies erfolgt im 3. Naturreich die Synthese aller drei Aspekte des Urstrahles: Wille, Liebe, Geist, deren vollkommene Ausgestaltung im Menschen als Ziel des dritten Naturreichs anzusehen ist.

Dieser Funke des „Denkens", der zuerst im Tier allein durch den Instinkt zum Ausdruck kommt, trieb die materielle Form oder Substanz zu solcher Aktivität an, dass sie im Menschen die Höhen der Intelligenz zu erreichen vermochte. Der Tiermensch strebte aufwärts; der Geist antwortete auf dieses Streben; die Schwingung des Keimes der Mentalität hatte die Substanz wie Hefe durchdrungen, und so wurde das menschliche Bewusstsein erweckt. Richtig ist dabei, dass dadurch die „spirituellen Feuer der Hierarchie" in Berührung mit den „irdischen Reibungsfeuern" im Vormenschen fusionierten und dadurch eine erste Umwandlung hervorriefen. Diese „Berührung" erfolgte über die aus höheren Dimensionen inkarnierenden Wesen, die diese Fusion zustande brachten, indem sie in den animalischen Trägern der Vormenschen durch die Energiestrahlungen aus der Hierarchie deren Bewusstseinspotenzial aus der Latenz erweckten und aktivierten.

[98] Kentaur: antikes Fabelwesen; halb Tier, halb Mensch.

Es ist der „Fünfte Strahl", der Strahl des Denkens, der in der Tierwelt die Entfaltung des „Instinkts" hervorruft, der wiederum jenen Reaktionsapparat erweckt und zur Übertragung benutzt (Nervensystem, Gehirn und die fünf Sinne), welcher so als Empfangsorgan angeregt wird zu fungieren. Denn wie der Mensch besitzt auch das Tier als erstes Geschöpf eine planvolle Ausgestaltung des „ätherischen Körpers", welcher die wirklichen Nerven und sensorischen Zentren für jeglichen „Empfang" bereitstellt, wobei die „Chakren"[99] dieses sensitiven Reaktionsapparates die eigentlichen bewirkenden „Module" aller „Modulationen" im subtilen Ätherkörper sind. Dieser Ätherleib ist mit dem physischen Körper koordiniert, der wiederum über die Nerven und sensorischen Zentren reagiert.

Auch Pflanzen haben eine Art „Nerven", doch haben sie nicht solch komplizierte Bahnen und Geflechte, wie sie das Tier und der Mensch besitzen. Denn Tier und Mensch haben im allgemeinen dieselbe Anordnung von Nerven, Kraftzentren und Kanälen, wobei die höher entwickelten Tiere noch mit einer Wirbelsäule und einem Gehirn ausgestattet und ihre Organe bereits das Resultat der „Verdichtung" jenes subtilen Ätherkörpers und sensitiven Reaktionsapparates sind. Dieser ermöglicht die Überleitung, bei der sich bereits im Tier bestimmte psychologische Faktoren vereinigen, die letztendlich zur Menschwerdung führen. Es handelt sich um einen Prozess, der bewusstes Leben mobilisiert und psychologische Entfaltung bewirkt. Dieser Prozess beginnt im Tierreich und findet im Menschenreich seine Vollendung. Diese beiden Bereiche der Bewusstwerdung werden in alten Kommentaren beschrieben als *„die zwei Augen der Gottheit, die im Anfang beide blind sind, dann aber sehend werden, wobei das rechte Auge klarer sieht, als das linke".*

Zusammenfassung 3. Naturreich (3. kosmische Triade)

Das Tierreich entnimmt seine Nahrung in der Hauptsache der Sonne, dem Wasser und dem Pflanzenreich. Der für die Knochenbildung benötigte Mineralgehalt steht hier bereits in einer verfeinerten und höher entwickelten Form zur Verfügung, da die Mineralien auf dem Umwege über die Pflanzen absorbiert werden. Denn jedes Naturreich bringt in der Stufenfolge der Entwicklung dem nächstfolgenden Reich „Opfer" dar.

Das Geheimnis des Tierreiches ist es, sich von der animalischen Natur zu befreien, und liegt im Aspekt des „Blutes" und im „Blutvergießen" verborgen.

---

[99] Es handelt sich um die auf dem Ätherleib befindlichen Energiezentren, die Chakren, welche die Empfangsorgane des Ätherleibes sind.

Das ist der Grund dafür, dass sich nur über das „Blutvergießen", also durch ein animalisches Opfer eine Befreiung oder Erlösung aus diesem Naturreich verstehen lässt. Denn im dritten Naturreich bildet sich die für das gesamte Universum so bestimmende Polarität aller Aktivitäten aus. Es ist die Differenzierung aller Energien im Hervorrufen des immanenten Gegensatzes in allen Aktivitäten, die beim Tier als lebensbedingte Aktivitäten rein über physisch-triebhaft gesteuerte Energien erfolgen (*Fressen und Gefressen werden*).

Während sich dies beim Tier über eine unbewusste Triebsteuerung vollzieht, ist es beim Menschen immer von einer psychologischen oder moralischen Bewusstseinseinstellung mit abhängig. In den Kriegen tränkte das Blut von Tausenden die Erde, was für den Menschen schwer verständlich ist, da sein Bewusstsein mehr auf die lebendige sichtbare Form eingestellt ist, als auf die innere verborgene Einheit allen seelischen Lebens. Es ist für ihn schwierig, hinter dem Greuel des Mordens und des Blutvergießens zu allen Zeiten einen göttlichen Zweck zu sehen. Die Tatsache des „Blutbades" im Tierreich wie im Menschenreich, geht auf die Zeit zurück, als in den Parallelwelten die „Urkriege im Himmel"[100] ausgefochten wurden. Auch auf Erden begann sich im dritten Naturreich der Aspekt des Kampfes als Überlebenskampf auszubilden und wurde beim Menschen letztendlich zum Krieg: „Jeder gegen jeden".[101] Im Übergang vom Tier zum Menschen gab es den Kannibalismus, der sich erstmalig in der Natur gegen die eigene Art wendete. Später entwickelten sich daraus religiöse „Menschenopfer", die dann von „Tieropfern" abgelöst wurden.[102] Doch durch das *„Ausgießen des Wassers, dessen Farbe rot ist"*[103], kommt am Ende eine Befreiung zustande, die das Tierreich in neue Stadien von Bewusstsein und Gewahrsein hineinführen wird, *„denn die ganze Schöpfung liegt in Todeswehen und wartet sehnsüchtig auf das Offenbarwerden der Söhne Gottes, um aus ihrer Verlorenheit befreit zu werden."* (Paulus: Röm. 8,19)

Das „Gesetz des Opferns" bestimmt die Eigenart eines jeden Naturreiches. Daher kann man jedes Reich als eine Art „Laboratorium" ansehen, in dem jene „Nahrungsstoffe" bereitet werden, die für den Aufbau von ständig verfeinerten Strukturen erforderlich sind. So zeigt jedes „Reich" eine deutlichere Enthüllung der inneren, verborgenen Herrlichkeit, an deren Ende der Mensch steht.

---

[100] „Krieg der Sterne" – vgl. Lorber: „Johannes-Evangelium"; Genesis 4,1-16; Johannes-Apokalypse 12,7-9: „Da erhob sich ein Streit im Himmel ..."
[101] Kali Juga (Yukteswar); Heraklit: Das Leben als Kampf
[102] vgl. Gen 22 (die Opferung Isaaks) u.a.
[103] Johannes-Apokalypse

Zusammenfassend sind folgende Entwicklungsaspekte im Dritten Naturreich zu beobachten:

1. Anziehungskraft als Begierde und gefühlsbetontes sehnendes Verlangen
2. Biologische Evolution / Fressen und Gefressen werden
3. Bewusstwerdung als Instinkt und Intelligenz

Die Beziehung des Menschen zu den Tieren

Übergang vom 3. Naturreich ins „4. Reich": Menschheit

Der Mensch gehört zwar als höchstentwickelte animalische Spezies noch in das dritte Naturreich, markiert aber als bewusster „Geistträger" zugleich den fließenden Übergang vom materiellen Kosmos zur geistigen Hierarchie. Daher kann man die „Menschheit" als Bindeglied zwischen beiden „Hierarchien" und somit auch als eine eigene, selbständige „Sphäre" ansehen. Der Mensch ist der Vermittler zwischen Geist und Materie, quasi die „personifizierte Unschärferelation" und steht damit in der „Verantwortung" für die gesamte Schöpfung.[104]

Der gravierendste Berührungspunkt zwischen Mensch und Tier ist der gemeinsame Aspekt der „Sexualität" als gemeinsame Basis aller Beziehungen zwischen physisch-animalischen Körpern. In kosmischer Auslegung ist das Wort „Sexualität" eine Beschreibung der Beziehung, die zwischen Geist und Materie und zwischen Leben und Form besteht. Im Grunde genommen ist diese Beziehung eine Auswirkung des Gesetzes der Anziehung, jenes fundamentalen Gesetzes, das allem Leben in Manifestationen zugrunde liegt, weil im Kosmos nur darüber alle Geschöpfe ins Leben gerufen werden.

Im rein physischen Sinn kennzeichnet der Begriff *Sexualbeziehung* die Zeugungsfunktion eines männlichen und eines weiblichen Geschöpfes. Im durchschnittlichen Sprachgebrauch bedeutet es die lockende Befriedigung eines tierischen Impulses, dem um jeden Preis gefrönt werden müsse. Wie alles in der Polarität im Kosmos ist auch das Wesen der Sexualität eine Dualität, nämlich die Trennung zweier Aspekte oder Hälften einer ursprünglichen Einheit, die es wieder zu überwinden gilt. Diese zwei Seiten eines Ganzen entsprechen und bedeuten in der Schöpfung Materie und Geist, weiblich

---

[104] Hildegard von Bingen „Der Mensch in der Verantwortung"

und männlich, negativ und positiv, Yin und Yang. Ihrem Wesen nach streben diese im Kosmos getrennten Aspekte in der Sexualität – als ursprünglichste Verschmelzung – wieder zusammen, um im weiteren Prozess einer Höherentwicklung den Endzustand einer „androgynen Einheit" zu erreichen. In der Menschheitsgeschichte ist dieser doppelgeschlechtliche Typus immer als Garant dafür angesehen worden, dass in ferner Zukunft die menschliche Evolution darin ihr Ziel erreichen wird, worin sich die beiden getrennten Hälften wieder in der ursprünglichen Verbundenheit zeigen: im göttlichen Hermaphroditen, dem wahren androgynen Typ von Mann-Frau, dem Menschen in seiner Vollendung, und zwar genauso wie in höheren Bewusstseinsdimensionen, in denen es einen geschlechtlichen Gegensatz auch nicht gibt.

Sexualität ist der äußere, sichtbare Aspekt einer inneren geistigen Wirklichkeit: jene tiefe Sehnsucht aller in der Dualität der Schöpfung getrennten Wesen wieder nach Vereinigung. Es ist die wechselseitige Beziehung zwischen fundamentalen Gegensatzpaaren wie Vater/Mutter, Leben/Form, die, wenn sie im kosmischen Sinne „zusammengebracht" werden, den geoffenbarten „Sohn Gottes", den „kosmischen Christus"[105], das bewusstseinserfüllte Universum hervorbringen. Der historische Jesus-Christus ist der Garant für diese Wahrheit. „Christus" garantiert als Jesus der Menschheit, dass es eine Wirklichkeit gibt, die innere Bedeutung besitzt, und dass für alles, was jetzt ist und jemals sein wird, eine einheitliche spirituelle Basis existiert. Denn in jeder kosmischen Schöpfungsdimension wird sich Gott seiner selbst als Liebe bewusst; und die Vereinigung der Liebe mit sich selbst ist das einzige Ziel in allen Schöpfungen, wobei die zwingende Folge dieser Beziehung immer ein "Schöpfungswerk" und das Erscheinen von Manifestationen ist, deren sich Gott bedient, um sich selber zu offenbaren und seine Existenz zu beweisen. Geist und Materie stehen im Universum miteinander in Berührung, und der Mensch kommt mit Gott durch dasselbe große Gesetz in Berührung, indem der einzelne Mensch und seine Seele versuchen, zusammen zu finden; denn nur so wird „Christus" im Menschenherzen geboren, indem der Mensch täglich „äußerlich stirbt", damit „Christus in all seiner Herrlichkeit (in ihm) lebe und sichtbar werde.

Abgesehen von der gemeinsamen Sexualität von Mensch und Tier lassen sich noch weitere Aspekte von Funktionen vergleichen: Der Mensch hat gegenüber dem Tier, das triebgesteuert ist, einen zielbewussten Willen, der Absicht und Planung beinhaltet, ferner Entscheidungsfreiheit sowie die Fähigkeit zur Selbsterkenntnis. Diese Aspekte sind dem Menschen angeboren und stellen seinen gesamten Bewusstseinsraum dar, der beim Tier nicht aktiv

[105] Teilhard de Chardin

ist. Eine Art Übergang zwischen Tier und Mensch sehen wir in den Primaten und in jenem mächtigen Faktor, der z.B. ein „Trainieren" der Tiere möglich macht. Dieser Faktor ist die gemeinsame Fähigkeit zu lernen, anhänglich zu sein, willige Dienste zu tun und von einem wilden Tier in die „persönliche Beziehung" eines Haustieres hineinzuwachsen.

Mit der beginnenden Wirksamkeit des „fünften Strahles" im Tierreich erfolgt eine Art „Transfusion" (Überleitung) zur Vorstufe intelligibler Fähigkeiten z.B. bei den Primaten. Diese in das Tierreich einströmenden Energien bewirken ganz allmählich eine Art „instinktiver Denkfähigkeit" der Tiere. Dieses Stimulans hat eine systematische Höherentwicklung des tierischen Bewusstseins zur Folge, wodurch die bisher führende Rolle des „Sonnengeflechts" allmählich in das „Kopfzentrum" verlegt wird. Die Folge dieser Verschiebung im Bauplan eines Tieres bedeutet neue Bewusstseinsmöglichkeiten. Hierbei ist der Mensch dem Tierreich gegenüber eine Art ursächlicher Faktor, denn dem Menschen ist die Aufgabe übertragen, „über sich selbst" auch das Tier zur „Befreiung" zu bringen, und zwar zur Befreiung in den nächsthöheren Bewusstseinsbereich, in dem sich die nächste Phase der Aktivität abspielen wird.[106]

Diese meist latenten Entwicklungspotenziale müssen „geweckt" werden und zeigen sich bereits bei Haustieren als Anhänglichkeit an den Menschen. Hinter dem äußeren Verhalten von Tieren verbirgt sich ein ständiges Bestreben, zu lernen und zu verstehen und folglich die Tendenz, ein Lebensumfeld zu finden, das dem inneren Verlangen entspricht. Das bewirken generell die Einstrahlungen des „fünften Strahls", der in seiner Energiebeschaffenheit dem 3. Naturreich, dem Tierreich, nahe steht; er bewirkt das „kluge Verhalten", das wir bei Haustieren höherer Ordnung beobachten können. Was wir als radioaktive Strahlung im Mineralreich und als Blumenduft im Pflanzenreich antreffen, tritt im Tierreich als „instinktive Ergebenheit" in Erscheinung, die für das Zusammenleben von Mensch und Haustier so charakteristisch ist.

Im Laufe der parallel verlaufenden menschlichen und tierischen Bewusstseinsentwicklung[107] wurde die einst primär rein physische Beziehung zwischen Vormensch und Tier durch eine hinzukommende „emotionale Komponente" bereichert. Da das Tierreich auch in Zukunft mehr und mehr unter den Einfluss des Menschen kommt, wird sich auch im Verhalten der Tiere noch Vieles ändern. Ein Schritt zu diesem Ziel hin zeigt sich z.B. in der Aufmerksamkeit, die ein Tier seinem Herrn schenkt, womit es andererseits auch die

---

[106] vgl. Jakob Lorber, a.a.O.: Das Mitnehmen von Tierseelen bei der Inkarnation
[107] Jean Gebser: Ursprung und Gegenwart

Verantwortung herausfordert, die der Mensch dem Tier gegenüber hat. Die Tiere werden so dazu erzogen, an den Maßnahmen des angewandten, bewussten Willens des Menschen teilzuhaben. Dies scheint zwar der Mensch immer noch als den „Willen des Tieres" zu deuten, nämlich seinen Herrn zu lieben; aber dieses Verhalten wurzelt viel tiefer und ist fundamentaler als die Befriedigung des menschlichen Verlangens nach Liebe.[108]

Das plan- und verständnisvolle Zähmen wilder Tiere und ihre Anpassung an „geordnete Lebensbedingungen" machen einen Teil dieses Entwicklungsprozesses im dritten Naturreich aus, der den Plan einer Höherdimensionierung des Bewusstseins vervollständigen und erfüllen soll[109]. Auf jeden Fall ist das Band zwischen Tier und Mensch im „dritten Naturreich" auf diese Weise zu einem zweifachen geworden: einem physischen und einem emotionalen. In Zukunft wird mit dem neuen, supramentalen Bewusstsein noch eine dritte Beziehung zwischen Tier und Mensch entstehen, die über das „Bewusstsein" zustande kommen wird. Denn die reine Macht der Gedanken wird es mit der Zeit fertig bringen, dass der Mensch die Kluft, die zwischen ihm und dem Tierreich existiert, überbrückt: Das wird telepathisch und über Gedanken erfolgen, die das Bewusstsein des Tieres sehr leicht erreichen, beherrschen und lenken werden (Pferdeflüsterer, Telepathie mit Tieren).

Denn allein die Kraft des menschlichen Geistes wird am Ende der Faktor sein, der alles beherrscht; und durch seine Geisteskraft wird der Mensch die drei unter ihm liegenden Naturreiche über seine eigene Bewusstseinstransformation transzendieren können. Dies war bereits beim Mineral- und Pflanzenreich der Fall. Mit dem Tierreich ist es noch nicht so weit, doch werden ständig Fortschritte gemacht; und jene Gebiete auf Erden werden ständig kleiner werden, in denen das Tier noch vorherrscht. Gattungen werden aussterben, sofern man sie nicht in Reservaten am Leben erhält. Es ist klar, dass sich die gegenseitige Beziehung zwischen Tier und Mensch dahingehend auswirken wird, dass auch Tiere auf eine neue Entwicklungsstufe gebracht werden, z.B. in eine Form der „Individuation". Dieses Ereignis ist die Endphase der „Transfusion", des Hinübergleitens aus einem Lebensbereich in einen höheren, was auch für die Bewusstseinsentwicklung der Menschheit gilt. *„Lass das Feuer sein Werk erfüllen; locke den Menschen in den Feuerofen und lass ihn im rosenroten Zentrum die Natur abwerfen, die ihn zurückhält. Lass das Feuer der Läuterung brennen."*[110]

---

[108] Das Tier hat einen Trieb, der Mensch einen Willen (Eigenwillen), der immer an ein bewusstes Ego gebunden ist. Ein Tier gibt sich bedingungslos hin wie das Kleinkind. Der Ego-bestimmte Mensch nur reflektierend.

[109] Die idealisierte Vorstellung, dass Mensch und Tier wie im „Paradies" friedlich nebeneinander leben.

[110] Sanskrit

Zusammenfassung Teil III / Kosmos:
Die Synthese der drei Naturreiche im Kosmos

Für alle „Wesenheiten" im Universum gilt das integrierende Prinzip von Allgeist und Allseele, jener Urenergie, die in allen Formen lebendig ist. Dieses
Prinzip, das in der Materie des Kosmos immanent wirkt und sich in wahrnehmbaren Äußerungen kundtut, fristet im Bewusstsein der Menschen noch
immer das Dasein einer unbekannten und undefinierbaren Größe. Es sind
jene spirituellen Energien, die hinter allen Manifestationen wirken, die in ihrer
Gesamtheit einen einzigen Kraftstrom bilden und deren Ursprung – wie das
Wesen aller Dinge – noch verhüllt ist.

Allgeist und Allseele sind in Wirklichkeit dieses Abstrakte, Unerklärliche,
dieses Etwas, das dem großen Gesetz von Anziehung und Abstoßung aller Erscheinungen zugrunde liegt. Es ist als fundamentales Bewusstsein ein
Charakteristikum aller Materie. Auf diese Weise kann auch jedes Naturreich
als eine einheitliche Sphäre angesehen werden, durch die sich das Bewusstsein irgendeiner Stufe oder eines Grades manifestiert und das durch folgende
Funktionen gekennzeichnet ist:

1. Involution des „Lebens" in die Materie, wobei sich Energien zu Materie
    verdichten.

2. Alles unterliegt dem Gesetz von Anziehung und Abstoßung, wodurch
    Materie und Geist koordiniert werden.

3. Ziel der Evolution aller Gestalten ist eine allmähliche „Vervollkomm-
    nung", um dabei eine „Befreiung" des in der Materie eingeschlosse-
    nen „Geistes" wieder zu erlangen.

4. Jeder „Vervollkommnungsprozess" erfolgt über radioaktive Strahlung.

5. Für die substanzielle und bewusstseinsmäßige „Höherpotenzierung"
    gibt es in jedem Naturreich gewisse Brennpunkte (Zentren, Chakren),
    über welche alle atomare Substanz über Einstrahlungen auf eine radio-
    aktive Entwicklungsstufe gebracht wird, um jene *Befreiung* der Essenz
    in der Materie zu ermöglichen und wiederum zu einem Kraftauslöser
    für eine Leitungsfähigkeit in einen höheren Zustand zu werden.

6. Damit ist die Fähigkeit gemeint, aus einer Sphäre der Energiebeeinflus-
    sung in eine andere Sphäre von höherer Schwingungsfrequenz überzu-
    gehen, in der ein „bewusstes Gewahrsein" größeren Spielraum hat.

7. Bereits das Atom der Chemie zeigt Symptome unterscheidungsfähigen Denkens, rudimentäre selektive Befähigung sowie Elastizität. Diese Eigenschaften erscheinen im Pflanzenreich wieder, doch kommt eine dritte hinzu, die man als eine „Empfindung" rudimentärer Art einstufen könnte.

8. Die „ursprüngliche Intelligenz" des Atoms hat also während des Übergangs von Form zu Form und von Naturreich zu Naturreich etwas dazu gewonnen: größere Reaktionsfähigkeit auf Kontakte und ein differenzierteres Wahrnehmungsvermögen. Dies zeigt, dass im Pflanzenreich aus Atomen erbaute Formen nicht nur unterscheidungsfähige „Intelligenz" und Elastizität besitzen, sondern auch Empfindungsfähigkeit, also etwas, was im Tierreich der Emotion oder dem Gefühl entspricht.

9. Diese Art der „Emotion" ist nichts weiter als eine rudimentäre Form von Liebe. Im darauf folgenden „Tierreich", in dem die Physis nicht nur alle eben genannten Eigenschaften besitzt, kommt noch der Instinkt hinzu oder das, was sich endlich beim Menschen als mentale Intelligenz entfaltet.

10. Im Menschen erfolgt die Synthese aller Bewusstseinsformen: der Mensch besitzt Intelligenz, ist zu Gefühlen fähig und hat einen zielbewussten Eigenwillen. Der Mensch lässt sich nicht mehr in einem „Naturreich" allein integrieren, sondern ist in seiner „Gott-Ebenbildlichkeit" die Monade seines eigenen Systems. Denn der Mensch ist nicht nur bewusst, sondern er ist sich vor allem seiner selbst bewusst und synthetisiert seine „dreifache Natur" zu einer Einheit, zur „Ebenbildlichkeit", denn auch er ist die Drei in Einem und der Eine in den Dreien: Leib – Seele – Geist.

11. Im Lexikon findet sich für den Begriff „Bewusstsein" folgende Erklärung: *„Der Zustand des Gewahrseins"* oder die *Bedingung für Wahrnehmung, die Fähigkeit, auf Stimuli zu reagieren, die Gabe, Kontakte zu erkennen und die Kraft, Schwingungen zu synchronisieren."* Bewusstsein wird nicht nur dem Tier und dem Menschen zugestanden, sondern erstreckt sich auch auf das Pflanzenreich bis ins Mineralreich hinein. In den östlichen Philosophien lehrte man immer, dass alles lebt und bewusst ist, aber dass nicht alles Leben und Bewusstsein dem des Menschen „gleicht"[111]; und weiter wird die Tatsache betont, dass *„zwischen dem Bewusstsein des Atoms und dem einer Blume, zwischen dem*

---

[111] Yogananda: „In der Schöpfung scheint Gott im Gestein zu schlafen, in den Blumen zu träumen, in den Tieren zu erwachen und im Menschen zu wissen, dass er wach ist.

einer Blume und dem eines Menschen, zwischen dem eines Menschen und dem eines Gottes enorme Intervalle bestehen."

12. In ihrem Werk *„Das Bewusstsein des Atoms"* spricht Alice Bailey von einer „Hierarchie des Teilchenbewusstseins", welches die verschiedenen Eigenschaften gedanklicher Ideen in den Elementen der Teilchen bei einer Gestaltwerdung bestimmt. Gemäß der „Trinität" des Urstrahls kann man drei subatomare „Teilchen" benennen: **Quarks, Neutrinos und Tachyonen.** Es sind die „geistbegabten Wirkpotenziale", die jene ungeahnten Eigenschaften besitzen, die rein psychischer Natur sind und die Wirkungen der 7 Strahlen auf alle Gestalten im Kosmos übertragen und bestimmen.

13. Nur über diese „feinstofflichen subatomaren Teilchen" erhalten materielle oder physische Manifestationen Zugang zu spirituellen Informationen. Denn das Umsetzen von Ideen geschieht durch einen Prozess kontinuierlicher Energieverstrahlung von Strukturen bis hin zur Materie.[112] Alle feinstofflichen Teilchen sind im Kosmos direkt miteinander verbunden und beeinflussen sich gegenseitig ohne Zeitverlust über die „Nullpunktenergie", in der quasi alles in der Schöpfung als Ideen oder Samenformen abgerufen werden kann; denn die wichtigste Eigenschaft der Urmaterie ist der dahinter wirkende Geist, der zwar selbst formlos und unmanifestiert ist, dessen verbindende und übertragende „Partikel" jedoch jene subatomaren Teilchen sind, die permanent Überlichtgeschwindigkeitsfelder erzeugen. Sie stehen für die drei Aspekte der Umwandlung von Energie in Manifestationen.

14. Die drei Aspekte der Umwandlung von Energie in Manifestationen:

1. **Quarks** sind Urelemente für die Materie.

2. **Neutrinos** sind die Urenergie für die Gestaltwerdung und Evolution.

3. **Tachyonen** sind die Urenergiestrahlen für das Bewusstsein, bzw. Denken.[113]

1. Aspekt

Hinsichtlich der Materie handelt es sich um einen permanenten „Verdichtungsprozess" von Energie zu Materie, deren kleinste Teilchen die **Quarks**

---

[112] Christian Opitz, a.a.O.
[113] Tachyonen sind „vorausgesagte Teilchen", die sich schneller als mit Lichtgeschwindigkeit bewegen, experimentell aber noch nicht nachgewiesen sind. Der Begriff wird im Zusammenhang mit Nullpunktenergie verwandt. Nullpunktenergie ist eine Art Schwingungsenergie, die niemals einen energielosen Zustand erreicht und mit den Schwingungen der Unschärferelation identisch ist. Tachyonen sind Nullpunkt-Energie in Partikelform.

sind. Sie stehen an der Grenze eines permanenten Umwandlungsprozesses, der das Leben schlechthin in der Schöpfung ausmacht. Es ist die schöpferische Urenergie, die sich im Universum manifestiert.

2. Aspekt

In diesem permanenten Prozess des Lebens sind **Neutrinos** die Transmitter als Brücke zwischen Idee-Geist und Materie-Gestalt. Neutrinos sind keine „echten Elementarteilchen", sondern eher eine Art „Ansammlung elektrisch geladener Quarks", die keine Masse besitzen und in den Bereich der „kosmischen Strahlung" gehören. „Neutrinos" sind zwar virtuell, müssen aber durch ihre nachweisbaren Wirkungen als existent anerkannt werden. Sie sind selbst nicht messbar und nicht zu fokussieren; sie sind elektrisch neutral und daher durch Magnetfelder nicht zu beeinflussen, erzeugen aber in der Fusion mit Magnetfeldern bei Elektronen und Photonen Strukturmuster, die dann wiederum Frequenzverbindungen herstellen. Diese neutralen Teilchen kann man nur über ihre Wechselwirkungen erfassen, über die bestimmte Signaturen erzeugt werden.

3. Aspekt

Die im Ausfluss des Urstrahls enthaltenen „Ideen" (Geist) ermöglichen in der gesamten Schöpfung über **Tachyonen** das „Bewusstsein" in der Materie. Tachyonen sind virtuelle „vorausgesagte Teilchen", die sich schneller als mit Lichtgeschwindigkeit bewegen und experimentell nicht nachweisbar sind. Tachyonen werden mit „Nullpunktenergie" in einen Zusammenhang gebracht. Nullpunktenergie ist eine Art Schwingungsenergie, die niemals einen energielosen Zustand erreicht, weil sie mit den Schwingungen der Unschärferelation identisch ist. Tachyonen sind quasi jene Nullpunkt-Energie in „Partikelform", haben keine spezifische Frequenz, enthalten aber alle Informationen als „Träger" für den vollkommenen Energiefluss des Bewusstseins im Universum. Und da sie keine spezifische elektro-magnetische Frequenz haben, können sie durch Fremdenergien auch nie beeinflusst werden.

Seit der Entstehung der Quantenphysik rücken die Zusammenhänge zwischen Energien und Bewusstsein immer stärker ins Blickfeld der Forschung. Bereits G. Th. Fechner postulierte im 19. Jh. die Hypothese, dass Atome Zentren reiner Energien seien, und begriff diese als unterste *„Bausteine einer geistigen Hierarchie"*, wonach auch alle „Teilchen" eine bewusstseinsmäßige „Qualität" haben, denn die *Wurzel des Quantenprinzips ist das Bewusstsein: „Alle Elementarteilchen besitzen erste Anklänge einer Willenskraft, Selbstaktivität oder eines Geistes."* (Cochran).[114] Nach dieser Theorie folgt die „Geisthaftigkeit der Ma-

---

[114] Für G. Th. Fechner ist die Quantenmechanik die mathematische Beschreibung der doppelten Geist-Partikel-Eigenschaften der Materie („Geisthaftigkeit der Materie").

terie" aus der „Unschärferelation", die sich wiederum aus dem Doppelcharakter der Materie als „Welle und Teilchen" ergibt, wobei die Wellenhaftigkeit den geistigen, die Teilchenhaftigkeit den materiellen Aspekt repräsentiert.

Teil IV

Der Mensch – das „4. Reich"

**Zwischenbereich zwischen Geist und Materie –
Der Mensch als personifizierte „Unschärferelation"**

Kontinuum des Bewusstseins

Das dritte Naturreich findet im Menschen Ziel und Vollendung in der „Bewusstwerdung" und im Erkennen des „zugrundeliegenden Planes" der Schöpfung. Denn dieses „Vierte Reich der Menschheit" wird primär vom „fünften Strahl" beherrscht und bestimmt, weil der 5. Strahl der „Offenbarer des Evolutionsweges des Wissens" ist und zugleich der „Erschaffer" des „homo sapiens". Das Feld des Erkennens oder Wissens ist so beschaffen, dass es auf die hervorbrechende göttliche Willensenergie mit seinen eigenen Schwingungen intelligent reagiert. Dadurch nimmt der Mensch immer mehr teil am göttlichen Schöpferwillen, wobei das „Wort" als bewusste Sprache das Mittel ist, die Welt verstehend zu interpretieren. Worte sind immer Symbole für Ganzheiten, die kosmisches Geschehen in kurzen, aber komplexen Gedanken auszudrücken suchen.

Stellten die „sieben Geister" innerhalb der spirituellen Hierarchie grundlegende „Prinzipien" dar, so erhalten diese gestaltgebenden Kräften nach Maßgabe der jeweiligen Bedingungen im Kosmos, vor allem im Menschen konkret wahrnehmbare und wirkende Funktionen, um die prädestinierten Ideen in Gestaltungen und Handlungen umzusetzen und im manifesten Formleben zu offenbaren. Es ist das Kontinuum der „Evolution des Bewusstseins", wohinter sich ein Plan oder ein organisiertes Konzept verbirgt, das sich in materiellen Formen darstellt und auswirkt. Die dahinter wirkenden Ideen sind

---

[115] Als Renè Descartes die Welt in Materie und Geist teilte, verzichtete er stillschweigend darauf, die Religion dabei zu erwähnen, und ignorierte somit die „Unschärferelation" zwischen beiden und die damit verbundenen Spannungen zwischen Religion und Wissenschaft."

primär nicht wahrnehmbare, wenn auch zuweilen als „Visionen" oder in einer Offenbarung „erlebbare", bleiben aber meist fraglich und gemäß der Dualität[115] im gesamten Universum „verhüllt", und ihre jeweiligen Wirkungen in den polarisierten Gegensätzlichkeiten der Welt oft missverständlich.

Der „fünfte Strahl", der die quasi „erleuchtende" Bewusstseinsentfaltung im Kosmos zum „Denken" hin bestimmt, zeigt dabei auch den Weg hinab ins „Reich des Todes", in die „Inkarnation", die für die Seele immer ein „Sterben" in einem „todähnlichen Gefängnis" bedeutet. Andererseits ermöglicht dieser 5. Strahl auch wieder den Weg aufwärts, heraus aus dem Dunkel ins reine Licht der „Auferstehung". Diese Rückspiegelung als Wiederaufstieg der Seele geht allein über das Bewusstsein des Menschen. Er ist die Fortsetzung einer Entwicklung, die von der einst reinen Körperlichkeit des Menschen über sein sich entfaltendes Bewusstsein bis hin zur reinen Spiritualität höherer Dimensionen erfolgt, was spiegelbildlich und parallel zur dritten absteigenden Triade der spirituellen Hierarchie zu verstehen ist, deren ätherische Wesen alle dem Abstieg in den materiellen Kosmos unterworfen sind. Aufgabe der Menschheit ist es, wieder eine Transparenz der Körperlichkeit zu erbringen, um dem Primat des Bewusstseins im „spirituellen Wiederaufstieg" zum Durchbruch zu verhelfen.

Dieser „fließende Bewusstseinsverlauf", der eine permanente Höherpotenzierung bedingt, erfolgt beim Menschen jedoch nicht mehr automatisch wie in den drei niederen Naturreichen, sondern fordert den Menschen auf, „zuzustimmen" und jede „Einweihung" oder Höherpotenzierung selbst mit zu initiieren. Denn der Mensch als „Zwitterwesen" (zwischen Geist und Materie) bestimmt die Weiterentwicklung über sein eigenes Bewusstsein mit, wobei ihm aber entscheidende Hilfen aus spirituellen Quellen zufließen. Das Endstadium, die „Vollkommenheit" in dieser Bewusstseinsentwicklung wird jedoch nicht deshalb erreicht, weil es „große Wesen" als Helfer gibt, die begierig darauf warten, den Menschen „emporzuheben", sondern deren Hilfe erreicht den Menschen nur dann, wenn er selbst dafür die notwendige Empfangsbereitschaft signalisiert und die geistigen Vorleistungen dafür „erbringt". Diese „Empfangsbereitschaft" ist dabei der einzige Eigenbeitrag des Menschen, weil es sich bei einer Höherpotenzierung im Bewusstsein immer um eine „Initiation" handelt. Ein Initiant ist ein Mensch, der bereit ist, die ersten Schritte in das „Reich des Geistes" zu tun, wobei ein solcher Mensch meist bestimmte geistige Offenbarungen erlebt, von denen jede ein Schlüssel zu einer höheren Erkenntnis ist.

---

[115] Als Renè Descartes die Welt in Materie und Geist teilte, verzichtete er stillschweigend darauf, die Religion dabei zu erwähnen, und ignorierte somit die „Unschärferelation" zwischen beiden und die damit verbundenen Spannungen zwischen Religion und Wissenschaft."

Solche „Erkenntniserweiterungen" sind „Primärerfahrungen", die nicht auf sekundären Konditionierungen beruhen. Denn auf der Ebene der Primärprozesse gibt es keine Konditionierung, weil der Mensch nur auf den sekundären Ebenen konditionierte Reaktionen in Form von Gedanken und Gefühlen hat. In östlichen Theorien ist das Ziel solcher Erfahrungen des spirituellen Bewusstseins das „Atman", im Christentum ist diese primäre universale Daseinsform der „Heilige Geist". Im menschlichen Bewusstseinsprozess wird diese individuelle Selbst-Erfahrung des Ego nur im Spiegel des Gedächtnisses, und zwar mit zeitlichen Verzögerungen aus sekundären Nachklängen von Primärerfahrungen erreicht.[116]

Ideen und Gedanken stehen in diesem „Wechselspiel" zwar immer an erster Stelle, müssen aber immer empfangen werden. Erst danach kann die Umsetzung in eine Manifestation erfolgen, denn jeder eingegebene Gedanke drängt beständig nach Realisierung in der Welt, wobei die totale gedankliche „Aufschlüsselung" der Ideen im Kosmos in Myriaden von Gestalten ihre sichtbare Manifestation findet. Dabei erfahren alle daran beteiligten Energien im Kosmos ständig Einfärbungen[117] der „Sieben Urgeister", wobei sich die Skala der Frequenzen ständig verändert – zuweilen bis ins Gegenteil einer ursprünglichen Energie-Intention. Denn nach dem Empfang erfolgt als eigener Beitrag eines Empfängers die jeweilige Umsetzung, die eine empfangene Idee auch bis in ihr Gegenteil überformen kann, weil sich im „Empfänger" immer auch ein Eigenwille und seine Vorstellungswelt bemerkbar machen.
Denn „geistiges Leben" wird im Unterschied zum bloß naturhaften Leben im Wesentlichen durch eigene Bewusstwerdung mitbestimmt. So wie der naturhafte Körper einen Austausch (Stoffwechsel) mit seiner ihn erhaltenden natürlichen Umwelt benötigt, so benötigt das Bewusstsein einen „verlebendigenden Austausch" mit der geistigen Sphäre, der es selbst entstammt. Und so wie der naturhafte Körper eine Entwicklung zeigt, so ist auch das Bewusstsein nichts Starres und ein für allemal Festgelegtes. Denn Bewusstsein ist im Wesentlichen das Ergebnis von Reaktionen, die ein Bewusstseinsträger auf geistige Impulse zulässt. So wie ein Musiker durch Übung eine Stufenfolge von Schwierigkeiten nach einander bewältigt, wobei er auf jeder Stufe erst festen Halt gefunden haben muss, bevor er die nächste Stufe in Angriff nimmt, so ähnlich müssen auch bei der Bewusstseinsentwicklung zwei Dinge in Einklang stehen: einerseits die Empfangsbereitschaft und die geistige Frequenz, die den Entwicklungsreiz für die Bedingungen einer Höher-

[116] A. Goswami: „Das bewusste Universum", S.239:
[117] Die meisten Menschen schneidern sich eine empfangene Wahrheit so zurecht, dass sie in ihr vorgestelltes Weltbild passt. Als Beispiel: Wenn man etwas Freundliches denkt, dann ist die Frequenz eine harmonische Schwingung, wie bei einem musikalischen Ton . Wird sie dagegen gestört, entsteht ein Geräusch oder ein „Wellensalat" (vgl.das „Märchen von der Königin", deren äußere Erscheinung sich je nach Stimmungen verfärbt).

potenzierung des Bewusstseins auslöst, und andererseits die Fähigkeit, das Errungene festzuhalten, um es in Opferbereitschaft verwandelnd wirksam zu machen.

„Geistige Impulse", die das Bewusstsein beleben, sind physikalisch gesehen Frequenzen des Lichts, wobei die Weltwahrnehmung sich gemeinsam mit dem sich wandelnden Bewusstsein ebenfalls verändert. Alle „Frequenzen", die empfangen werden und das Bewusstsein erreichen und bestimmen, machen letztlich das „Sein" eines Trägers sowie den *Level* seiner Frequenzbreite aus. Wichtig ist, dass es sich dabei immer um empfangene Lichtfrequenzen handelt und nicht um ein selbst Erzeugtes oder „Erdachtes". Denn gültig ist immer nur ein wirklich empfangend Wahrgenommenes, und zwar aus der Latenz eines bisher Unbemerkten Entnommenes, wobei jede empfangene Frequenz die Möglichkeit einer Modulation nach unten oder nach oben in sich birgt. Bei einer Modulation nach oben erweitert sich der Bewusstseinsraum und „vergeistigt" sich (Dimensionswechsel) – bei einer Modulation nach unten engt sich der Bewusstseinsraum ein und „materialisiert" sich (Absinken). Dies ist entscheidend, da das „Bewusstsein" als Ätherleib immer den naturhaften Träger überlebt und die geistige Umwelt des Bewusstseins mitbestimmt. Es geht bei allen diesen Prozessen im Wesentlichen um die Erregung der „Urenergie", die ja bekanntlich den gesamten Kosmos durchflutet; und das bedeutet, dass das Leben permanent passiv durch die Urenergie erhalten wird, die durch das Ganze fließt und auch im Kosmos das Leben ermöglicht. Diese Urenergie ist in allen Dimensionen des Universums die gleiche, wird jedoch in den verschiedenen Dimensionen verschieden erlebt und erfahren.

Die Menschheit steht gegenwärtig in der Übergangsphase vom mentalen zum supramentalen Bewusstsein und damit an der Schwelle zu einem neuen Äon. Das bedeutet eine erneute „Enthüllung" der Geheimnisse und des Zusammenhangs. Es gilt, die unterschiedlichen Bewusstseinsdimensionen im Kosmos und der spirituellen Hierarchie neu zu entdecken, und zwar mittels der „Physik", die sich dabei aber als „reine Naturwissenschaft" selbst ad absurdum führen wird. In der Vergangenheit begriffen die Menschen die „Urenergie" noch nicht als *„Fehlzündungen" zwischen „Quarks oder auftreffenden Neutrinos"*, sondern als mystisch unerklärbare Wunder im Sinne von religiösen Visionen, Levitation oder Wunderheilung. Zwar ist auch die „mikrokosmische Welt" nach wie vor nicht erklärbar, ermöglicht aber skeptischen Wissenschaftlern, die Welt als ein Zusammengehöriges zu begreifen und darüber die spirituelle Welt „hinter" der Physik zu akzeptieren.

Dieser bisher rein „hypothetische" Bereich wurde von den Naturwissenschaften einfach ignoriert. Gerade aber die Erforschung der Wechselwirkungen und Übertragungen von Informationen, jene Kommunikation der beiden Seinsbereiche, wäre für ein vertieftes Verständnis dieses Ineinandergreifens sehr wichtig. Bisher haben die meisten Naturwissenschaftler sich fast ausschließlich im systemimmanenten Rahmen eines traditionellen Wissens gehalten, ohne sich den eigentlichen und wirklichen „Quellen" anzunähern. Immerhin wird dieser Zusammenhang der Wechselbeziehungen in einigen Theorien als das „Taoprinzip" des Lebens bezeichnet, womit die gemeinsame Einheit unvereinbarer Gegensätze gemeint ist. Denn um eine Ordnung aufrecht zu erhalten, bedarf es einer „energetischen Idee", welche diese Ordnung gegensätzlicher Vereinigung über das „Bewusstsein" zusammenerhält, weil jedes Materieteilchen immer zugleich auch ein Phänomen energetischer Bewusstheit ist. Die Wurzel des „Quantenprinzips" ist das Bewusstsein, denn Quanten sind Energieproportionen, die durch Frequenzen bestimmt sind; nur an dieser „Nahtstelle von Welle und Teilchen" findet Schöpfung statt, und zwar in jedem Augenblick, in dem die Organisiertheit materieller Gegebenheiten erhalten wird.

Die Menschheit bringt zwar für diese Erkenntnisse alle Voraussetzungen mit, kann sie aber vorerst noch nicht umsetzen, weil die dafür notwendigen „Energieeinstrahlungen" im Bewusstsein der Menschen selbst noch stärker mobilisiert werden müssen. Gegenwärtig steht die heutige Menschheit an einem „Bewusstseinskipp", um in das supramentale Bewusstsein überzugehen. Damit tritt sie in eine Periode erhöhter „Radioaktivität" ein, in welcher die Menschen über Intuitionen und Telepathie ein umfassenderes Gewahrsein erwerben und ihre bisherigen bewusstseinsmäßigen Begrenzungen allmählich überschreiten werden. Das betrifft besonders das Forschungsgebiet der „Hirnforschung", in welchem man immer noch versucht, „Bewusstseinsvorgänge" über physiologisch bedingte Funktionen, also naturwissenschaftlich systemimmanente Vorstellungen zu erklären. Das aber führt in eine wissenschaftliche „Sackgasse" und ist der vergebliche Versuch, im Gehirn den „Sitz" des Bewusstseins zu festzumachen.

Zum „Sitz" des Bewusstseins

Zur Frage nach dem „Sitz" des Bewusstseins und seinen Steuerungsvorgängen bietet die gegenwärtige rein „physiologische Hirnforschung" unterschiedliche Antworten an, die von „Holographischen Biophotonenfeldern im Gehirn" als sogenannten Informationsspeichern bis hin zu Wechselwirkungen zwischen

Energiefeldern reichen, Überlegungen, die alle noch im hypothetischen Bereich verbleiben. Die Frage ist: Wie gelangt ein elektrischer Impuls von einem Neuron über einen synaptischen Spalt – das ist die Stelle, an der die Erregung von einem Neuron auf ein anderes übertragen wird – als „Gedanke" ins Gehirn, um dann „umgesetzt" zu werden? Das lässt sich letztlich nur über einen quantenmechanischen Prozess als Wellenfunktion erklären, um im Gehirn als entsprechendes „Quant" wieder abgerufen zu werden. Goswami spricht in diesem Zusammenhang von einem Quantenmechanismus.[118] Damit ist die „Fähigkeit eines „Quantenobjektes" (z.B. eines Gedankens) gemeint, über ein eigentlich „unüberwindliches" Hindernis zu kommen. Mit anderen Worten: die Umsetzung einer „Wellennatur" in eine materielle „Teilchenhaftigkeit". In diesem Zusammenhang sagt Goswami: *„Mir ist klar, dass die Daten, die zwischen Geist und Quant Parallelen wie Unschärfe, Komplementarität, Quantensprünge, Nichtlokalität und letztlich auch kohärente Superpositionen erkennen lassen, nicht unbedingt für schlüssig zu erachten sind. Denn was wir als Geist bezeichnen, besteht aus Objekten, die mit den Objekten submikroskopischer Materie verwandt sind und Regeln unterliegen, die denen der Quantenmechanik ähneln."*

Für Psychologen wie C.G. Jung ist die Lösung dieses Problems ganz einfach: „Psyche und Materie" sind letztendlich ohnehin aus demselben „Stoff". Das Gehirn hat dabei nur die Funktion eines empfangenden „Messapparates" für ein riesiges Konglomerat und „Makro-Quantensystem" von nichtlokalen, archetypischen Quanten (Gedanken, Ideen). Für den Physiker Henry Stapp unterliegt das Gehirn einem „Quantensystem", das mit Programmen arbeitet, die reine Wellenfunktionen sind[119]. Dabei funktioniert der Quantenmechanismus ähnlich wie ein Laserstrahl im Gehirn. Dieser öffnet durch Kohärenzen dem „nichtlokalen Bewusstsein" Wirkkräfte, worüber ein Transferpotenzial ausgelöst wird, das sich in der formlosen „Potentia" im transzendentalen Bereich des Bewusstseins befindet. *„Zusammenfassend geht es mir darum, dass wir die Funktionen des „Gehirns" als Bewusstsein neu betrachten müssen, und zwar als Messapparat einerseits und auch als Quantensystem andererseits."*[120]
In diesem Zusammenhang muss man einer gegenwärtigen Tendenz in naturwissenschaftlichen Theorien ganz entschieden entgegentreten, dass nämlich die geistige Funktionsweise des Menschen durch die Erforschung einer Gehirnaktivität erklärt werden könnte. Man sollte sich viel mehr darauf besinnen, dass Bewusstsein als geistiges Empfangen zwar einer nervlichen

[118] A. Goswami a.a.O.
[119] Goswami a.a.O.; Für den Physiker Henry Stapp unterliegt das Gehirn einem Quantensystem, das mit Programmen arbeitet, die reine Wellenfunktionen sind. Dabei ist das Gehirn nur ein empfangender Messapparat eines Makro-Quantensystems von mentalen Archetypen, die universalen Charakter haben.
[120] Goswami a.a.O.

Übersetzung bedarf, aber nicht darin wurzelt.

Einige dieser Erklärungsversuche wurden mir als teilweise richtige Ansätze bestätigt, jedoch durch folgende Hinweise ergänzt: *„Natürlich müssen im Menschen immer Empfangs- und Speicherorgane vorhanden sein, nur einen so großen Speicher für sämtliche Vorstellungen und Erinnerungen im Leben kann es im Menschen niemals geben. Es handelt sich dabei vielmehr um Modelle von elektrischen Kombinationen bei gleichen Strukturen (energetische Felder), die Erinnerungen wie bei einer digitalen Übersetzung wieder abrufbar machen. Das aber ist nur die eine Seite im Organismus. Die andere Seite ist die Eingabe für Erinnerungen, die über die Sinneswahrnehmungen erfolgen und ähnlich wie bei einem Film in einem Superspeicher (Akashachronik, Riesencomputer) registriert werden, an dem alle Menschen angeschlossen sind, um – im gesunden Zustand – jederzeit Erinnerungen davon abrufen zu können."* (Anonymos)

Genauso funktioniert auch das Abrufen von holographischen Feldern ganzheitlicher Gedanken, die nicht aus „analogen Gedankenpixeln" zusammengesetzt sind, sondern einen kompletten „Datensatz" als Wellenpaket entschlüsseln. Diese Transformationen, die aus raum- und zeitlosen Dimensionen stammen, erfolgen mit Überlichtgeschwindigkeit synonymer Frequenzen, sozusagen gleichzeitig. Diese Erhöhung der Schwingungen ist dabei notwendig, um aus den nächsthöheren Dimensionen überhaupt den kosmischen Bereich der Sinneswahrnehmungen zu erreichen und da erfasst werden zu können. Obwohl der Mensch bei diesem Umschalten selbst nichts spürt, ist er auf eine andere Wellenlänge „umgestiegen", und zwar genau wie im Traum; denn auch da verspürt der Mensch den „Bewusstseinskipp" nicht. Er selbst kann dieses „Umschalten" nicht willentlich herbeiführen, sondern es widerfährt ihm. Nur wenn wie im Traum alle bewussten gedanklichen Kontrollfunktionen des Ich ausgeschaltet sind und der Mensch sich von einer „jenseitigen Kraft" führen lässt, erfolgt bei solchen „Höherpotenzierungen" der Frequenzen über die Chakren ein reibungsloses „Umschalten" im Bewusstsein. Immerhin ist es den Menschen möglich, über Meditationen und Selbsterkenntnis eine letztendlich bewusste Empfangbereitschaft dafür zu signalisieren.

Die Lösung, um das zu verstehen, liegt allein im Weg selbst, nicht in der Umsetzung einer „Rezeptvorgabe". Es gibt kein Rezept, sondern nur das Ziel gibt den Weg vor, der aber nur dann erfolgreich sein kann, wenn ein Menschen bereit ist, diesen mühsamen Weg einer bewussten Selbsterkenntnis auch zu gehen. Das ist auch der Sinn der „Evangelien", in denen alles gesagt ist. Dennoch will niemand diesen Weg gehen, weil alle ein Rezept erwarten, nach dem andere für sie den „Kuchen" backen. Der Weg geht nur über die

Läuterung des eigenen Bewusstseins und die bewusste Anerkennung des „Ätherleibes". Es ist niemals allein über eine Technik zu erreichen. Darum ist primär eine „Bewusstseinänderung" angesagt, wobei zusätzlich meditative Praktiken oder Techniken als „Therapiesteigerung" hilfreich sein können; z.B. über Meditationen, die übrigens die Produktion und Sekretion von Silizium anregen, dessen Grundmuster im Körper zu einer Bewusstseinssteigerung führt – was aber niemals lediglich über die Einnahme von Silizium erfolgt.

Die wichtigste Prämisse bei allen diesen Überlegungen ist die Tatsache, dass letztendlich das menschliche „Bewusstsein" vom Gehirn als Organ völlig unabhängig ist, weil „Bewusstsein als solches" einer höheren geistigen Ebene angehört. Nur in der materiellen kosmischen Dimension steht nun einmal der Körper als Träger aller Bewusstseinsvorgänge für den Menschen an erster Stelle, so dass man das Bewusstsein immer wieder mit dem „Gehirn" identifiziert. Andererseits ist das Gehirn als Empfangsapparat notwendig für ein reibungsloses Funktionieren. Mit anderen Worten: das Radio erzeugt selbst keine Wellen, wenn aber das „Radio" defekt ist, ist es nicht mehr voll einsatzfähig und kann weder empfangen noch senden. Darum benötigt das „Bewusstsein" einen intakten „Wiedergabemechanismus", ist aber nicht damit identisch. In der Tat ist das Gehirn lediglich seit eh und je das Umschlagsmodul für alle Bewusstseinsvorgänge, wobei die Menschheit bisher nur Teilbereiche des Bewusstseins überhaupt aktiviert hat. In der Zukunft werden ganz neue Bereiche aus der Latenz befreit werden, deren Aktualisierung über den Ätherleib geht, der bei den Menschen unterschiedliche Empfangseigenschaften aufweist.

Jeder gedankliche Impuls wird vom „Ätherleib" empfangen, worüber „Frequenzen" ins menschliche Gehirn „transponiert" und aktualisiert werden und dann wiederum über die Vernetzung der Nerven für einen Menschen „begreifbar" sind, um bewusstseinssteigernde Aktivitäten auszulösen. Das ist so zu verstehen: Geistige Eingaben regen im Gehirn ständig bisher latente Module an, wobei die latenten Möglichkeiten mit zunehmender Vergeistigung in ihren Öffnungsmöglichkeiten wachsen. Latent bedeutet dabei: Gewisse Anlagen haben bisher „geschlafen" und werden durch geistige Funktionen „geweckt", worüber dann Bewusstseinsveränderungen erfolgen. Um solche Initialzündungen auszulösen, muss eine „Zeit" dafür reif sein, d.h. es müssen dafür auch alle mitbestimmenden Bezugssysteme vorgegeben sein, um zu funktionieren.

In diesem Entwicklungsprozess handelt es sich um das bewusste „Entdecken" ständig neuer Zustände, die erreicht und assimiliert werden müssen.

Das aber ist nur möglich, wenn in der biologischen Basis die entsprechenden Elemente – Gene und Hormone – angeregt werden können, die alle latent im Menschen „schlummern und geweckt" werden müssen. In Zukunft bringen die Menschen für diese „Öffnung" gute Voraussetzungen mit, können diese aber nur dann aktualisieren, wenn sie begreifen, dass sie diese Energien in sich selbst mobilisieren müssen; und das wiederum hängt mit dem feinstofflichen Körper, dem „Ätherleib", zusammen, den die meisten Menschen noch immer nicht als existent akzeptieren. Solange der „Ätherleib" nur als ein esoterisch-abstraktes Gedankengebilde besteht, kann dieser in der Bewusstseinsentwicklung auch nicht wirklich aktiv wirksam werden. In Zukunft wird zwar die Menschheit diesem „Energietransfer" wieder einen Schritt näher kommen, aber diese Energien, die aus höheren Frequenzbereichen eingegeben werden, werden von den Menschen vorerst noch sehr bruchstückhaft empfangen. Alle Gedanken und Ideen kommen zwar aus höheren Bewusstseinsbereichen, werden aber von den Menschen je nach ihrer Maßgabe „gefiltert" empfangen und nur von einigen wirklich umgesetzt. Diese zukünftigen Energien, die von jetzt an immer stärker in den Menschen wirksam werden, werden sich nicht nur im Bewusstsein bemerkbar machen, sondern dienen direkt auch der Umgestaltung des physischen Trägers selbst, weil die gesamte Menschheit sich immer weiter von ihrem ursprünglichen animalischen Teil entfernen wird.

Bei vielen Menschen, die man gegenwärtig leichtfertig als „verrückt" bezeichnet, erfolgen bereits solche „Öffnungen", ohne dass alle notwendigen physischen Bezugssysteme dafür schon reif sind. Aber je mehr nun der Ätherleib über die Chakren und die bereits vorhandenen Module aktiviert wird, werden auch alle bisher latenten Bereiche aktiviert, sodass am Ende des neuen Äons der Ätherleib den leiblichen Träger völlig überflüssig machen wird. Dieser Umbruch hat jetzt begonnen, erfolgte aber bei den meisten „Heiligen" schon immer. Sie wurden als Wunder abgetan oder verehrt, jedoch nie begriffen. Das wird sich jetzt ändern, was jedoch leider nicht bedeutet, dass die Menschen auch schon verstehen, mit diesen neuen Möglichkeiten richtig umzugehen, sondern viele werden im Gegenteil dadurch eher verwirrt werden, scheitern oft im Leben und werden in der Gesellschaft als Störenfriede ausgeschaltet.

Solche „Modulationen" sind nicht mit Begriffen aus der Physik zu beweisen oder zu erklären, und schon gar nicht physiologisch im Gehirn zu lokalisieren. Darum neigt man leicht dazu, „Eingaben aus anderen Bewusstseinsdimensionen" als „Wunder" zu deklarieren. Es handelt sich aber dabei nur um einen ganz natürlichen „Dimensionskipp", wodurch die eigene „Dimensionsbegrenztheit" lediglich überschritten und damit deutlich gemacht wird, dass es viele Bewusstseinsdimensionen gibt. Denn „Wunder" verweisen bekanntlich immer über den eigenen Bewusstseinshorizont hinaus. Durch Wunder soll der Mensch sich angeregt fühlen, andere Dimensionen zu akzeptieren, weil alle systemimmanenten wissenschaftlichen Erklärungsversuche kläglich versagen; und das sollte der erste Schritt in neue Bewusstseinsdimensionen sein. Diese bleiben zwar vorerst noch unbewiesene „Hypothesen", können aber als erkennbare Wirkungen nicht mehr geleugnet werden. Es wäre deshalb gut, solche Hypothesen endlich zu akzeptieren und ins eigene Denken mit hineinzunehmen.

Solange aber die wissenschaftliche Forschung weiterhin im „Gehirn", d.h. im „Apparat" stecken bleibt und daran herumbastelt, wird man nie hinter das Geheimnis des Bewusstseins kommen. Alle bisherigen Forschungsergebnisse in dieser Richtung erbringen lediglich Basiskenntnisse für einen biologisch-physiologischen, primitiven Informationsmechanismus in animalischen Organismen. Es bestand sicher immer ein wissenschaftlich notwendiger Erklärungsbedarf auch für physiologische Funktionen schlechthin, doch diese Kenntnisse bringen keine Erhellung für das Bewusstsein des Menschen. Es ist daher an der Zeit, sich von diesen bisherigen rein mechanistischen, physikalischen und physiologisch-biologischen Basisvorstellungen zu verabschieden und sich menschlich relevanteren „Energien" zuzuwenden. Das wäre z.B. die Energie, die in Meditationen freigesetzt wird, eine Energie, die zwar noch nicht bewusst greifbar ist, an der aber alle Menschen angeschlossen sind und über die jeder Mensch an alle intuitiven Eingaben aus anderen Dimensionen angeschlossen ist; denn genauso wie das Tier einen Instinkt besitzt, der bereits eine Vorstufe zur menschlichen Intelligenz darstellt, so hat der Mensch die Möglichkeit, Intuitionen zu empfangen.

Um Intuitionen zu erfahren, bedarf es immer eines „Geöffnetseins" gegenüber spirituellen Eingaben, was wiederum allein über eine echte religiöse Einstellung erreicht werden kann. Es ist eine Haltung ständigen ehrfurchtsvollen Staunens über die Vollendung aller Lösungen in der Natur. Ein solches religiös geprägtes Verhältnis zur Natur ist unlösbar mit der Überzeugung verbunden, dass Mensch und Schöpfung „konsubstantiell" sind, d.h. dass es eine innere Verwandtschaft zwischen Mensch und Universum gibt, weil seine physischen und geistigen Strukturen und die Strukturen des Universums einander entsprechen. Denn es genügt nicht, die Erscheinungen des Lebens durch bloße materielle und energetische Eigenschaften zu beschreiben; künftige Wissenschaftler werden das Konzept einer rein „lebenden Materie" um zusätzliche spirituelle Faktoren erweitern müssen. Nur so werden in Zukunft die wirklich inspirierten Wissenschaftler quasi auch eine neue „Priesterkaste" bilden. Auch die im Traum wirksamen Frequenzen und Energien müssen zunehmend ins Wachbewusstsein integriert werden, weil nur über den Traum als „Einfallstor höherer Bewusstseinsbereiche" die Durchlässigkeiten und Kommunikationsmöglichkeiten mit der spirituellen Hierarchie eröffnet und weiter entwickelt werden können. Und das steht jetzt an, um den Menschen zu einem bewussten „Bindeglied" zwischen der kosmischen und der spirituellen Hierarchie zu machen.

Es gibt eine bemerkenswerte alte Sanskritaufzeichnung. Sie lautet: *„Jegliche Form auf Erden und jedes Atom im Raum strebt mit allen Kräften nach Selbstformung gemäß dem Vorbild, das mit dem Himmlischen Menschen vorgegeben ist. Die Involution und die Evolution haben ein und dasselbe Ziel: den Menschen." Das bedeutet: Es gibt kein einziges Atom in der Materie, welches nicht latent Intelligenz und selektive Kraft besitzt, das nicht im Verlauf von Äonen jenes fortgeschrittene Bewusstsein erreichen wird, das wir das menschliche nennen, und das nicht jenen allumfassenden Bewusstseinszustand erreicht, der im Satz von Delphi lautet: „Erkenne dich selbst! Denn in dir ist alles zu finden, was gewusst werden kann."*[121]

Menschwerdung – Verhüllung und Offenbarung

Der Strahl, der die Menschheit als Ganzes lenkt und beherrscht, ist der „vierte Strahl der Harmonie". Das Hauptmerkmal dieses Strahleinflusses ermöglicht im Menschen, die Dualität allen Seins wieder in Harmonie zu vereinen. Es ist die Fähigkeit, sich Wissen durch Unterscheiden und Auswählen zu erwerben, materielle Konflikte in Verantwortung auf ein spirituelles Ziel hin zu lösen, um eine gottgewollte Harmonie zu erreichen. Denn der Mensch ist als Garant in der Schöpfung allein dafür verantwortlich, die Ursachen von Aufruhr, Zerstörung und temporärer Spaltung wieder ins Gleichgewicht zu bringen. Und dieser Prozess einer Harmonisierung beginnt in ihm selbst – in der Überwindung seiner Doppelnatur.

---

[121] Orakel von Delphi: „Mensch, erkenne dich selbst!"

Der Mensch und seine zwei „Körper":
Physis und Ätherleib

„...zwei Seelen wohnen, ach! in meiner Brust ..." (Goethe)

„Der Mensch ist ein beseeltes Wesen. Was sich – aufsteigend aus der Tiefe unseres Inneren – in uns vollzieht als der Wechsel unserer Gefühle und Stimmungen, unserer Erregungen und Leidenschaften, als der Drang unserer Triebe und Strebungen, als der Ablauf unserer Entscheidungen und Handlungen, als das Spiel unserer Vorstellungen und Gedanken, mit denen wir die Weiten von Raum und Zeit umgreifen – all das ist es, worin sich unser auf die Welt entworfenes Dasein entfaltet und erfüllt. Und das, was wir Leben nennen, ist das umgreifende Ganze, in das alles Seelische mit seiner Mannigfaltigkeit eingebettet ist."[122]

Aufgabe und Ziel des Menschen als eines „Zwitterwesens" ist es, die beiden in ihm wirksamen Polaritäten Geist und Materie bewusst in ein harmonisches Gleichgewicht zu bringen, was nur durch Kampf und Überwindung unter Druck und Spannungen erreicht wird. Ursache für diesen „ewigen Kampf" im Menschenreich ist die Tatsache, dass der Mensch bewusst den beiden Seiten der Hierarchie angehört: der spirituellen und der kosmisch-materiellen. Diese Harmonisierung beider Aspekte gleicht der „Quadratur des Kreises", eine nie zu erreichende „Deckungsgleichheit", aber als „Unschärferelation" im Leben selbst das gesamte Universum in Bewegung hält. Der Mensch repräsentiert im Kosmos einerseits die höchste animalische Entwicklungsstufe des dritten Naturreichs und muss andererseits als unterste Stufe der spirituellen Hierarchie verstanden werden. Denn die Menschheit ist die „Schnittstelle", an der sich beide „Hierarchien" begegnen, um über die Seele die „Rückspiegelung der Liebe", die Vereinigung der beiden Aspekte zu erbringen.

Der Mensch als Doppelwesen aus Physis und Bewusstsein ist der Ausdruck zweier Aspekte: der „animalischen und der göttlichen Seele". Diese beiden stellen, wenn sie sich im Menschen verbinden und verschmelzen, die menschliche Seele dar, die es den Menschen ermöglicht, in einem langen „Kampf"[123] zu einem bewussten „Gottessohn" zu werden, indem die göttliche Seele durch die Vergeistigung der animalischen Seele „befreit" wird. Dieser Prozess beginnt im Tierreich und führt im Menschen bis zur *Individuation*. Der Mensch als Individuum ist das erste Resultat dieses geheimen Prozesses, dessen letzte Vollendung in der Verklärung und Befreiung des Menschen in der Vereinigung mit seiner göttlichen Seele besteht. Dieser Entwicklungspro-

---

[122] Philipp Lersch: „Aufbau der Person"
[123] Heraklit: Das Leben als Kampf

zess stellt somit eine einzige „Enthüllung der Seele Gottes" dar. Stufe um Stufe nehmen Bewusstsein, Gewahrsein und Empfänglichkeit für spirituelle Kontakte zu, die sich im Leben ständig weiter vertiefen.

Daher ist der Mensch Hüter eines verborgenen Mysteriums, wobei das, was er aus sich selbst nicht herausholen und erkennen kann, für ihn ein ewiges Geheimnis bleibt. Denn er kennt nicht die Wunder, die er hütet und hegt; aber in ihm sind die drei göttlichen Qualitäten zu finden: *„Gott, der Vater hat das Geheimnis des Lebens im Menschen versenkt, Gott, der Sohn hat die Schätze der sichtbaren Schöpfung dem Menschen als Aufgabe der Liebe auf den Weg mitgegeben, und Gott, der Heilige Geist hat ihm im Erkennen die Möglichkeit eingepflanzt, das Mysterium zu lösen."*[124]. Allein der Mensch kann das Wesen der Gottheit und des ewigen Lebens offenbaren: *„Fecisti nos ad te et cor nostrum inquietum est, donec requiescat in te."*[125] Dem Menschen wurde damit das Vorrecht eingeräumt, das Wesen des göttlichen Bewusstseins aufzuzeigen und vor den Augen der versammelten „Söhne Gottes" (der Engel)[126] das zu enthüllen, was von Ewigkeiten her in Gottes Gedanken verborgen geruht hat.

Jede menschliche Inkarnation ist einerseits der Vorgang der „Verhüllung" in das „Gefängnis" einer materiellen Form und andererseits die offenbarende Verheissung der „Auferstehung" daraus. Im Gleichnis von der „Wanderung des verlorenen Sohnes" ins ferne Land werden die verschiedenen Stadien geschildert, in denen der Mensch die Entdeckung macht, dass er selbst nicht die ihn verhüllende Form ist, sondern derjenige, der sie nur benutzt, um sie wieder zu verlassen. Denn der Mensch besitzt Selbsterkenntnis und ist deshalb das „Ebenbild Gottes".

„Der Mensch ist nicht ein zoologischer Typus wie die anderen Lebewesen, sondern der Kernpunkt einer universellen Bewegung, in der sich – begrenzt auf unseren Planeten – etwas offenbart, das wahrscheinlich die charakteristischste und aufschlussreichste Grundströmung der uns umgebenden Unendlichkeit ist. Der Mensch ist das Ziel, auf das hin und in dem das Universum sich einrollt." (Teilhard de Chardin)

Die Physis

Der Mensch ist ein „Kentaur", denn in ihm sind Körper und seelische Bewusstheit vereint. Der physisch-biologische Leib ist die sinnenhaft wahrnehmbare materielle Erscheinung als der zeitlich begrenzte und sterbliche Funktionsbereich eines organischen Stoffwechsels, und somit der Träger der

---

[124] Alice Bailey, a.a.O.
[125] „Du hast uns für dich geschaffen, und unser Herz ist unruhig, bis es wieder in dir ruht." (Augustinus)
[126] Paulus: „Nicht den Engeln hat Gott es offenbart, sondern den Menschen ..." (vgl. Hebr. 2,5)

gesamten Vitalität. Mit diesem physischen Körper eng verbunden und diesen „umhüllend" existiert noch der feinstoffliche „Ätherleib" als beseelender Lebensträger, Bewusstsein und Funktionsbereich der Seele, über den der Empfang aller Lebensenergien in der gesamten Schöpfung erfolgt. Denn allein die Seele ist im Menschen, wie in allen Geschöpfen, das wahre Leben.

Philipp Lersch greift diesen Gedanken von „Leib und Seele" auf und beschreibt in seiner Schrift „Aufbau der Person" den Menschen in allen seinen Lebensäußerungen als Ergebnis einer jahrtausendelangen Entwicklung. In einem dreiteiligen „Schichtenmodell" stellt Lersch die sich herausgebildet habenden Lebensäußerungen der Menschheit dar, an welchem sich unschwer die Entwicklungsstufen der Menschheit vom Vormenschen bis zum heutigen Menschen wiedererkennen lassen.

Dieses „Schichtenmodell" ist nicht als Analogie zu geologischen Gesteinsformationen zu sehen, sondern als ein sich gegenseitig bedingendes Beisammensein eines integrativen Ganzen, dessen Teile sich gegenseitig funktionell durchdringen. Das „Schichtenmodell"[127] von Phillip Lersch umfasst drei voneinander verschiedene Funktionsbereiche:

1. Vitalgrund als Basis der Vitalität (Triebe)
2. Endothymer Grund (Endothymos ist das Stammhirn, wo alle triebhaften und emotionalen Bewegungen registriert werden)
3. Kortikaler oder personeller Oberbau (Kortex ist die Hirnrinde, in der alle intelligiblen Vorgänge ablaufen)

Diese Dreiteilung entspricht analog auch den „Triaden" der spirituellen wie der kosmischen Hierarchie. Entscheidend ist dabei für Lersch, die jeweilige Akzentuierung der Bereiche im Leben eines Menschen und das Verhältnis dieser drei Schichten untereinander richtig zu sehen. Denn der Mensch repräsentiert immer eine „Integration aller Schichten", die über das ICH erfolgt, um darüber zu einer individuellen Persönlichkeit zu werden. Das Ich ist das Integral, ohne das es weder bewusste Strebungen, noch Gefühlsregungen des individuellen Selbstseins; weder einen egoistischen Geltungsdrang oder ein Selbstwertstreben, noch ein Streben nach Transzendenz[128] gäbe. Denn alle diese Lebensäußerungen sind nur auf dem Hintergrund eines Ich-Bewusstseins möglich und erklärbar und bedürfen einer Ordnung und Steuerung, die vom Denken und Wollen vollzogen wird. Dieses immanente Streben nach Transzendenz beruht auf der ursächlich bedingten Spannung zwischen jener

---

[127] Philipp Lersch: „Aufbau der Person"
[128] Goswami: „Das bewusste Universum"; S. 88: „Transzendenz ist ein Zustand, der über die Grenzen jeder möglichen Erfahrung und Kenntnis hinaus geht und jenseits des Begriffsvermögens liegt. Es ist Realität in der Überwirklichkeit.

unauflöslich- materiellen Verbundenheit einerseits, die im animalischen Trieb mit seiner nie erfüllbaren, unersättlichen Begehrlichkeit gründet, und zum anderen auf der Sehnsucht nach Erlösung aus dieser alles „begrenzenden Unschärferelation", die das Leben selbst ist.

Hilfe kommt in diesem Ringen allein durch Selbsterkenntnis, die über den zweiten „Körper", den „Ätherleib" möglich ist; denn dieser ist der „Träger" des Denkens und Erkennens und stellt zugleich die intuitive Verbindung zu übergeordneten Bewusstseinsdimensionen her.

Der Ätherleib
nach Alice Bailey

„Die Allgegenwart Gottes hat ihre Grundlage in der Substanz des Universums, dem ÄTHER. Das ist ein Sammelbegriff, der den „Ozean von Energien" umfasst, die alle miteinander in Wechselbeziehungen stehen. Das Integral einer jeden Form im Universum ist der Ätherkörper. Das gilt auch für den Menschen als Geschöpf; denn durch den Ätherkörper ist der Mensch mit jedem anderen Wesen des göttlichen Lebens verbunden. Die Funktion des Ätherkörpers besteht darin, Energieimpulse aufzunehmen, die das Leben selbst sind; denn der Ätherkörper ist nichts anderes als Energie, und diese Energie geht von einer zentralen Stelle als universales Denken aus". (A. Bailey)

Da im Universum alles zusammenhängt, besitzt auch die Menschheit alle Substanzen der Schöpfung. Der Mensch hat nicht nur einen biologisch-physiologischen Körper, der Träger der Sinne und die Voraussetzung für das Funktionieren in den Bedingungen dieser Erde ist, sondern darüber hinaus auch einen Ätherleib, der Träger aller Bewusstseinsfunktionen und mit dem physischen Körper eng verbunden ist. Die „feinstoffliche Substanz" des Ätherleibes blieb der Menschheit quasi aus dem ursprünglichen Ausfluss der spirituellen Energien aus höheren im Abstieg befindlichen ätherischen Dimensionen erhalten und bestimmt in Verbindung mit den physischen Voraussetzungen die Entwicklung im Leben eines jeden Menschen mit. Das ist der „Traumkörper", über den man zwar auch Wahrnehmungen hat, die aber nicht mit der grobstofflichen Sinneswahrnehmung zu vergleichen sind; denn diese feinstoffliche Substanz ist dem „Geistursprung" ähnlich. Der „Ätherleib" unterliegt auch einer Dreiteilung[129]:

[129] Ätherleib – Physis – (Quarks); Astralleib – Endothymer Grund – Gefühl (Neutrinos); Mentalleib – Kortex – Denken – (Tachyonen)

1. als physische Entsprechung (Vitalgrund),
2. dem gefühlsmäßigen Bereich des Menschen als sogenannter Astralleib (Endothymer Grund) und
3. als Mentalbereich der Intelligenz (Kortikaler Oberbau), die Befähigung des Menschen zum Denken und zur Erkenntnis.

Ätherkörper bestehen aus feinstofflicher Substanz, die aus höheren Frequenzbereichen stammt und eine Verbindung mit diesen Bereichen ermöglicht. Die Funktion der Ätherkörper besteht darin, Energieimpulse aufzunehmen und über Energiezentren weiterzuleiten; denn nur darüber erfolgen alle menschlichen Vorstellungen, Gedanken, Phantasien und Intuitionen. Diese gehen über Verbindungen aus ineinander greifenden und umlaufenden Kraftlinien eines eng verwobenen Systems von Kraftströmen, die mit den Sieben Chakren eng verbunden sind, und führen zu den entsprechenden Sinnensorganen in der Physis, wobei die Chakren als Energie-Module und „Verkehrsmittel" zwischen Seele und Leib dienen. Dabei sind die Sinne des Leibes wiederum die „Leitzügel" in den Händen der Seele zur Beherrschung des Leibes in der Außenwelt. Leider haben die meisten Menschen gegenwärtig davon kaum eine Ahnung.

Jedes dieser 7 Kraftzentren hat zu einer bestimmten Frequenzart von einströmenden Energien eine Affinität. Wenn eine Energie, die den Ätherkörper erreicht, keine Beziehung zu einem Zentrum hat, dann bleibt dieses Zentrum in Ruhe und unerweckt. Wenn aber eine Energie verwandter Art ein Zentrum für ihre Einwirkung empfänglich macht, dann kommt dieses Zentrum in Schwingungen und wird aufnahmefähig. Man hat den „Ätherleib" als ein mit Feuer durchwobenes Geflecht oder ein von *„goldenem Licht belebtes Gewebe"* bezeichnet. Die Bibel (Prediger 12, 6) spricht von ihm als *„güldene Schale"*, nach welcher erst später der dichte physische Körper geformt wird, wobei gemäß dem Gesetz der Anziehung die Physis dazu gebracht wird, sich an das ätherische Energiemodell anzuheften, bis beide Formen einander vollkommen durchdringen und eine Einheit bilden. Das Ganze ist ein umfassendes System der Übermittlung und gegenseitigen Abhängigkeit, wobei der ätherische Körper den Urtypus für den physischen Körper bildet. Der Kern des Ganzen ist die Seele selbst, die den Ätherleib belebt, über den dann die Lebendigkeit des grobstofflichen Körpers ermöglicht wird.

So werden unaufhörlich und ohne zeitliche Unterbrechung alle Gestalten und Formen durchpulst, verändert und mit Kraft erfüllt. Daher ist die äußere Form, das körperliche „Instrument", stets ein sichtbares Anzeichen für eine jeweilige Entwicklungsstufe und Energieeinstrahlung, die ein Mensch in seiner inneren und spirituellen Welt erreicht hat. Alle geistigen Energien gehen vom universellen Zentrum als universales „Denken" aus und werden in hierarchischer Folge in den Bewusstseinsdimensionen der Schöpfung aufgefangen („angezapft"). Die Seele selbst ist dabei nicht mehr feinstofflich, denn sie ist der Geistfunke aus dem Zentrum und das Allesbelebende der gesamten Schöpfung. Denn der Äther erfüllt als Energie den ganzen „Raum" im Kosmos und ist die „Außenlebenssphäre des Geistes", die als „geistige Speise" alle Geschöpfe ernährt, und zugleich in jeder Seele der kondensierte Brennpunkt des Lebensgeistes ist."[130]

Der Keim für alles Leben liegt in der „Substanz des Äthers" selbst und ist im Wort „Allgegenwart" zu sehen. Der Ätherleib ist so die Voraussetzung für die gedankliche Beeinflussung des Bewusstseins aller Menschen, was letztendlich zu einer einheitlichen Ausrichtung im Denken führt. Denn jeder Mensch ist immer Empfänger gelenkter Gedanken, die sein Bewusstsein und seine Seele auf Übereinstimmung bringen, so dass die empfangenen Gedanken in und durch seinen eigenen Energiekörper hindurch wirken. Diese Ideen manifestieren den schöpferischen Plan Gottes für das gesamte Universum, wobei der Urstrahl der beherrschende Faktor in jeder Erscheinungsform ist; denn alle manifesten Formen bestehen aus „geronnenen Energien", deren Integral im Kosmos der Ätherkörper ist[131]; Es gibt im manifestierten Kosmos nichts, was nicht eine feinstoffliche und unberührbare, jedoch substanzerfüllte Energieform besäße, die einen äußeren physischen Körper umhüllt, kontrolliert, beherrscht und in seinem Zustand bestimmt.

Dieser „Ätherzustand" ist quasi die „Parallelwelt" zu den entsprechenden Manifestationen im Kosmos als „Spiegelbildlichkeit der spirituellen Hierarchie". Somit ist der Ätherkörper die Grundlage und zentrale Leitstelle für alle wahrnehmbaren Phänomene im Kosmos. Diese Energien gehen vom universellen Zentrum aus und werden in hierarchischer Folge absteigend wirksam. Dabei erfahren die hohen Frequenzen aus dem spirituellen Zentrum, die über Strahlen, Energien, *Engel*, Geister oder höchste Wesen weitergeleitet werden, innerhalb dieses „Abstieges" bis hin zum materiellen Kosmos eine permanente Umwandlung durch eine Reduzierung auf immer tiefere Frequenzen. Dabei ist im „Ausströmen" der Ideen die Vollkommenheit noch erhalten, die nun ständig in ihrer Umsetzung als Schöpfung sichtbar wird und sich in unendlichen Partikeln als Stoff gewordene Ideen wieder zu Gestalten sammelt, um sich so in der Schöpfung sichtbar zu machen. Dieser Prozess ist ein gleichzeitig ewiger und erscheint nur im Kosmos zeitlich als anfängliches

[130] Jakob Lorber a.a.O.
[131] Marco Bischof spricht in diesem Zusammenhang hinsichtlich der gegenwärtigen theoretischen Physik von der „Wiedergeburt des Äthers" (vgl. S. 401 in „Biophotonen")

Chaos und endgestaltete Entropie. Unentwegt strömen Energien in den materiellen Kosmos ein, deren besondere Eigenschaft es ist, über Strahlenenergien vor allem „Bewusstsein" in den „Naturreichen" zu beleben und das zu erwecken, was in allen materiellen Formen verborgen ruht: Das spirituelle Sein. Denn diese Strahlenenergien, die im Kosmos wirken, „erheben" auch die „Naturreiche" zum Leben und in ein immer höheres Bewusstseinsstadium.

„Hierfür seufzt die ganze Schöpfung und plagt sich in Schmerzen bis zum heutigen Tag" (Römer 8, 22). Denn in diesem Prozess der Höherpotenzierung liegt auch das Geheimnis der „Auferstehung", ein Auferstehen, das auch von jedem Individuum, jedem „Gottessohn", vollbracht wird, der sein Ziel erreicht. Denn alles ist ein Kommen und Gehen in zeitlicher Folge, das sowohl auf die Strahlen wie auf die Naturreiche bestimmenden Einfluss hat. Völker kommen auf die Weltbühne und verschwinden wieder, um aufs Neue zu erscheinen. Spirituelle „Wiedergeburt" und zyklisches Geschehen liegen hinter allem sichtbaren Geschehen und hinter allen sichtbaren Formen. Es ist der Aspekt des pulsierenden Gotteslebens, ein „Aus- und Einatmen" göttlicher Existenz und Manifestierung. So wie die Energiestrahlen das ihre tun, um den Menschen in eine Form zu bringen, die seine wesentliche und wirkliche ist, ebenso kann auch der Mensch über sein Bewusstsein dieses Werk mitgestalten. Wenn auch die Menschheit heute davon noch wenig weiss, das Schöpfungswerk geht voran und der Plan wird erfüllt. Die heutige Wissenschaft hat bereits den Nachweis der verschiedenen Energien im Kosmos erbracht; und die wachsende Erkenntnis, dass jeder Mensch ein energetisches Feld besitzt und sogar das Atom eine lebendige, schwingende Wesenheit ist, erhärtet diesen Gesichtspunkt.[132] Das Licht als sichtbare Energiequelle auf Erden ermöglicht den Beweis jener Synonymität von „Materie und Energie" in der „Unschärferelation" von Welle und Teilchen.[133]

Die sieben Chakren

Der Ätherkörper des Menschen hat sieben wesentliche Energiezentren, genannt *Chakren (oder Chakras)*, durch die ständig Energien fließen, die in der Physis und im Bewusstsein unterschiedliche Aktivitäten hervorrufen. Diese „Zentren" sind Übertragungsmodule zum physischen Körper und stehen mit dem Gehirn- und Rückenmarksystem in Verbindung. Gegenwärtig sind in den Menschen nur einige dieser Zentren aktiviert – es handelt sich vor

---

[132] Alice Bailey: „Das Bewusstsein des Atoms"
[133] Die neue physikalische Betrachtungsweise des paradoxen Wellen-Teilchen-Dualismus führte Niels Bohr ein. Dabei handele es sich nicht um Polaritäten, sondern um komplementäre Eigenschaften.

allem um die Chakren unterhalb des Zwerchfells, während bei den meisten Menschen die übrigen vorerst in einer Art „Ruhezustand" und in Erwartung ihrer „Erweckung verharren". In einem vollkommenen Menschen sind dagegen alle Zentren aktiviert; darum haben und hatten die Heiligen schon immer die Möglichkeiten, innere physische Sekretionen umzuwandeln und über die Chakren die Physis zu beeinflussen. W. Reich spricht in diesem Zusammenhang von einem Energiefluss im Körper und geht davon aus, dass die im Körper zirkulierende Orgon-Energie[134] gleichzeitig seelische Inhalte trägt, die parallel von den Chakren aktiviert und in den entsprechenden Körperregionen als Emotionen und Erinnerungen gespeichert werden. Dieser Energiefluss erfolgt über Energiekanäle ohne materielle „Wände" wie sie auch beim „Meridiansystem" vorliegen. Diese hochdifferenzierten Gewebe bilden auf diese Weise ein Netzwerk potentieller Informationen und stellen zusammen mit dem Nervensystem den stärksten Resonanzpartner für das DNS-Netzwerk, die Gene, Hormone und damit für die kohärente Basis aller Regulationsmechanismen des ganzen Organismus dar.

Chakren sind Empfänger und Überträger von Energieimpulsen, deren Aufnahme und Umsetzung über „Energie-Strahlen" erfolgt, die dem Menschen Lebensenergie zuführen, ohne die kein Mensch leben könnte, denn die Chakren sind Lebensenergiezentren. Es handelt sich dabei um elektrisch-magnetische Strahlen, die sich ergänzend geistiges Leben aktivieren und Bewusstsein und Gestaltung im Menschen bestimmen, wobei der „radioaktive Aspekt" nach wie vor der allein schöpferische und bestimmende in allen Prozessen ist. Dieser Urstrahl ist der „göttliche Impuls", der alle Formen durchdringt und diese zu bestimmten Aktionen und Leistungen antreibt, jenes dynamische „Feuer der Bewegung" als erste Ursache und antreibender Wille, das jedes „Atom" in Tätigkeit hält. Gemeinsam mit dem „Feuer des Denkens" treibt dieser kombinierte Impuls alle Formen in eine bestimmte Richtung und in die vom Schicksal vorhergesehenen Bahnen.

Diese sieben Zentren sind „Kraftstrudel", die im physischen Körper Zellen zur Aufnahme von Energien anregen, in denen die Fähigkeit zur Gestaltung bestimmter Manifestationen latent vorhanden ist. Auch Chakren unterliegen wie Atome oder ganze Galaxien Rotationen, die infolge äußerer Anregung unter bestimmten Bedingungen zur Zunahme der Beschleunigung führen, wodurch es zu einer verstärkten Energieübertragung in lebenden Organismen kommt. In Verbindung mit dem Magnetfeld erzeugt dieser Prozess signifikante biologische und psychische Wirkungen, wodurch vor allem ein Anstoß

---

[134] Bischof: „Biophotonen" (S. 250); Popp spricht von Informations-Antennen.

für Bewusstseinsveränderungen und eine Resonanz des gesamten schwingungsfähigen Systems aller Chakren erfolgt. Dadurch werden alle Einflüsse von den Chakren eingesaugt und beginnen in Rotationen zu zirkulieren, um dann über die Vernetzungen an den jeweiligen „Grundplan" (Konzept) der Physis weitergeleitet zu werden, nachdem sie die „empfangenen Einflüsse" mit ihrer eigenen „Tönung" eingefärbt und mit der bestimmenden Grundtendenz oder Schwingungs-Qualität imprägniert haben. Darum ist es sehr entscheidend, welche der Chakren bei einem Menschen bereits aktiviert sind und welche erst noch aktiviert werden müssen.[135]

Bei allen diesen „Übertragungen" ist der Empfänger dieser Energien allein der Ätherleib, und der physische Körper als „Träger" lediglich der „erlebende Austragungsort" dieser Prozesse. Es handelt sich um Umwandlungsprozesse, die sich auf verschiedenen Bewusstseinsebenen abspielen und Veränderungen im Psychischen, im Mentalen und in der Physis (z.B. Körperstruktur, Wachstum, Krankheiten, mentale Entwicklungsschübe) verursachen. Dabei ist vor allem der Wandel im Bewusstsein ein wichtiger „prädisponierender Faktor" für eine wachsende Erkenntnis, wodurch ein inneres Verlangen nach einem besseren geistigen Rüstzeug entsteht. Wahrscheinlich regt jenes innere Verlangen die Chakren zu einer immer höheren „Rotation" an, wobei die dadurch „erwachenden Zentren" wiederum ihrerseits die Körperfunktionen wie das endokrine System, das Nervensystem sowie den Blutstrom beeinflussen und quasi als Relais für die Aufnahme und Verteilung von Energien im menschlichen Körper tätig sind und mittels der Kraftzentren im ätherischen Körper den physischen Körper des Menschen mit Vitalität versorgen und zu einer erhöhten Strahlungsintensität stimulieren.

Alle Übertragungen und Modulationen erfolgen letztendlich immer über das inhärente Strahlungs- und Emanationsfeuer der *Radioaktivität*. Dieses erzeugt jenes ausstrahlende, belebende und auch zerstörende Feuer als Grundlage allen Lebens und Essenz allen Daseins; es ist das Mittel zur Entwicklung und der Impuls hinter allen Umwandlungen. Hinsichtlich des physischen Körpers handelt es sich dabei um das „Feuer" des Ursprungs oder des Willens als Erschaffen, Verzehren und Läutern in der Welt, deren *„Baumeister, Erhalter und Gestalter die Quarks und Neutrinos"* sind. Hinsichtlich des Bewusstseins im Kosmos handelt es sich um die über den Ätherleib permanent empfangenen und assimilierten Funktionen von Prana und die Umsetzung der kleinsten Energieeinheiten, der „Tachyonen".

---

[135] Z.B. Kundalini-Yoga: Lehre von den 7 Chakren; Lit.: Avalohn „Die Schlangenkraft"; Ätherleib als Seelenkörper und Bewusstsein – die 7 Chakren sind die Mittler der Seele und zugleich Träger der Energie. Die Meridiane (Akupunktur) entsprechen im physischen Körper dem Nervensystem.

Dabei reagiert der Ätherleib immer negativ-empfangend hinsichtlich aller Ein-strahlungen, und positiv-erzeugend und abgabefähig in seinem Verhältnis zum physischen Körper. Die Chakren als Module, über die alle Transformatio-nen gehen, sind rotierende „Räder" mit einer untertassengleichen Vertiefung und haben ihrer Erscheinung nach eine gewisse Ähnlichkeit mit kleinen Stru-deln, die infolgedessen ihnen nahekommende Strahlungen in ihren Einfluss-bereich hineinziehen. Diese Zentren kann man sich als wirbelnde Strudel vor-stellen, wobei ein enggeflochtener, dreifacher Kanal von jedem Einzelzentrum zum anderen geht und ein fast abgeschlossenes Kreislaufsystem bildet. Die zweite Funktion – die der Assimilierung – ist rein intern, wobei die prani-schen Strahlen vom ätherischen Körper durch die oberen Zentren (Chakren) aufgesogen und von dort aus bis zum Zentrum hinabgeleitet werden. Das Hauptzentrum für die Aufnahme von Prana ist gegenwärtig bei den meisten Menschen ein Zentrum zwischen den Schulterblättern und war in der frühen Menschheit noch die Fontanelle am Kopf (Tonsur bei Mönchen!).

Vom physischen Standpunkt aus gesehen ist diese „Strahlenkraft" das, was der Materie Energie verleiht. Dabei können diese „Stimulierungen" oft ver-heerende Folgen von unermesslichen Ausmaßen annehmen, die aber in einer Evolution immer eine zwangsläufige Folge des Lebens sind und niemals ein Maßstab für menschliche Vorstellungen sein dürfen. Denn es geht in jeder Entwicklung immer um das „Aufbrechen" stationärer Phasen und deren be-schränkender Begrenzungen, die dem Ansturm kosmischer und befreiender Kräfte nicht mehr standzuhalten vermögen, welche in den Zerstörungen lediglich den „Freiraum" für die weitere Entwicklung schaffen. In der Mate-rie oder der Natur erscheinen uns darum alle Veränderungen oft als reine Zerstörungen, die zwar als Bedingungen für neues Leben von Bedeutung sind, aber niemals als Ursache einer Entwicklung angesehen werden dürfen. Entwicklungen im eigentlichen Sinn gibt es nur hinsichtlich des menschli-chen Bewusstseins, weil es sich dabei um Strahlen-Einflüsse handelt, die allen „Begrenzungen" erst „spirituelle Qualität" verleihen. Hinsichtlich des Bewusstseins selbst können wir aber nicht von „Begrenzungen" sprechen, aus denen wie bei Manifestationen die „Essenz" befreit werden müsse, weil Bewusstsein selbst immer die „Essenz" ist und bleibt.

Und doch gilt auch für die Bewusstseinsentwicklung etwas ähnliches im Hin-blick auf Bewusstseinsmutationen: Denn auch Gedanken bewegen sich in „Räumen", die aber einer erweiterten „Brennweiteneinstellung" unterliegen und einer Interpretation bedürfen. Leider neigt die Menschheit dazu, gewisse „Bewusstseinsräume" als tradiertes Gedankengut starr aufrecht erhalten zu wollen, so dass sie auch zu einer Art „Begrenzung" wie in der phänomenalen

Wirklichkeit werden. Darum wird auch der gegenwärtige „turbulente Übergang" in das supramentale Bewusstsein – noch dazu im Zusammenhang mit der „Globalisierung" – von so vielen Menschen als irritierend und zerstörend empfunden. Es liegt am Auseinanderklaffen von so unterschiedlichen Bewusstseinsstrukturen wie z.B. zwischen Entwicklungsvölkern und Zivilisationen, wobei es sich zwar nicht um „Begrenzungen" einer rein äußerlich wahrnehmbaren Phänomenalität handelt, sondern eher um unüberwindbare bewusstseinsmäßige Barrieren, Traditionen und Gesetze, die aber nur von jedem einzelnen Menschen selbst überwunden werden können, weil jeder Mensch Möglichkeiten besitzt, die weit über seine Bewusstseinsbegrenzungen hinausgehen. Zwei dieser Möglichkeiten, die eigenen „Begrenzungen" zu überwinden, sind in ihren reinsten Formen die Intuition und die Telepathie. Es sind Fähigkeiten, die über das bewusstseinsmäßig bisher Erreichte und Verfügbare hinausreichen, um den eigenen Bewusstseinslevel übersteigen zu können. Denn auch für das Bewusstsein gilt das Gesetz, dass in jedem geordneten Daseinsplan eine „Begrenzung" – in diesem Fall ein erreichter Bewusstseinslevel – nur so lange bestehen bleibt, wie dieser zur Erreichung bestimmter Ziele notwendig ist. Daraus folgt, dass sich hinter allem sinnlich Wahrnehmbaren immer auch ein spiritueller Bereich befindet, was für das Bewusstsein im besonderen gilt.

Dieser „spirituelle Bereich", der jedem Menschen mehr oder weniger zur Verfügung steht, ist nur über den Ätherleib zu aktivieren; denn der Ätherleib selbst entspricht als „ätherische Hülle" etwa der Vorstellung einer Trennungswand oder eines „Grenzringes", der sehr wohl „überstiegen" werden kann. Denn das Ziel im Leben ist bekanntlich die Verschmelzung der beiden „Feuer der Materie" mit den „Feuern des Denkvermögens und des Geistes". Es ist die Vereinigung von Ich und Seele, wobei die Feuer des Denkvermögens und des Geistes in diesem Prozess „Materie verbrennen", um über eine Transparenz die Befreiung von den hemmenden „Bewusstseinsmauern" zu ermöglichen. Es geschieht auch dabei eine Art „Entweichen" „spiritueller Essenzen" aus der „partiellen Begrenzung" eines jeweils bedingten „Bewusstseinslevels."

Zusammenfassung Ätherleib

1. Der Ätherleib besteht aus feinstofflicher Substanz und ist die primäre Ausdrucksform einer Manifestation, wobei die auf dem Ätherleib befindlichen Chakren die vermittelnden Module für alle Energieübertragungen sind. Diese Energielinien bilden ein eng verwobenes System von Kraftströmen, deren Kontaktstellen zur Physis die sieben Chakren sind.

2. Diese sieben Zentren befinden sich nicht im grob-physischen Körper, sondern sind ausschließlich von ätherischer Substanz und stehen mit den Nadis (Meridianen, Akupunkturpunkten) in enger Verbindung. Chakren sind vibrierende Rotationsräder, die magnetisch-negativ empfangende und aktiv-elektrisch gestaltende Funktionen ausüben.

3. Alle Chakren sind zur Energieübermittlung untereinander durch Kanäle verbunden, die wiederum den Ätherkörper selbst in seiner Gesamtheit mit dem physischen cerebrospinalen und sympathischen Nervensystem verbinden. Denn der Ätherleib durchzieht mit seinem Netzwerk jeden einzelnen Teil des physischen Körpers und ist mit dem physischen Nervensystem verbunden, das er „ernährt", was über winzige Energieströme erfolgt. Dieses System, das die Grundlage der Nerven bildet, ist der eigentliche Reaktionsapparat im Menschen, der Informationen über Gehirn- und Denkvermögen an die Seele weiterleitet.

4. Jede Manifestation im Kosmos ist von einer feinen und unberührbaren, jedoch substanzerfüllten Energieform, dem Ätherkörper, „umhüllt", die den äußeren Träger und physischen Körper kontrolliert, beherrscht und in seinem Zustand bestimmt. Dabei wird dieser physische Körper, der aus Zellen besteht, von denen jede ein individuelles Leben und ihre eigene Wirksamkeit hat, durch die Energie des Ätherkörpers zusammengehalten und ist somit dessen manifeste Ausdrucksform.

Die sieben Strahlen / die sieben Chakren und ihre organischen Entsprechungen zu den Drüsen

Die sieben Urstrahlen der 2. spirituellen Triade stellen quasi in ihrer Summe „Gottes Bewusstsein" oder das „universale Denkvermögen" dar; man könnte sie als sieben „denkbegabte Wesenheiten" ansehen, die den Weltplan Gottes zur Ausführung bringen. Sie verkörpern als „Prinzipien" die göttliche Absicht, bringen die erforderlichen Eigenschaften zur Verwirklichung, erschaffen alle Formen und sind der „ideelle Vorentwurf", durch den Gottes „Weltidee" zur Vollendung heranreift. In symbolischer Sprache könnte man sie als das „Gehirn eines himmlischen Menschen bezeichnen". Im Menschen entsprechen die sieben „Prinzipien" analog den sieben Kraftzentren (Chakren) des Ätherleibes, und in der Physis den sieben Hauptdrüsen des endokrinen Systems, die im Menschen alle Körperfunktionen bestimmen. Chakren sind feinstoffliche radförmige Energiezentren, die im Energiekörper essentielle Schlüsselfunktionen für die Bildung und Entwicklung der physischer Organe ausüben, aber auch immer bestimmende Wirkungen auf das Bewusstsein haben. Die

Wechselwirkungen zwischen Nervensystem und endokrinem Drüsensystem sind medizinisch weitgehend erforscht; was hingegen weniger bekannt ist, sind die Wirkungen der sieben Strahlen, die als Entfaltung der Energien den Chakren erst die entscheidenden Impulse geben.

Chakren werden durch die sieben Strahlen zur Aktivität angeregt, und dadurch wird der Körper mit Urlebensenergie versorgt. Dabei findet ein jeder Strahl seinen Zugang über eines der Zentren, die sich im „Ätherleib" von Tier und Mensch befinden. Man muss allerdings dabei wissen, dass im Tier lediglich die unteren drei Chakren aktiv sind, während die übrigen zwar vorhanden, aber noch latent und außer Funktion sind, was auch gegenwärtig noch für die meisten Menschen gilt und zur Folge hat, dass der animalische Bereich in der gesamten Menschheit noch immer sehr ausgeprägt ist und im Leben der meisten Menschen eine dominante Bedeutung besitzt. Doch darin kann man auch einen Hinweis auf die teleologische Bestimmung der gesamten Schöpfung erkennen, insofern die gesamte Schöpfung als Entwicklung auf ein Ziel hin zu verstehen ist. Jeder Strahl belebt auf spezifische Weise über eines dieser Zentren die individuelle Ausprägung in Gestalt und Wesen eines Geschöpfes und ermöglicht so dessen Entwicklung[136]. Es gibt dazu verschiedene Theorien:

1. „Wie die Drüsen und das Nervensystem sind, so ist ein Mensch". Diese Auffassung ist eine westliche, weil sie nur die Sekretionen berücksichtigt.
2. „Wie die Chakren sich drehen, so ist ein Mensch" – östliche Ansicht, denn Drüsen und Chakren werden durch die Seele kontrolliert und bestimmt.

Beide Theorien haben ihre Berechtigung, da Drüsen und Chakren immer miteinander korrespondieren.

Die Entwicklung und Erweckung
der Chakren

Im Menschen rufen die sieben Strahlen immer bewusste Wahrnehmungen hervor, die auf das Endziel hin gesehen eine harmonische und alles umfassende Synthese erreichen müssen, was Teilhard de Chardin als Resultat den „Kosmischen Christus" nennt. Ziel und Aufgabe der Menschen ist es, alle Chakren weiterzuentwickeln, untereinander im Gleichgewicht zu halten, sowie die Energien unterhalb des Zwerchfelles „hinaufzuheben", um sie mit den

---

[136] Siehe Anhang: Chakren

Chakren oberhalb des Zwerchfelles zu vereinen. Dafür bieten Meditationsmethoden viele praktische Hinweise an.

Es handelt sich dabei um das Höherpotenzieren der sakralen Energie[137] (Wurzel-Chakra / Sexualität) zum Kehlzentrum (Kehlkopf, das Organ des „Wortes"), also die Umwandlung physischer Fortpflanzungsenergien in spirituelle schöpferische Kraft. Aufgrund der gegenwärtigen Umwandlung durch eine Höherpotenzierung kosmischer Energieimpulse zum supramentalen Bewusstsein entfaltet sich über diese Aktivierung eine Empfangsbereitschaft der oberen Chakren und führt zu einem Vorstoß in neue Erkenntnisbereiche. Dieser Prozess wird im eintretenden „Wassermannzeitalter" noch verstärkt zu beobachten sein. Gegenwärtig lenken jedoch noch die meisten Menschen ihre Energien in Richtung auf die Chakren unterhalb des Zwerchfells und „verschwenden" diese Energien für Ziele in der Außenwelt, um sie da im Genuss zu entwürdigen und in unangemessener „Endzeitstimmung" für rein materielle Zwecke zu missbrauchen. Das wird sich in Zukunft zwar ändern, wohl aber erst nach einem katastrophalen Umbruch. Erst danach werden die Menschen bereit sein, ihre Chakren auch oberhalb des Zwerchfells über erhöhte Rotationen zu aktualisieren, um dadurch Energien in spirituelle Wirkkräfte umzuwandeln und zu verfeinern und endlich anzufangen, immer mehr aus den Energien der oberen Chakren zu leben. Denn nur darüber vollzieht sich im nächsten Äon auch jener Endakt einer mystischen Vereinigung von Gott und Mensch oder von Seele und Ich.

Diese Art „Verschmelzung" von Energien ist vorerst ein „virtuelles" symbolisches Geschehen, das sich „im Kopf" – im Bewusstsein – abspielt, denn der Mensch stellt quasi eine Synthese zwischen seiner „inneren und äußeren Natur" dar, deren Spannung jene „Unschärferelation" ist, die das Leben eines Menschen ausmacht. Diese „Synthese" von körperlichen Bestrebungen und geistigen Impulsen gilt es im Leben über die Entfaltung von Energievibrationen zwischen spirituellem Rhythmus und paralleler leiblicher Resonanz im Gleichgewicht zu halten. Beides muss der Mensch zur Harmonie bringen, indem er jenes erkennende „Verstehen" entwickelt, das ihn befähigt, alle blockierenden Hindernisse in seinem bisherigen Bewusstsein wegzuräumen. Dieser Transmutationsprozess, den die Menschheit in Zukunft erleben wird, erfolgt einzig und allein über die Aktualisierung der Chakren, für deren Aktivität der Mensch die Verantwortung mitträgt. Dabei sind Meditationen hilfreich und wichtig, in denen man sich an den Strom der inneren Wirkkräfte völlig hingeben muss, um das eigene Ich als bewussten Träger des Körpers zu vergessen – so wie im Traum, wo man ständig in diesem „entmateriali-

---

[137] Kundalini-Yoga

sierten Zustand" ist und alle blockierenden äußeren Einflüsse „loslässt". Nur in einer solchen vollkommenen Vereinigung höherer und niederer Energien findet ein erleuchteter „Wahrheitsaspekt" Einlass in das Innere eines Wesens; denn aus diesen harmonisierten Energieeinstrahlungen wird das Leben gespeist und zugleich das Bewusstsein beeinflusst. Alle diese Impulse strahlen dafür im Menschen über seine Seele oder von seinem „inneren Engel" aus, werden jedoch leider von seinem Ego meistens überformt und mitbestimmt. Darum: *„An ihren Motiven werdet ihr sie erkennen."* Und Motive sind immer Ich-bestimmte.

Die Zweiteilung der Chakren im Menschen:

I. Unterhalb des Zwerchfelles:
1. Das Zentrum am unteren Ende der Wirbelsäule. Wurzel-Chakra
2. Das sakrale Zentrum
3. Das Sonnengeflecht

II. Oberhalb des Zwerchfelles:
4. Das Herzzentrum
5. Das Kehlzentrum
6. Das Zentrum zwischen den Augenbrauen
7. Das Kopfzentrum

Zwischen den 7 Strahlen und den Chakren bestehen folgende Beziehungen:

1. Kopfzentrum: Strahl des Schöpferwillens, Erster Strahl
2. Stirnzentrum: Strahl der Erkenntnis, Fünfter Strahl
3. Kehlzentrum: Strahl der aktiven Intelligenz, Dritter Strahl
4. Herzzentrum: Strahl der Liebe-Weisheit, Vierter Strahl
5. Sonnengeflecht: Strahl der Devotion, Sechster Strahl
6. Sakrales Zentrum: Strahl der Hingabe, Zweiter Strahl
7. Zentrum am Ende der Wirbelsäule: Strahl des Lebenswillens, Siebenter Strahl[138]

[138] siehe Anhang!

Zwei Seinszustände: Wachen und Schlafen

Wachbewusstsein

Wir unterscheiden im Leben zwei Seinszustände: Wachen und Schlafen. Das „Wachbewusstsein" erfährt der Mensch immer nur in zeitlich-horizontalen Prozessen über sehr unterschiedliche Wahrnehmungsaktualitäten, die vom rein sinnlichen Bemerken über erlebendes Wahrnehmen bis hin zum Vorstellen und Reflektieren von Sinnzusammenhängen oder Schlussfolgerungen reichen. Bei Letzterem gebraucht der Wahrnehmende zusätzlich noch die Urteilskraft seines Verstandes für alles das, was er nicht direkt sinnlich wahrnehmen kann (Gesetz der Entsprechungen oder Analogien). Darüber hinaus gibt es noch jene unmittelbare Wahrnehmung des Mystikers, die im Bewusstsein seines Selbst konzentriert ist, was dadurch erreicht wird, dass das „Denkvermögen" eines Mystikers direkt als Organ einer Vision oder spiritueller Übermittlung benutzt wird. *Der Mystiker ist reines Erkennen.* In den Offenbarungen ist die „wahrnehmende Erkenntnis" unmittelbar, und man sieht den dargestellten Gedanken durch das Medium der eigenen Denkfähigkeit. Dabei überschreitet das Wahrnehmen bereits das rein sinnlich wahrnehmende Wachbewusstsein ins „Traumbewusstsein".

Das Wachbewusstsein wird mit dem „Ichbewusstsein" gleichgesetzt, und existiert darum nicht von Geburt an, sondern frühestens ab dem 3.-4. Lebensjahr eines Menschen. Gleiches gilt auch für die gesamten Menschheitsentwicklung, an deren Anbeginn auch noch kein voll ausgebildetes Ich-Bewusstsein existierte, welches sich erst im Laufe einer 10.000 Jahre langen Epoche bis hin zum gegenwärtigen mentalen Bewusstsein entwickelte und in der Gegenwart zum primär zeitlich-bestimmten „Horizontalbewusstsein" des Menschen geworden ist. Parallel dazu entwickelte sich das Ich zur zentralen Ausrichtung der Denkens schlechthin.

Vom „Ichbewusstsein" muss noch die „Bewusstheit" unterschieden werden. Beim Bewusstsein handelt es sich um jene Funktion, die wir als feststellende, bei der Bewusstheit dagegen um eine Funktion, die wir als Stellung nehmende bezeichnen. Denn dasselbe Ich, das auf der Stufe des Bewusstseins lediglich Feststellungen einer Sacherfassung trifft, wird noch in anderer Weise wirksam, nämlich nicht nur als Träger des Überblicks und der Orientierung, sondern auch als Träger einer Verfügungsgewalt über Vorgänge. Denn der Mensch besitzt die Fähigkeit, diese in Gang zu bringen und zu steuern. Diese Möglichkeit verdankt der Mensch dem Sich-Erinnern oder Sich-Besinnen. Was wir also Bewusstheit nennen, vollzieht sich immer als ein Stellungnehmen des Ich zu seinen Erlebnissen.

In der seelischen Entwicklung des Menschen tritt die Bewusstheit darum erst auf den Plan, nachdem ein Bewusstsein schon längst vorhanden ist und sich mit der Sprachentwicklung aus einem schlichten Erleben entfaltet hat. Dabei wird in allen Bewusstseinsvollzügen immer auch zugleich die „Wachheit des Ich" erlebt. „Seid wachsam!"[139] So stellen im Leben schlichtes Erleben, Bewusstsein und Bewusstheit eine Art Pyramide dar, deren Basis das Leben selbst und deren Spitze die Bewusstheit ist. Diese vier genannten Aktualitätsstufen, die vom erlebnislosen Leben bis zur Bewusstheit reichen, sind nicht durch scharfe Grenzen voneinander getrennt, sondern durch allmähliche Übergänge miteinander verbunden.

Funktionen unseres Ichbewusstseins sind Denken und Wollen. Sache des Denkens ist es, die Welt zu erfassen, zu gliedern und zu ordnen. Der Wille entscheidet dann darüber, das Erfasste in die Tat umzusetzen. In diesen Vollzügen des denkenden Erfassens und Wollens konstituiert sich das Ich. Denn jeder Wille schließt ein Ich-Erlebnis ein und unterscheidet sich so von animalischen Antriebimpulsen, die im Menschen lediglich die Energie für den menschlichen Willen liefern. Denn Wollen ist immer eine bewusste Auseinandersetzung mit den Anforderungen der Umwelt, wobei die Zielgerichtetheit zum Wesen des Wollens gehört. So erfährt sich der Mensch im Wollen und Denken als bewusstes, einheitliches Ichzentrum, nicht als pathisch getrieben, sondern immer als aktiv steuernd. Das sind die Voraussetzungen für die Identifikationsmöglichkeit des Menschen mit seinem Ich. Durch sie wird das Ich in seiner Identifikation mit seiner lediglich körperlichen Erscheinungsform zur individuellen Person gesteigert. Damit ist im Menschen wieder die „Trinität" erreicht von schöpferischem Willen, gestalterischer Liebe und geistbegabtem Bewusstsein.

Traumbewusstsein

Ken Wilber schreibt zu diesem Thema: *„Im Traum werden das Ich und Bewusstsein wieder aufgelöst. Der Traumzustand ist weder verbal noch ich-haft, und im Traum löst sich das normale Ich auf."*

„Überschreitungen" in andere Bewusstseinsdimensionen wie im Traum oder zum „seelischen Innenraum" hin sind den Menschen willentlich und bewusst nicht möglich. Nur im Schlaf hält sich die Seele in höheren Bewusst-

---

[139] Wachsam sein ist immer eine bewusste Rückbezogenheit auf Gott. „Seid wachsam." (Mt 26,41)

seinsebenen auf, wobei in den unterschiedlichen Schlafphasen – Träumen, Tiefschlaf – auch der Bewusstheitsgrad ständig wechselt.[140] Zwar kann sich der Mensch im Wachzustand teilweise wieder an Träume erinnern, aber eine Identifizierung mit diesen wie im erlebnishaften Wachbewusstsein ist nur schwer möglich, weil sich ein Ich für seine Träume persönlich nie verantwortlich fühlt. Darum bleiben auch alle Versuche, Träume zu deuten, letztlich immer unverbindlich, weil das Ichbewusstsein sich in einer nachträglichen Deutung immer nur selbst bespiegelt und somit wieder nur auf sich zurückfällt. Es ist zwar möglich, über gehabte Träume zu reflektieren, aber unmöglich, darüber eine verbindliche Aussage zu machen, weil das Ich im Wachbewusstsein alle Traumbilder mit subjektiven Vorstellungen einfärbt.

Im Gegensatz zum Wachbewusstsein ist der Traum fast immer nonverbal. Der Traum unterliegt eher einem bildhaften Verstehen ohne sprachliche Begrifflichkeit. Es ist ein ganzheitliches Kommunizieren in Bildern ähnlich der Telepathie. Der Traum ist eher ein Bewusstseinszustand, das Wachbewusstsein dagegen ist immer ein Prozess, der einer bewussten Ich-Kontrolle unterliegt und immer an ein zeitliches Vorher und Nachher gebunden ist. Das gibt es im Traum nicht; denn im Traum ist alles „zeitlose Gleichzeitigkeit", was dem Zustand permanenter „Gegenwart" entspricht, während Wachen immer reine Zeitlichkeit ist.

Aber es gibt auch jenseits unserer objektiven, äußerlichen Wahrnehmungen „Zeit", die sich anscheinend in eine ferne Vergangenheit und Zukunft erstreckt. Um die Zeit als Innenwelt wahrzunehmen, muss man sich bewusst machen, dass die Realität und unser Dasein selbst sich stets in der Gegenwart befinden. Der Mensch schafft sich im Wachbewusstsein eine Ordnung und legt diese Ordnung als die Welt aus. Diese wohldefinierte Folge von „früher und später" ist dabei keine Qualität der vom Menschen wahrgenommenen Welt, sondern ist dem wahrnehmenden Geiste eigentümlich, der in seiner derzeitigen Beschaffenheit gar nicht anders kann und gemäß diesen beiden Kategorien von Raum und Zeit das Leben registriert. Auch Eddington äußert sich ganz ähnlich: *„Ich sage nicht, das Wesen der Zeit, denn ich glaube, dass wir in unserem Bewusstsein ein unmittelbares Wissen vom Zeitablauf besitzen. Es gehört daher zu den Aufgaben der Physik, das Verhältnis zwischen diesem unmittelbaren Wissen von der Zeit und unserem symbolischen Wissen von der Zeit in der Außenwelt, das wir durch unseren Sinnesmechanismus erlangt haben, aufzuklären."*[141]

[140] E. Meckelburg: „Transwelt", siehe Anhang: Tabelle der Frequenzarten im Schlaf
[141] Eddington: „Das Weltbild der Physik", Braunschweig 1931; Ralph Bauer: „Musik als Zeitgestalt"

Allein die Vorstellung unserer persönlichen Identität ist eng mit dem Gedächtnis und der fortdauernden Erfahrung in der Zeit verbunden. Schon im Traum deckt sich die Fülle der Vorgänge nicht mit den Zeitvorstellungen unseres wachbewussten Zeitempfindens, denn wenn die Theta- bis Deltawellen des Traumzustandes aktiviert sind, öffnen sich die „interdimensionalen Portale des Geistes" und verändern alle gewohnten Sinnzusammenhänge unseres Wachbewusstseins. Denn Höherpotenzierung von Bewusstseinsfrequenzen erfolgt auch im Schlaf, worüber der Mensch eine totale Veränderung seines Zeitempfindens erfährt. Und das bedeutet: Die Zeit weist über einen nur äußerlich dahinfließenden Aspekt hinaus und auf den Aspekt einer Innenwelt hin. Um die Innenwelt der Zeit zu verstehen, muss man an die grenzenlose Unmittelbarkeit der Gegenwart anknüpfen.

Natürlich gibt es auch im Traum eine Art Abfolge von „Bewegungen"; diese wird aber nicht als Zeitfolge empfunden, weil es im Traum keine „folgerichtigen Abläufe" gibt, die erst einen zeitlichen Prozess ermöglichen und vorstellen. Auch in höheren Bewusstseinsdimensionen gibt es genau wie im Traum weder Prozesse noch Zeit als Träger für Handeln und Gestalten, sondern eine Art von „Phantasie", die in spontaner Gestaltung pur ins Erscheinen eines immanenten „nichtlokalen" Zustandes tritt, der sich zwar auch ständig ändern und verwandeln kann, aber nicht als logische Folge von Vorstellungen, sondern in einer Art „spontaner Schöpfung" zeitloser Zustände. Analog entspricht darum auch der Traum im Schlaf der Phantasie im Wachen, wobei allerdings die Phantasie vom Wachbewusstsein noch stärker kontrolliert und überformt wird. Bei Schizophrenen dagegen vollzieht sich alles wie im Traum ohne sogenannte „logische" Abfolge oder ohne vom Ich kontrollierten Projektion. Darum sind Bilder von Schizophrenen kaum „überformt" und gleichen Traumbildern.

Auffallend ist, dass der Übergang vom Wachen in den Schlaf sich immer unbewusst vollzieht und nicht bewusst kontrolliert werden kann. Es ist wohl bei diesem Vorgang genauso wie bei der Liebe, die auch kein Mensch bewusst kontrollieren kann, denn kein Mensch weiß wirklich, wann er liebt. Und genauso ist es auch beim Übergang vom Wachen zum Schlaf; denn dieser erfolgt immer über die Liebe als ein „Geschenk" und niemals über ein kontrollierendes Ich, weil dieser „Bewusstseinswechsel" eine Funktion der Liebe ist, die man auch nicht beeinflussen kann.

Dieser Wechsel zwischen Wachen und Schlafen erfolgt über ein „Umschalten" oder einer Art Umpolung der Frequenzen. Dabei verlieren die Frequenzen des Wachbewusstseins ihre kontrollierende und verdeckende Bedeutung, so dass die Frequenzen des „Ätherleibes" jetzt pur durchstrahlen können.

Dieser Vorgang des „Abschaltens" von bewussten Gedankenfluten erfolgt bei den Menschen sehr unterschiedlich und erschwert häufig das Einschlafen durch permanente „Hirngespinste", auf die der Mensch zwar sehr wohl Einfluss hat, womit er aber weder das Einschlafen noch den Schlafzustand selbst willentlich bestimmen kann, sondern die er als ein willentlich nicht beeinflussbares „Körperverhalten" völlig akzeptieren muss. Darüber vergessen die Menschen sogar, dass sie jede Nacht während des Schlafens für die physisch-wache Bewusstseinsebene „sterben" und woanders „lebendig und tätig" sind. Es ist ihnen nicht bewusst, dass sie dabei bereits eine selbstverständliche Perfektion im „Verlassen des physischen Körpers" erreicht haben, denn niemand besitzt eine verlässliche Rückerinnerung an dieses Heraustreten aus der wachen Ich-Bewusstseinsebene in den Schlaf. Dabei ist der Schlaf gemessen an den wachen Aktivitäten im Leben die kürzere „Zwischenzeit" und hat für den Menschen darum auch nicht die gleiche Bedeutung wie der Wachzustand. Man ist im Schlaf nur vorübergehend in eine andere „Wirklichkeit verreist".

Im Schlaf erfolgt immer eine Lockerung der im Wachbewusstsein festen Verbindung der beiden „Körper" Physis und Ätherleib. Der Körper ermüdet und dadurch ändert sich die Empfangsbereitschaft für Alphawellen, die den Ruhezustand verstärken. Beides geschieht gleichzeitig: Müdigkeit ist eine Folge von Alphawellen, die den Körper veranlassen, sich selbst auf den Schlaf umzustellen. Danach treten andere Frequenzen in Aktion, denn die verschiedenen Schlafphasen haben unterschiedliche Frequenzen, weil alles aus Schwingungen besteht, die allerdings im Kosmos begrenzt sind. Trotzdem erreichen die Menschen im Schlaf auch Schwingungen aus höheren Dimensionen; so sind z.B. Alpha-Frequenzen solche aus höheren Frequenzbereichen, die parapsychologische Phänomene in der kosmischen Bewusstseinsdimension ermöglichen, die mit der Schul-Physik nicht erklärbar sind. Thetawellen betreffen auch den Frequenzbereich des Unbewussten; sie bewirken eine völlige Abschaltung des Oberbewussten und sind für eine „Verschiebung" der Frequenzbereiche zuständig. Ferner bewirken und bestimmen Delta-Wellen die starken Aktivitäten im Tiefschlaf. Alle diese Wellen werden vom Menschen „empfangen", wobei allerdings der Mensch selbst auch bis zu einem gewissen Grad Voraussetzungen für den Empfang dieser Frequenzen bereitstellen muss, was aber in der Zukunft dank des supramentalen Bewusstseins immer stärker erfolgen wird und einer verstärkten Einstellung auf die Liebe bedarf, was nur möglich ist, indem man das Risiko eingeht, auf die Kontrollfunktion durch das Bewusstsein – so wie im Traum – freiwillig zu verzichten. Man muss sich quasi „in Hingabe fallen lassen", oder wie in Meditationen alle störenden Einflüsse des Oberbewusstseins ausschalten, wodurch man automatisch die Frequenzen empfangen kann, die sonst auf einen versperrten

Empfang stoßen. Von einer rein physiologischen Hirnforschung kann man dafür keine Aufklärung erwarten, weil diese nur in eine wissenschaftliche Sackgasse führt und man darum im Kosmos bei ausschließlicher Beschränkung auf systemimmanente, materielle Aspekte auf spirituelle Fragen niemals eine Antwort finden wird.

Das Empfangen spiritueller Frequenzen entspricht dem „Oszillieren der Unschärfe-Relation" zwischen den beiden „Seinszuständen von Welle und Teilchen". In Zukunft werden die Menschen immer leichter die Frequenzen des Wachseins zugunsten der Traumfrequenzen herunterregeln können. Vorerst widerfährt das nur bestimmten Menschen, die dafür vorgesehen sind oder aus Krankheitsgründen einen Ausfall der Frequenzen des Wachbewusstseins erleiden (Alzheimer). Denn vorerst widerfahren den Menschen parapsychologische Zustände wie Visionen, somnambule Zustände oder Trance , die nicht nur sehr viel Energien absorbieren, sondern meist auch irritierend und störend empfunden werden, im Wachzustand eher „passiv", so dass davon Betroffene sich davon oft entkräftet fühlen und sich kaum noch in der Realwelt zurechtfinden können. Denn „parapsychologische Heimsuchungen" sind immer das Ergebnis eines Wechselns zwischen zwei Zuständen ähnlich wie Wachen und Schlafen. Es ist der „Kipp" von einem Zustand in einen anderen, wobei immer eine Verwandlung erfolgt, die beim Menschen zuweilen ein Evidenzerlebnis hervorrufen kann, immer aber eine Befreiung aus einem Zustand in einen neuen Zustand ist, der jeweils nach dem „Kipp" anders erlebt wird.

Dieser „Kipp" widerfährt den Menschen und ist nie willentlich herbeizuführen, wobei dieses „Widerfahren" einem Menschen erst im Nachhinein bewusst wird und immer dann erfolgt, wenn alle spirituellen Voraussetzungen dafür erfüllt sind[142], um danach das „Spiel" bis zum nächsten Kipp von Neuem zu beginnen. Jeder Kipp ist eine „Gnade", die einem widerfährt und wovon alle Heiligen berichten. Den Weg bis dahin muss der Mensch selbst gehen und eine Bereitschaft für das Empfangen signalisieren. Denn Energiewellen werden nicht erzeugt, sondern immer nur in Wechselwirkungen mit dem menschlichen Bewusstsein empfangen, um so bestimmte Zustände auszulösen. So wird z.B. das Wachbewusstsein vorwiegend von Betawellen bestimmt. Diese werden im Schlaf nicht mehr empfangen, und es erfolgt das „Umschalten" auf andere Frequenzbereiche.

---

[142] Therese von Avila: „Die wahre Freude, dass sich der eigene Wille mit Gottes Willen vereint, erlangt man nur über die Gnade, die man nie verdient hat. Man erlangt sie nur über die Demut und das Leiden und bekommt diese Gnade meist dann, wenn man am wenigsten daran denkt." Tulku: „Solche Modifikationen sind nicht möglich über das Ich-Bewusstsein, solange es materialisiert ist (Wachbewusstsein)".

Betawellen haben eine geringe Amplitude und eine hohe Frequenz, wohingegen in der Meditation mehr Alphawellen mit großer Amplitude und geringer Frequenz auftreten. Ferner werden Bewusstseinszustände wie Meditation oder Traum von Thetawellen bestimmt. Vor allem ist die Dominanz solcher Wellen besonders auffällig bei Kindern zu beobachten. Grund dafür scheint zu sein, dass in der frühkindlichen Bewusstseinsentwicklung besonders die Quanten-Modalitäten vorherrschen und auch im Wachbewusstsein weniger sekundär konditionierte Prozesse bestimmend sind, so dass Thetawellen als primäre Quantenmodalitäten nicht durch andere Frequenzen ständig unterbunden und gestört werden können. Mit der Ich-Bildung hört der Empfang solcher Frequenzen bei den meisten Menschen zugunsten eines immer stärkeren Einflusses des Wachbewusstsein auf. Allerdings scheinen diese Wellen prinzipiell ein Indikator für kreative Erfahrungen und Phantasie zu sein, in Form einer „Verschiebung" des Bewusstseins hin zu den primären Prozessen des Quanten-Modus.

Dieses Umschalten auf höhere Frequenzbereiche setzt allerdings im Menschen völlige „Absichtslosigkeit" voraus, was Buddha als „absichtsloses Wollen" bezeichnete, weil nur darüber die normalen elektro-magnetischen Funktionen im Gehirn, jene skalaren[143] Frequenzen nicht mehr stören können, was gegenwärtig beim Menschen nur im Schlaf oder nach seinem Ableben der Fall ist. Insofern ist der Vorgang des täglichen Schlafens als „begrenztes Sterben" mit dem „Leben nach dem Tod" identisch. Der wesentliche Unterschied besteht darin, dass im Schlaf der „magnetische Faden" oder Energiestrom, an dem die Lebenskräfte entlang laufen, unversehrt bleibt und die „Rückkehr" in den Körper sichert. Im Tod ist dieser „Lebensfaden", die „silberne Schnur" unterbrochen oder abgerissen. Wenn das geschehen ist, kann die Seele nicht mehr in den grob physischen Körper zurückkehren, weil das integrierende Zusammenhalteprinzip fehlt und der Körper zerfällt und sich auflöst. Das ist der Grund, warum man den „Schlaf als kleiner Bruder des Todes"[144] bezeichnet. *„So oft trat der Mensch im Schlaf, im „kleinen Tod", aus seinem Körper aus, blieb aber durch die „silberne Schnur" (Lebensfaden) mit seinem Leib verbunden und kehrte nach den „Ausflügen" in jenseitige Sphären erfrischt und mit Kraft aufgeladen und regeneriert wieder zurück."*

Meckelburg spricht in diesem Zusammenhang von einem „Realitätswechsel" als raumzeitlicher Vernetzung paralleler Universen über ein Umschalten der Frequenzen, was den Menschen vorerst willentlich noch nicht möglich ist,

---

[143] Eine skalare Welle ist keine Hertz-Frequenz, sondern die Basis der verschiedenen Schöpfungsenergien als zeitlose Lichtträger. (David Peat, S. 166)
[144] Koh. 12,5-8 (Prediger Salomo)

weil in der Gegenwart in der mentalen Bewusstseinsphase die intelligiblen Kontrollfunktionen der Menschen den höchsten Grad erreicht haben. Diese Kontrollsperre wird sich erst wieder im supramentalen Bewusstsein lockern, um dann intuitiven Impulsen zur Wirkung zu verhelfen. Aber auch dann muss man immer noch die Bereitschaft und einen „absichtslosen Willen" für einen Empfang spiritueller Eingaben signalisieren. Noch fehlt beides, einmal, weil man noch nicht klar weiss, wofür, und zum anderen, weil die Menschen zu ungläubig und skeptisch sind und sich vor allem vor Kräften fürchten, die sie nicht im Griff haben und beherrschen können. In wenigen Generationen wird diese Furcht überwunden sein. Jetzt ist es nur wichtig, die unterschiedlichen Frequenzbereiche zu akzeptieren.

Wachen und Träumen sind Wechsel unterschiedlicher Bewusstheitsgrade, wobei diese vom jeweils gegenwärtigen Ichbewusstsein als abweichende „Identifikationen" immer wieder neu eingeordnet werden müssen. Dabei wird der Traum als „Differenz zweier Identifikationen" eines einzigen Bewusstseinsaspektes erlebt und der traumlose Tiefschlaf als vollständige Auflösung des Wachbewusstseins und als „Nullidentifikation" „empfunden". Es ist jener Bewusstseinszustand von dem jedes Ich weiß, dass man diesen Zustand „verlässt" und „aufgibt", sobald man ins Wachbewusstsein „zurückkehrt". Dabei maßt sich aber das Ich an, die Traum- und Nullidentifikation des Tiefschlafes als „untergeordnet" zu bewerten. Die Legitimation dieser Anmaßung gegenüber dem Traumbewusstsein als quasi „abweichende Identifikation" scheint in jener scheinbaren Stabilität der wachen Bewusstheit begründet zu sein, die in der permanenten Abgrenzungs- und Reflexionsfähigkeit des Ich zum Ausdruck kommt. Noch entscheidender scheint dabei die Tatsache zu sein, dass sich Traum- und Nullidentifikation absolut der Einflussnahme des Ichbewusstseins entziehen; denn bei allen Träumen handelt es sich immer nur um Teilausschnitte eines Bewusstseinskontinuums einer für das Ich scheinbar anderen Wirklichkeit. Diese Unterscheidung von „Wirklichkeiten" entspricht dem Abgrenzungsbedürfnis des Ich, sich „hinter" Autoprotektionen schützend zu verbergen, wobei diese „abgrenzenden" Schutzmechanismen bei multiplen Geisteserkrankten nicht mehr zu funktionieren scheinen und zu jenen beängstigenden „Fremdidentifikationen" zu führen. Es sind jene Verrücktheiten oder „Abgerücktheiten" im Wachbewusstsein, wie man sie normalerweise nur im Traum erlebt. Es ist die „Verrückung" von Physis und Ätherleib, die beide Bereiche nicht mehr zu „Deckungsgleichheit" gelangen lässt und nur noch gestört funktioniert.

Darum erfüllen Traumdeutung und Aussagen über den Tiefschlaf, seien sie auch wissenschaftlich „gesichert", lediglich Schutzfunktionen, mit deren Hilfe das Ich seine „übergeordnete Identifikation" zu sichern versucht, indem es

„Fakten" sichert, über die es vermeintlich über sich selbst hinauszuweisen glaubt, ohne zu erkennen, dass das Ichbewusstsein immer nur sich selbst bespiegelt und darum wieder auf sich zurückfällt. Es ist einem Ich nie möglich, eine gültige Aussage über innere Zustände zu machen, weil es *per definitionem* vollständig davon ausgeschlossen ist. Solange ein Ichbewusstsein sich dem Bewusstheitsgrad der Traumidentifikation übergeordnet empfindet und Interpretationen eines Traumgeschehen allein auf sein Wachbewusstsein hin zuordnet, missdeutet es nicht nur das Traumgeschehen selbst, sondern erstellt auch eine völlig unstatthafte Hierarchie der Identifikationsmöglichkeiten von Bewusstseinsaspekten; und das ist eine Anmaßung, die ihm aufgrund seiner sehr beschränkten Einsichtsmöglichkeit gar nicht zukommt.

„Nullidentifikation" ist die Berührung mit dem Bereich vollkommener Spiritualität, von dem das Ich zwar nichts wissen kann, aber deren Gesetzmäßigkeit im Schlaf immer unterliegt, wo es seine eingebildete Ich-Identifikation in das „Allbewusstsein" einer übergeordneten Bewusstheit auflöst. Ohne diesen Wechsel zwischen Ich-Identifikation einerseits und der „Nullidentifikation des Ich" andererseits ist aber kein Mensch in der Lage, das Leben zu bestehen. Das Nichtwissen jener „Nullidentifikation" dient dabei dem Menschen zum Schutz, weil ein Wissen darum seine Ich-Identifikation zutiefst erschüttern würde. Das, was ein Ich als Müdigkeit und Sehnsucht nach Schlaf erfährt und im Tiefschlaf „erlebt", ist die Erfüllung jener unbewussten Sehnsucht, sich als Teilbewusstsein mit dem Allbewusstsein zu verbinden. Nur allein diese nächtlich erlebte Verbindung gibt dem Ich die Kraft, die einströmenden spirituellen Energien im Wachbewusstsein als seine Lebensenergien aufrechterhalten zu können; denn im Tiefschlaf tankt der Mensch seine Lebensenergien für das Wachbewusstsein auf.

Dabei ist das „Ichbewusstsein" der „Tiefschlaf" für das „Allbewusstsein" und der nächtliche „Tiefschlaf" quasi die „Tagseite des Allbewusstseins", worin das Ichbewusstsein in der Ganzheit des Allbewusstseins aufgeht und sich erholt. Im Tiefschlaf ist der Mensch in seiner „Parallelwelt", wo er sich Kraft zum Leben holt, um das Licht seiner Seele transparent werden zu lassen. Auch die Seele hält sich während des Tiefschlafes in höheren Bewusstseinsebenen auf, wodurch eine verstärkte Ankoppelung des Ich an höherdimensionierte Strukturen erfolgt. Im Schlaf löst sich das Ichbewusstsein ins Allbewusstsein auf wie ein Tropfen Wasser im Meer, ist aber immer da, ohne selbst darum zu wissen. Das Allbewusstsein dagegen weiß um diese unendlich vielen zeitlich begrenzten Ich-Identifikationen, in die es sich nächtens begibt, um seine Sehnsucht zu lieben auch in jedem „Tropfen" eines Ichbewusstseins zu stillen; denn das Allbewusstsein ist jenseits der Zeit, weiß aber um die „ewige Erfüllung", die es aber immer nur erleben kann, wenn ein Ichbewusstsein sich selbst „übersteigt", indem es sich in der Sehnsucht zu lieben transzendiert. Dabei geht es niemals um die „Zeit", in der das Ziel erreicht wird, sondern das erfolgt in jedem Augenblick und bedeutet zugleich die Zeitfreiheit eines Ich. Nur darin erlebt sich die Liebe selbst als Liebe, wenn ein Wachbewusstsein sein Ichbewusstsein als Teilbewusstsein zugunsten des Allbewusstsein loslässt.

In diesem Prozess wechselnder Bewusstseinszustände hebt sich der „feinstoffliche Ätherleib" vom niederdimensionalen grobstofflichen Leib ab, um im Schlaf die unerschöpfliche Fülle einströmender feinstofflicher Energien aufzuladen, weil diese während des Tagesbewusstsein oft vom Intellekt als Sperrfilter blockiert werden und daher nur während des Schlafens den Menschen frei zur Verfügung stehen. Keine noch so kostbare Medizin kann diesen Aufladungsprozess mit feinstofflicher Lebensenergie ersetzen. Man kann den Schlaf darum als einen über die Seele induzierten para-bio-energetischen Aufladungs- und Regenerationsprozess zur Stützung unserer leiblichen Existenz bezeichnen. Der Mensch ist im Schlaf an der permanenten Ausschüttung der Urenergie angeschlossen, wobei sämtliche Raum- und Zeitvorstellungen entfallen, weil ein Schlafender sich selbst in der Urform dieser Null-Energie befindet, die weder Zeit noch Raum bedarf, sondern unvorstellbare „Energiefelder" erzeugt, in denen „Nullzeit" herrscht.

Darum kann man auch in den anderen Dimensionen nicht mehr von Raum und Zeit sprechen. Es sind Bewusstseinszustände von „Dauer" als Ewigkeit, was wiederum mit permanenter Gegenwart gleichzusetzen ist. Gegenwärtig erleben die Menschen diese Urenergie nur im Traum. Um nun ein bewusstes Wiedererkennen diese Urenergie zu erreichen, müssen die Menschen in Zukunft immer mehr in Richtung der Traumwelt denken. Nur über diese Schiene ist das Erkennen und Erfahren dieser Urenergie möglich. Die Traumwelt muss auf diese Weise ganz ins Oberbewusstsein transponiert werden, um wieder voll bewusst an der Urenergie angeschlossen zu werden. *„Begreift die Traumwelt als eine reale, denn sie ist gleich bedeutend mit dem Leben nach dem Tod. Insofern ist die Traumwelt auch eine noch viel größere Realität als die Wachwelt."*[145]

Traum oder Tiefschlaf sind „Zustandsveränderungen", die der Mensch zwar vorstellungsgemäß mit einem „Ortswechsel" verbindet, die aber in Wirklichkeit Dimensionswechsel sind, sodass sich die Frage erübrigt, an welchem „Ort" man sich im Schlaf befindet. Denn im Tiefschlaf ist der Mensch in einer „nichtlokalen Dimension" und hat die Schwelle überschritten, die ihn von der

---

[145] Durchsagen von Anonymos: siehe Telepathie

„Wirklichkeit" eines raumzeitlich bestimmten Wachbewusstseins trennt. Im Traum erlebt der Mensch die wahre Wirklichkeit und tankt nicht nur Lebensenergien auf, sondern wird auch geistig „ernährt". Darum wäre eine zuweilen behauptete monatelange Schlaflosigkeit absolut tödlich. Ohne Schlaf stirbt der Mensch, weil damit die „Zuleitung" zu den eigentlichen lebenswichtigen Energien unterbrochen wäre. Ähnliches gilt auch für Beispiele von Nahrungsenthaltsamkeit über Jahre. Auch hier erfolgt eine „Ernährung" über höhere Dimensionen. Es sollte daran deutlich werden, dass das Leben nicht allein von der Nahrungsaufnahme für den physischen Körper abhängig ist. Denn diese Nahrungsaufnahme betrifft nur den physischen Lebensträger, nicht das Leben selbst. Denn das Leben wird über die Seele ernährt, die allein mit den höheren Dimensionen bis hin zum Zentrum verbunden ist und selbst alles abrufen kann. Die Chakren auf dem Ätherleib sind dabei die feinstofflichen Module, über die diese Energien empfangen werden. Allerdings wenn diese nicht mehr funktionieren, erkrankt der Mensch bis hin zu seiner Seele. Die Funktionen der Chakren werden immer dann defekt, wenn das Bewusstsein den harmonischen Fluss der Energie stört. Nur so sind auch alle psychosomatischen Zusammenhänge zu verstehen; denn letztlich ist immer das Bewusstsein eines Menschen für seine Gesundheit verantwortlich: „Ein gesunder Geist schafft einen gesunden Körper."

Natürlich kann es sich bei „Schlaflosigkeit" auch um einen Defekt im Modul handeln, aber selbst dann erfolgen dennoch – dem Betroffenen völlig unbewusst – immer wieder kurze Schlafphasen, die aber durchaus wirksam sind. Dieses für den Schlaf zuständige „Modul" befindet sich angeblich in der Hypophyse, die wiederum auf den Hypothalamus einwirkt und eine Verbindung für den feinstofflichen Energienfluss herstellt, der sehr gefiltert in den Menschen einfließt. Medizinisch gesehen scheinen angeblich alle Bewusstseinsvorgänge im physischen Körper lokalisierbar zu sein, aber ein eigentliches Schlafzentrum im Hirn gibt es nicht. Es wird lediglich in diesem Bereich das „Verbindungsmodul" zu höheren Bewusstseinsdimension vermutet, worüber sich Zustände wie Schlaf, Hypnose, Traum und Narkose vermuten lassen.

Dagegen erscheint die Annahme eines „Ausschaltens aller Wachbewusstseinsprozesse" viel plausibler, weil das lediglich ein „Umschalten" auf einen anderen Frequenzbereich bedeuten würde. Es sind vor allem die Langwellenbereiche, die aber auch über die gleichen Gehirnsynapsen gehen wie die kurzen Wellen. Was diesen Prozess des Umschaltens auf andere Frequenzbereiche bedingt, ist noch nicht erforscht; gesichert ist nur, dass im Schlaf die Seele quasi auf *Horchposten* geht und die Verbindung zum Hyperraum herstellt. Diesen Wechsel zwischen Wachen und Schlafen darf man nicht nur im zeitlichen Nacheinander verstehen, wenn sich die Zeit auch sichtbarlich in diesem Tag- und Nachtzyklus zu manifestieren scheint. Aber auch diese Vorstellung ist nur eine Folge der Ichidentifikation, weil allein das Ich selbst die „wahrnehmbar gewordene Zeit" repräsentiert. In Wirklichkeit geht es dabei immer um den Wechsel unterschiedlicher Bewusstheitsgrade in Form eines gleichbleibenden Rhythmus, der in anderen Bewusstseinsebenen nur anders erlebt wird, genauso wie man auch Tag und Nacht im übertragenen Sinne als bewusst und unbewusst versteht.

Dieser zyklische Wechsel zwischen Wachen und Schlafen ist ein analoger Prozess zum zyklischen Gesetz von Leben und Sterben. Diese Parallelität müssen sich die Menschen wieder ganz bewusst machen; denn das Sterben scheint oft so sinnlos zu sein, und das nur deshalb, weil die dahinter verborgene Absicht der Seele nicht bekannt ist. Ähnlich wie im gehabten Traum bleibt auch in der Inkarnation die vor der Geburt liegende vergangene Entwicklung verborgen, und von uralten „Vererbungen und Bedingungen" weiß man nichts mehr, weil das „Wahrnehmungsvermögen" für die innere Stimme der Seele im Menschen noch nicht wieder bewusst entwickelt ist und sich daher die berechtigte Frage erhebt: Wo waren wir vor unserem Leben auf Erden? und Wie können wir diese „Traumwelt" wieder in unser Wachbewusstsein bringen? Vorerst nur, indem man die Traumwelt sowie die jenseitige Welt als eine reale akzeptiert. Denn es gibt nicht zwei Welten – eine Traum- und eine Wachwelt! Es ist alles nur eine Welt mit allerdings sehr verschiedenen Bewusstseinszuständen. Ansätze für diese Auffassung sind vorhanden, aber noch lehnen vor allem die Naturwissenschaften eine solche Hypothese ab. Dieses fatale Vorurteil muss überwunden werden.

Ziel sollte einerseits die Akzeptanz dieser Traumenergien sein und andererseits sollten die Menschen z.B. über Meditationen versuchen, diese „Frequenzen" ins Wachbewusstsein zu integrieren und zu aktivieren, um wieder vollbewusst an die Urenergie angeschlossen zu werden. Denn nur über diese Schiene erfolgt das Erkennen und Erfahren der Urenergie, weil vorerst allein der Traum das „Einfallstor in höhere Bewusstseinsbereiche" ist. Denn allein im Schlaf „öffnen" sich die Kanäle für alle spirituellen Durchlässigkeiten und bilden die Kommunikationsmöglichkeiten mit der spirituellen Hierarchie, die im Wachzustand nur sehr selten erreicht werden. Diese „Kanäle" werden im Traum mittels psychischer Energien über nicht vorstellbare „Energiefelder" erzeugt, die im Sinne einer erweiterten Physik absoluten Realitätsanspruch haben, obwohl in solchen Feldern „Nullzeit" herrscht. Erst wenn im Traum mit Hilfe des feinstofflichen Körpers diese höherdimensionalen Ebenen geöffnet werden, können diese paranormalen Wahrnehmungskanäle später auch im Wachzustand angezapft werden.

Daher muss das menschliche „Traumbewusstsein" unter das „Tagbewusstsein" integriert werden, und nicht umgekehrt; denn nur darüber ist die Öffnung in andere Bewusstseinsdimension zu erreichen, was allerdings nur Menschen möglich ist, die über ihre Chakren bereits eine hohe spirituelle Einstellung erreicht und empfangen haben. Noch sind die meisten Menschen nur im Traum am „Riesencomputer" angeschlossen. Um nun mit dieser Energiequelle ständig verbunden zu werden, ist eine völlige Öffnung durch absolute „Entichung" erforderlich, was eine absolut konsequente Selbsterkenntnis voraussetzt. Das bedeutet allerdings nicht, den Willen vollkommen auszuschalten, sondern den eigenen Willen in absolutem Vertrauen einer höheren Führung zu überlassen: *Dein Wille geschehe!"* – Nur eine solche totale Bereitschaft bedingt ein Loslassen aller Ich-Haftungen, weil nur das Ausschalten von deren störenden Einflüssen einen spirituellen Kontakt ermöglicht. Die Menschheit hat im Laufe der Zeit gewaltige Bewusstseinserweiterungen erfahren. Jetzt müssen im nächsten „Kipp" ins Supramentale auch jene „Wellenlängen" im Tiefschlaf und in der Meditation im Oberbewusstsein aktiviert werden. Dass dies möglich und bereits latent im Menschen vorhanden ist, genügt nicht mehr; es muss wieder verfügbar gemacht werden. Und das wird den Menschen in der Zukunft auch wieder möglich sein.[146]

Meditation und Transformation

Den „Empfang" höherer Frequenzen kann man auch über Meditationen stimulieren, in dem man sich quasi wie im Traum „fallen lässt" und dabei das Risiko eingeht, auf alle Kontrollfunktionen durch das Oberbewusstsein zu verzichten und so alle störenden mentalen Einflüsse ausschaltet. Dann empfängt man automatisch die entsprechenden Frequenzen, die sonst auf einen versperrten Empfang stoßen. Nur durch Ausschalten aller störenden Einflüsse erfolgt der Zugang zu zeitneutralen höheren Bewusstseinsebenen.

---

[146] Es ist so ähnlich wie beim Schlafwandeln, was meist im Kindesalter der Fall ist. Es handelt sich dabei um eine sehr tiefe Schlafphase, in der das Oberbewusstsein total ausgeschaltet ist und daher diese Aktion nicht unterbrechen kann. Es ist das gleiche Phänomen wie das „Beamen des Ätherkörpers im Traum", der sich im Schlaf vom physischen Körper gefahrlos trennen kann; denn auch im Traumzustand wandert der Ätherleib durch den Kosmos wie in einem Raum, nur ist beim Schlafwandeln der physische Körper nicht abgekoppelt, während im „Wachzustand" Ätherleib und physischer Körper sich nicht trennen können, darum passieren beim Schlafwandeln auch so oft gefährliche Unfälle. Schlafwandeln ist aber ein Übergang zur bewusstseinsmäßigen Integration. Noch kann der Mensch nur im Traum „Beamen", am Endes des Äons werden die Menschen auch im Wachzustand in der Lage zum Beamen sein.

Nach den Upanishaden[147] sind Meditationen das Ausrichten der „Intelligenz auf das Göttliche", auf das „Quanten-Selbst". Wie schon mehrfach erwähnt, wird über Meditation Erkenntnis erlangt, und zusammen mit Konzentration und Ausdauer erfährt der Mensch eine Umwandlung in seiner Bewusstheit. Diese Phase der Umwandlung nannten die christlichen Heiligen die „Dunkle Nacht"[148], weil man sich in dieser Lebensphase zwischen geistiger „Finsternis und Dämmerlicht", zwischen Ungewissheit und halber Gewissheit, befindet, die sich allmählich erst aufhellt, um die Wahrheit zu offenbaren, die den Menschen letztendlich sogar in die „Erleuchtung" führt. Es ist der Beginn jener „Transparenz des Bewusstseins", das im Gegensatz zum bloßen Intellekt nicht mehr „Denkwissen", sondern ein „spirituelles Gewahren" ist und ein Einswerden mit der Wahrheit selbst herbeiführt. In der Meditation versucht sich der Mensch bewusst in den Zustand des „Quantenselbst" zu begeben, um das Empfangene dem Gehirn über das Denkvermögen zuzuleiten und sich vor allem im Zustand des „Empfangens" zu halten, was aber ein Problem ist, weil solche Zustände in der Meditation oft zu schnell wieder zusammenbrechen. In Meditationen geht es darum, Eindrücke vom höheren Selbst zu erlangen. In der darüber noch möglichen Kontemplation tritt der Mensch selbst in jenen höheren Zustand ein, wobei ihm das offenbart wird, was die Seele selbst wahrnimmt, wenn sie nach „Innen" blickt. Denn in der Kontemplation kommt als verstärkender Wirkungsfaktor die Seele selbst hinzu: Es ist die Seele, die kontempliert. Dabei stellt das menschliche Bewusstsein seine Tätigkeit ein und der Mensch verbindet sich wieder mit seiner Seele und wird sich als „Fragment der Göttlichkeit" seines wesentlichen Einsseins mit der Gottheit bewusst. Das Höhere Selbst wird aktiv, und das niedere oder persönliche Selbst ist vollkommen ruhig und still, während die wahre geistige Wesenheit in ihr eigenes Reich kommt und die Kontakte wahrnimmt, die von diesem geistigen Phänomenalreich ausstrahlen.

Ziel von Meditationstechniken ist es vorerst, diese alltägliche „Verzugszeit" zwischen primären (spirituellen) und sekundären (intelligiblen) Prozessen einerseits zu überwinden, um sich in direkte Verbindung mit dem Quantenselbst zu bringen und sich andererseits auch in diesem Zustand halten zu können. „Wegen unserer vorwiegenden Beschäftigung mit den sekundären Prozessen fällt es sehr schwer, sich des Quanten-Selbstes bewusst zu sein und die reinen Zustände des Geistes zu erfahren, wobei offensichtlich Meditationen dazu dienen, diese „Verzugszeit"[149] zu verringern. Die Quantentheorie[150] sieht des-

[147] Upanishaden / Sanskrit / Sammlung religiöser Schriften des Hinduismus / Bestandteile der Veda
[148] Johannes vom Kreuz
[149] Goswami a.a.O., S. 245:
[150] Bohm a.a.O.

halb in der Meditation eine von vielen Möglichkeiten, in denen der „Quanten-Zustand" nicht wie im alltäglichen Leben sofort wieder zusammenbricht. *„Verzugszeit ist offenkundig die Zeitverzögerung, die mit der sekundären Selbstbeobachtung auftritt, die alle unsere Ego-Erfahrungen von Bewusstsein kontinuierlich erscheinen lässt. Erst mit dem Kollaps der Quanten-Wellenfunktion teilt sich das normalen Bewusstsein wieder in Subjekt und Objekt und lässt uns die Diskontinuität von Raum und Zeit erkennen", und das ist das Erkennen von Maya: Alles ist Illusion."*

Über konsequentes Meditieren kann sich dieser „Quantenzustand" entsprechend der jeweiligen Situationsdynamik weiterentwickeln, wobei es wichtig ist, sich von den permanenten „Konditionierungen" des Ego nicht mehr allein beherrschen zu lassen. Ziel sollte es sein, über Meditation jenen Zustand zu erreichen, über den das Ego weitgehend „transparent" wird. Das Ergebnis wäre ein Zustand tiefster Demut, der dadurch gekennzeichnet ist, dass an die Stelle persönlicher Ego-Motive eine innere Kreativität und Selbst-Erkenntnis treten. Denn nur auf der Ebene reiner „Primärprozesse" wird man zum Zeugen und Empfangenden spiritueller Phänomene, wobei es keine störenden sekundären Einflüsse mehr gibt, die auf Grund konditionierter Reaktionsmuster von Gedanken und Gefühlen im Bewusstsein auftauchen.

Meditationen erfordern intensivste Konzentration, strengste Gedankenkontrolle und eine innere Einstellung, die weder negativ noch positiv ist, sondern das genaue Gleichgewicht zwischen diesen beiden Affekten hält. In den östlichen Schriften wird ein Mensch, der meditiert, wie folgt, beschrieben: *„Im wahren Asketen konzentrieren sich höchste Vollkommenheit, strengste Buße und abstrakte Meditation, wodurch die grenzenlosesten Kräfte erlangt und Wunder bewirkt werden, höchste Erkenntnis und schließlich die Vereinigung mit dem großen Geist des Universums erreicht wird."*

Das Problem dabei ist, die „primäre Realität" zu begreifen, weil es schwierig ist, diese nicht-relative Realität mit Begriffen der relativen Horizontalwelt zu beschreiben. Denn das ist jene „Unschärferelation", die uns nur über Evidenz (Offenbarung) wie ein „Blitz" widerfährt und z.B. als höchstes Ziel des Jnana-Yoga gilt. Der Jnana-Yoga geht über das Erkennen, indem man den Aspekt der „Unschärferelation" auf das Denken selbst anwendet. Denn beim Denken[151], über das Denken als Konzentration und Bewusstmachung, muss entweder der einzelne Gedanke oder der ganze Gedankenfluss verwischt werden, so dass die „Unschärfe" in den gedanklichen Assoziationen nach und nach geringer wird; und das bedeutet: Ist erst der Inhalt eines Gedankens weg,

[151] Goswami a.a.O. S. 299

verschwindet auch die Verhaftung daran, und man wird in diesem Zustand zum neutralen Beobachter reiner Gedankenmuster[152]. Dieser Jnana-Weg birgt zweierlei Alternativen in sich: Die Gefahr höchster Bewusstseinsverstiegenheit, weil die Versuchung intellektueller Hybris dabei am größten ist, vor allem, wenn dieser Weg in der Abgetrenntheit von der Liebe erfolgt – oder: Das höchste Gut des Menschen, sein alles dominierender Intellekt wird der Liebe geopfert! Denn erst wenn sich die Erkenntnis und das Wissen vor der Liebe „verneigen", gibt sich die Endlichkeit der Unendlichkeit hin und wird von ihr integrierend erlöst.

Ein Indiz für den Meditationszustand ist eine anfängliche Alpha-Dominanz der Frequenzen im Bewusstsein, denn Alphawellen erzeugen einen Zustand der Entspannung, der körperliche und geistige Verkrampfungen löst. Ferner ist in dieser Meditation das Erscheinen von Thetawellen auffällig. Thetawellen sind ein Indikator für die „Verschiebung" des Bewusstseins hin zu den primären Prozessen des Quantenmodus, weil gedankliche Störungen dabei nicht mehr erfolgen können. Etwas ganz ähnliches erfolgt auch in sogenannten Mantram-Meditationen. In diesen wird eine Konzentration auf das Mantram erzeugt, was die Aufmerksamkeit von abschweifenden Gedanken ablenkt. Denn unser Bewusstsein kann sich buchstäblich nicht auf zwei Dinge gleichzeitig konzentrieren. Dabei wird schließlich ein Zustand erreicht, in dem der denkende Geist sich selbst das gedankliche Umherschweifen[153] abzugewöhnen scheint. Denn die größten Anfechtungen beim Meditieren entstehen durch Hirngespinste, weil diese weniger dem freien Willen unterliegen, sondern unwillkürlich im Bewusstsein als Vorstellungen, Wünsche oder Erinnerungen auftauchen. Zumeist sind wir Sklaven solcher Vorstellungen. Sie drängen sich gewaltsam in unser Bewusstsein und stören unsere innere Sammlung. Und das bedeutet: sekundär bewusste Ereignisse sind zwar unterschwellig immer vorhanden, können aber auch über den „primären Zustand" dominiert werden. Diese störenden und verunreinigenden „schlammigen Bewusstseinsinhalte" bleiben zwar als eine Art Bodensatz immer erhalten, der aber nur noch als ein „Gedankenmuster" unterschwellig bewusst ist und keine störende Beachtung mehr findet. So wird das primäre Bewusstsein zur Erfahrung, und das macht deutlich, dass es auch jenseits des sekundär eingetrübten Denkens des Ego ein Bewusstsein gibt.

Dabei ist jede „Bewusstseinserweiterung" auf dem Weg hin zum Primärbewusstsein als eine Art „Einweihung" zu verstehen, und zwar auf einer

---

[152] F. Merrell-Wolff: „Das Wesen eines Stoffes ist umgekehrt proportional zu seiner Fassbarkeit."
[153] „Das immerwährende Herzensgebet" nach Theophanos dem Eremiten: „Anfechtungen durch Hirngespinste" ... „von der Stufenleiter der Versuchung"

Stufenleiter „transmutierender Unschärferelationen" in immer höhere Integrationen[154]; denn zwischen Bewusstsein und energetischen Feldern bestehen Zusammenhänge, was heute nicht mehr bestritten werden kann.[155] Es handelt sich beim Transferpotenzial um eine Kommunikation mittels eines „nichtlokalen Bewusstseins" über Biogravitationsfelder, wobei sich eine Bewusstseinsumwandlung ereignet, die auf eine Höherpotenzierung abzielt. Es sind Wechselwirkungen, bei denen sich in den Meditationen mentale Einwirkungen mit Feldern von Elementarteilchen vermischen. Auch David Bohm sieht den Zusammenhang zwischen Biogravitationsfeldern und quantenmechanischen Kräften allein über die mentale Substanz. Gedanken sind weder räumlichen Ausdehnungen noch zeitlichen Abfolgen unterworfen, was bedeutet: Gedanken sind in einer dimensional übergeordneten Realität angesiedelt. Aus der gleichen Dimension werden auch parapsychologische Phänomene bewirkt und in der Meditation angestrebt.

Zeit

Als Vorbereitung auf diese neue Bewusstseinseinstellung müssen sich die „Wissenschaften" von den Fesseln bisheriger Vorstellungen befreien, um weitere Bewusstseinsdimensionen als Hypothesen zuzulassen. Noch haben die Menschen große Schwierigkeiten, sich über die dreidimensionale Vorstellungswelt hinauszuwagen. Aber dreidimensionale Vorstellungen sind reine Illusionen, die dazu führen, im Kosmos so absurd unermessliche Raum- und Zeitvorstellungen anzunehmen, nach denen sich alle Gestirne in einer quasi sich ausdehnenden Räumlichkeit bewegen würden. Für die Lösung dieses illusionären Problems bietet die Analyse der Zeit als Aspekt zwischen Kosmos und Universum eine Möglichkeit an.

Im Kosmos, dessen „Rohmaterial" aus *Raum, Zeit und Materie* besteht, ist alles in ständiger Bewegung, die gleichwohl auf den einzelnen Gestirnen weder wahrnehmbar noch erlebbar ist, sondern nur über wechselnde Zustandsbeobachtungen erahnt werden kann. Es handelt sich bei diesen „Bewegungen" weder um eine „Ausdehnung des Kosmos", noch ist Einsteins Raumvorstellung von einem „aufblasbaren Ball" eine glückliche zu nennen, wohl aber ist sie gegenwärtig für das menschliche Fassungsvermögen die bestmögliche Erklärung und Vorstellung. Alle kosmisch bedingten Bewegungen von Planeten in Sonnensystemen oder Galaxien unterliegen „Energiefeldern", wobei

---

[154] Meckelburg a.a.O.
[155] C.G. Jung prägte dafür den Begriff der Synchronizität. Es handelt sich dabei um simultane psychische und materielle Vorgänge ohne kausale Verbindung.

deren Bewegungen nicht eine Frage von Gravitation und Anziehungskraft sind. „Gravitation" als physikalisches Phänomen gilt nur für Vorgänge auf der Erde, die einer gleichen Ursache unterliegen: der radialen Struktur des irdischen Energiefeldes, wobei aber nicht die radiale Bewegung der Gestirne als Ursache ihrer Schwerkraft von Bedeutung ist. Denn das wäre unlogisch, weil eine Rotation als Eigenbewegung nichts mit den kosmischen Kräften selbst zu tun hat, sondern lediglich als Bewegung der Ausdruck des Lebens selbst ist. Daher sind auch alle astrophysikalischen Messungen unverbindlich[156] und nur „richtig" nach irdischen Maßstäben. Sobald man aber über irdisch bedingte Vorstellungen hinaus Bewegungen im Kosmos nach irdischen Maßstäben messend erfassen will, sind diese grundfalsch. Diese herkömmlichen und mechanistischen Vorstellungen blockieren nur jedwede zukünftige Forschung. Einstein sprach zwar schon von einer *kosmologischen Konstanten*, die sich jedoch mehr auf die Erhaltung der Energie und die Relativität der Zeit bezieht, nicht aber die Ursachen hinsichtlich der Bewegungen im Kosmos selbst betrifft. Denn diese Bewegungen sind keine expandierenden Bewegungen, sondern bestenfalls in sich kreisende, weil deren „Umraum" kein wirklicher ist. Zwar sind alle Gestirne in sich selbst ständig in Bewegung, aber weder in einem sich ausdehnenden, noch innerhalb eines fest begrenzten kosmischen Raumes nach irdischen Raumvorstellungen. Allerdings sollte man daran erkennen, dass der Kosmos als Bewusstseinsdimension tatsächlich „Grenzen" hat, die nur überwunden werden können, wenn die nächst höhere Bewusstseinsdimension erreicht wird. Diese Dimension erlebt der Mensch ständig im Traum, der zwar weniger real erscheint als das Wachbewusstsein, in Wahrheit aber eine viel größere Realität ist als die des wahrnehmbaren euklidischen Raumes.

Für unser Wachbewusstsein ist Raum ohne Zeit und Zeit ohne Raum[157] nicht vorstellbar. Newton hatte die Zeit als etwas Äußerliches „vergegenständlicht", als einen dahinfließenden Strom von Vergangenheit, Gegenwart und Zukunft. Von dieser Definition der Zeit unterscheidet sich unsere persönliche Erfahrung zutiefst, denn wir nehmen Zeit auf unterschiedlichen Bewusstseinsebenen und in vielfältigen Erscheinungsformen wahr. Und das bedeutet: Die Zeit weist nicht nur auf ein linear „Dahinfließendes" hin, sondern auch auf den Aspekt einer „Innenwelt". Um diese Innenwelt der Zeit zu verstehen, muss man an die grenzenlose Unmittelbarkeit der Gegenwart anknüpfen. Jegliches Sein in der Welt ist nämlich eine gesonderte Zeit in einem Kontinu-

---

[156] F.H. Krause a.a.O.

[157] I. Kant: „Die Erstreckung von Körpern im Raum und der zeitliche Ablauf von Ereignissen in der Folge von früher und später ist keine Qualität des Wahrgenommenen, sondern ist dem wahrnehmenden Geiste eigentümlich, der im Diesseits gar nicht anders kann, weil Raum und Zeit Kategorien sind. A. Eddington: „Physik der Transzendenz", S. 175 Zeit-Raum .

um, und da Sein Zeit ist, ist jeder Mensch seine *Seins-Zeit*. Genauso ist auch „Räumlichkeit" durchaus ohne äußerliche Zeitbewegungen zu verstehen, und zwar „Raum als Zustandsform" und nicht vom Fluss einer linearen kontinuierlichen Zeitabfolge her abgeleitet. Diese „Raumzustandswelt" erleben die Menschen permanent im Traum, in dem man nie eine Zeitfolge erlebt, sondern nur Zustandsveränderungen ohne Vergangenheit und Zukunft in „permanenter Gegenwart". Da das im Traum der Fall ist, muss es auch möglich sein, diese Vorstellung einer reinen „Zustandswelt" als Denkmodell für Überlegungen auch für die reale Wachwelt zu akzeptieren. *Die Messbarkeit von Zeit ist keine Eigenschaft, die der Zeit an sich anhaftet, sondern sie wird erst durch das menschliche Gedächtnis möglich. Die Dauer lässt sich so als Projektion des Bewusstseins ansehen, das durch die synthetisierende Kraft des Gedächtnisses Zeit wahrnimmt. Augustinus: „...Ich messe etwas in meinem Gedächtnis, was dort als Eindruck (infixum) haftet. Was den Sinnen zerfließt und ständig entgleitet, vermag die Kraft des Geistes zu halten wie in der Musik", denn auch Musik wird als Frequenz-Muster genau wie Gedanken direkt übertragen.*[158]

Alle Vorstellungen im Wachbewusstsein sind normalerweise immer das Ergebnis eines im euklidischen Denken dreidimensional „begrenzten" Raumes, wobei die Zeit quasi zur vierten Dimension im Kosmos avanciert, die jedoch Einstein zu jener systemimmanenten Relativitätstheorie veranlasste, die letztlich auch nur dreidimensionale „Illusionen" bestätigt und diesem Denken nicht aus seiner materiellen Gebundenheit heraushilft. Einstein sah darin ein physikalisches Gesetz, das an die Grenze der Lichtgeschwindigkeit gebunden blieb und darum nur Gültigkeit für die sichtbare Welt im Kosmos hat, denn er „beschränkte" bekanntlich das Leben mit seiner Zeit-Formel $\boldsymbol{E = c^2 m}$ auf den kosmischen Raum und „klammerte" so die anderen Bewusstseinsbereiche quasi aus. Darum ist auch diese Formel selbst nicht von Bedeutung, weil sie im euklidischen System verbleibt. Andererseits ist es ja auch gar nicht möglich, eine physikalische Formel für andere Bewusstseinsbereiche zu erstellen, weil Physik immer nur systemimmanent ist und darum außerhalb des Systems keine Bedeutung haben kann. $\boldsymbol{c^2}$ ist die „kosmische Räumlichkeit der Lichtgeschwindigkeit", weil das Licht in der kosmischen Materie an eine Raumkomponente gebunden ist. Diese fällt in metaphysischen Gegebenheiten weg; und insofern wird diese Lichtgeschwindigkeit zugleich ein imaginäres Raummaß von einem Raum, den es eigentlich nicht gibt. Einstein hat dieses Problem durchaus erkannt; er sprach vom gekrümmten Raum – ein Versuch, darüber zu einer Vorstellung zu kommen; natürlich gibt es keinen gekrümmten Raum. Es handelt sich viel mehr im Kosmos um einen

[158] Bauer a.a.O.(S.11); Augustinus: „de musica"

Frequenzbereich, der quasi als ein Endbereich innerhalb vieler Frequenzbereiche besteht. Bisher hat man die glaubensmäßigen Erkenntnisse nicht mit den physikalischen Gegebenheiten zur Deckung bringen können. Heisenberg hat diese Theorie Einsteins ad absurdum getrieben, indem er in der Quantentheorie den begrenzten „Lichtraum" des Kosmos überschritt und in die Unendlichkeit weiterer Frequenzbereiche erweiterte. Damit wurde „Gott" wieder eine „Sichtbare von unsichtbar-unendlichen Welten". $E = mc^2$ [159] besagt, dass Energie der Erscheinbarkeit einer Masse in der Geschwindigkeit des Lichtes im Kosmos entspricht, *dass die Masse als ausgesendetes Licht gleich der Energie ist und die Masse in der Geschwindigkeit des Lichtes erscheinbar werden kann:* Energie als Derivat der Zeit, die als „geronnene Zeit" zur Materie im Raum wird. Der Geist fließt aus in Energie oder Licht und gerinnt über die Zeitkathete zur Materie im Raum. Denn alles ist im Kosmos Zeit, wobei keine Zeit eine andere behindert, aber jegliches Sein eine gesonderte Zeit in einem Kontinuum ist.

In anderen Bewusstseinsdimensionen erscheinen andere „Sichtbarlichkeiten", weil die „Geschwindigkeiten" der Licht-Frequenzen viel höhere sind und so die „Masseeigenschaften" verändern. Je höher die Frequenz, umso „durchsichtiger" die Masse, die darum auch im Kosmos nicht wahrnehmbar ist, jedoch von denjenigen Menschen bereits wahrgenommen wird, die bereits auf höhere Frequenzen „umschalten" können. Dabei handelt es sich um jene „Einbrüche" aus anderen Bewusstseinsbereichen, wie sie jeder Mensch auch im Traum erlebt. Die Bereitschaft, höhere Bewusstseinsebenen zu akzeptieren, ist darum sehr notwendig, denn das euklidische Denken kann nur über die Akzeptanz höherer Dimensionen überschritten werden, in die das kosmische Bewusstsein lediglich eingebettet ist. Im Zusammenhang dieser hypothetischen höheren Dimensionen sei auf Burkhard Heims sechsdimensionales Weltmodell hingewiesen: *„Im virtuellen sechsdimensionalen Raum existieren potentielle Strukturmuster, die auch in uns zugänglichen Raum realisiert werden."* [160] B. Heim geht damit über den herkömmlichen Einstein'schen Raumbegriff hinaus und erweitert diesen um virtuelle nicht messbare Räume, in welche die irdische „Raumzeit" eingebettet ist. In diesen „zeitlosen" virtuellen Dimensionen spielen sich alle jene „Aktivitäten" ab, die sich im „Einstein-Raum" zeitlich begrenzt und materiell manifestieren. Dabei erhebt sich die Frage, ob es überhaupt möglich ist, mit unserem derzeitigen Bewusstsein dieses Raum-Zeit-Problem zu lösen oder zu verstehen. Denn der Kosmos ist ein quasi gespiegelter Raum, dessen „Raum-Zeitgrenzen" in die nächste Bewusstseinsdimension eingebettet sind. Es ist eine in sich abgeschlossene

[159] Albert Einstein
[160] Burkhard Heim: „Elementarstrukturen der Materie"

Bewusstseinsdimension, in der bestimmte Gesetzmäßigkeiten herrschen, die in sich schlüssig sind und nur bedingt in die darüber befindlichen Frequenzbereiche übertragen werden können, weil diese ebenfalls ganz bestimmten Gesetzen unterliegen. Eine „Überschreitung" wäre hier mit einem „Quantensprung" gleich zu setzen.

Zwei Bewusstseinsrichtungen: Vertikale und Horizontale – Glauben und Denken

„Was ich weiß, glaube ich nicht – was ich glaube, weiß ich nicht."
Thomas von Aquin

Die Bewusstseinsentwicklung der gesamten Menschheit sowie auch jedes einzelnen Menschen unterliegt einer ständigen Verwandlung aller Wahrnehmungen. Denn jeder Mensch absolviert bekanntlich in seiner Ontogenese in zusammengeraffter Form die sich über Jahrtausende erstreckende Phylogenese der gesamten Menschheit. Von der eindimensionalen Wahrnehmung eines rein sinnenhaften Bemerkens der Frühmenschen oder eines Säuglings bis zur heutigen dreidimensionalen Fürwahrnehmung erleben die Menschen diesen sich ständig wandelnden Wahrnehmungsprozess in zwei „Richtungen": In einer primär linear-zeitlichen Ausrichtung, dem „Horizontalbewusstsein", und einer Bewusstseinsrichtung, die nicht allein zeitlich vordergründig linear erlebt wird, sondern auch Bereiche des Weltinnewerdens wie das Religiöse einschließt. Dieses Erfahren einer „Welt" hinter der vordergründigen Welt ist das Raum und Zeit übersteigende „Vertikalbewusstsein".

Im permanent sich wandelnden Entwicklungsprozess des Bewusstseins tastet ein Ich das Sein ab, indem es sich diesen zeitlich vorgegebenen Horizontalprozessen identifizierend unterwirft und sich als Ich darin selbst erfährt und bestätigt findet. Insofern kann man „Ichbewusstsein" mit „Horizontalbewusstsein" gleichsetzen. Dieses Ichbewusstsein ist allerdings ein vielschichtiges Phänomen, und man könnte zurecht eher von einer Art „Ich-Bewusstseinssphäre" sprechen, deren einzelne Bereiche sich in einer sich ständigen und überschneidenden Bewegung befinden. Wie in einer Hierarchie handelt es sich dabei um Außen- und Innenbereiche, die durch die Richtungstendenzen unseres Bewusstseins konstituiert werden und vorgegeben sind.

Solche Richtungstendenzen beziehen sich einerseits auf das äußere wirkende Verhalten und andererseits auf das Weltinnewerden. Dabei bewegen sich alle Aktivitäten unseres Bewusstseins, die sich dem Außen zuwenden, auf einer linearen Zeithorizontalen und werden als Prozess zwischen Vergangenheit und Zukunft erlebt. Auf dieser Ebene identifiziert sich das Ich mit seinen Strebungen, Wünschen und Wollungen, und aus diesem Grund könnte man das Ichbewusstsein auch als „Unruhebewusstsein" bezeichnen.

Ego-Bewusstsein – die Horizontale

Auf dieser „Ego-Ebene" identifiziert sich der Mensch mit dem, was er an psychosozial konditionierten Kontexten erlernt hat. Es ist die Bewusstseinsebene aller horizontal bezogenen Aktivitäten und Willensentscheidungen im Leben. In diesem Zusammenhang erhebt sich zwingend die Frage nach dem Eigenwillen oder „freien Willen" des Menschen, die bereits Augustinus und Pelagius zu einem Disput über die „Gnade" veranlasste.[161] Denn in allen sekundären Bezügen hat der Mensch zwar Entscheidungsfreiheit oder besser die Möglichkeit der Wahl, nicht aber einen wirklich „freien Willen". Die wirklich einzige freie Willensentscheidung des Menschen im Bezug auf sein eigenes Dasein ist: Für Gott oder für die Welt. Für Gott bedeutet: *„jener freie Wille, der vor jeder Art von reflektiver Erfahrung des individuellen Selbst existiert. Auf der Ebene der „Primärprozesse" gibt es keine Konditionierung und darum uneingeschränkte Wahlfreiheit. Willensfreiheit auf der sekundären Horizontalebene besteht dagegen lediglich in der Fähigkeit, zu erlernten und konditionierten Reaktionen „Nein" sagen zu können. Die dabei zum Vorschein kommende Getrenntheit von Ich und Gott bestätigt dabei jenen quasi „freien Willen" gegenüber jenem größeren kosmischen Selbst."*[162] Denn durch die Entscheidungen des Ego reagieren alle konditionierten mentalen Programme in einer klar festgelegten Hierarchie aufeinander, und jene „kreative Unschärfe", „wer" im Leben wirklich die bewusste Entscheidung auswählt, ist verschwunden.

In der Bewusstseinsentwicklung eines Menschen häufen sich schon sehr früh erlernte Konditionierungen an und bestimmen Verhalten und Denken, die den wahren schöpferischen „Quantenbereich" im Bewusstsein verdecken oder unterdrücken. Die Folge ist, dass der Mensch allein sein Ich als das bestimmende „Getrennte" anerkennt, das wählt und einen freien Willen hat. Denn der Mensch ist das einzige Geschöpf, das sich seiner selbst bewusst ist, und das bedeutet: *„Durch uns (Menschen) ist das Universum seiner selbst bewusst und teilt sich über das Ego in „Subjekt und Objekt".* Genau das entspricht auch der Trennung, die der Mensch selbst zwischen seinem Ich und seinem Selbst vollzieht. Diese Trennung zwischen Ego und Seele (Ich und Selbst) beruht

---

[161] „Über die Gnade" – Frage: Ist Gnade als willentliche Bestrebung oder als ein Geschenk anzusehen?
[162] Goswami a.a.O.

auf der totalen Ich- Identifikation mit seinem Horizontalbewusstsein und der Verweigerung und Unterdrückung einer alleinigen Führung durch die Seele. Und obwohl das Bewusstsein des Menschen beide Bereiche umfasst, sowohl das Quanten- als auch ein physisches „Hirn-Maßsystem", reagieren fast alle Menschen nur ausschließlich auf konditionierte „mentale Programme".

Der Mensch entwickelt parallel zur Ich-Findung im 3.-4. Lebensjahr einen Eigenwillen, der sich in seiner Intentionalität äußert, die immer eine selbstbewusste Erfahrung ist, weil sie ziel-bewusst gesteuert auf dem Eigenwillen beruht.[163] Es ist die ständig „praktizierte Erfahrung" der Teilung in Ich-Subjekt und Nichtich-Objekt, wobei es sich immer um sekundär-horizontale Bewusstheitsprozesse handelt, deren Folge die Reflexion eines Ich sind, mit denen sich das Ich als Urheber aller bisher erlernten Reaktionen identifiziert. Die wichtigsten Aspekte des Ichbewusstsein sind:

1. Intentionalität oder Wille: ein absichtliches und bewusst auf einen bestimmten Zweck und Objekt ausgerichtetes Wollen oder Wünschen (Sehnsüchte und Lüste)

2. Selbstbewusstsein – Selbstwahrnehmung

3. Reflexionsvermögen, Bewusstheit – Selbsterkenntnis

4. Erfahrungen des transpersonalen Selbst – Erkenntnis oder Offenbarung

5. Entscheidungsfreiheit und Verantwortung

Seele – die Vertikale

Ganz anders verhält es sich mit der Bewusstseinsausrichtung, die sich auf ein Weltinnewerden bezieht und einen Zugang zum Selbst ermöglicht. Diese Bewusstseinsrichtung verläuft nicht horizontal, sondern in einer Vertikalen, die in die Tiefe unseres Bewusstseins führt und über das zeitlich-gegenwärtige Ich in eine immanent-zeitlose Transzendenz hinausweist. Da in dieser Bewusstseinsrichtung die Zeitlichkeit als Prozess weitgehend aufgehoben zu sein scheint, könnte man diesen Bewusstseinsbereich als „Ruhebewusstsein" bezeichnen.

Beide Bewusstseinsausrichtungen, die horizontale wie die vertikale, ergeben in ihren vielschichtigen Überschneidungen einerseits den individuellen Eigenraum eines Menschen, der andererseits wiederum die Voraussetzung für die Entfaltung der Persönlichkeit ist und eine Vernetzung zum Du erst möglich macht. Diese erzeugt wiederum jene Spannungen, die jedem Individuum die

---

[163] vgl. J. Gebser; „Ursprung und Gegenwart", siehe Anhang

notwendige „Reibung" für seine Bewusstseinsentwicklung und die Ausbildung eines „Charakters" gibt. Denn allein das Zusammenspiel von horizontaler und vertikaler Bewusstseinsausrichtung ermöglicht einem Ich dessen Bewegungsradius, der im Leben als sphärisches Umfeld alle Strebungen des Ich sowie des Über-Ich und des Unterbewussten mit umfasst. Wichtigster Aspekt dieses Vertikalbewusstseins ist es aber, die Verbindung zwischen Ich und Seele herzustellen, weil die Seele als alles durchdringende Kraft den Menschen zum Handeln und Denken antreibt und das „Tor zu höheren Bewusstseinsbereichen" öffnet, denn jede individuelle Gestalthaftigkeit bedarf und verlangt nach „seelischer Führung".

Die Seele ist ihrem innersten Wesen nach Licht, sowohl wörtlich vom Standpunkt der „Wellenlehre der Physik" her gesehen, als auch symbolisch im Sinne der „Erleuchtung", die das Dunkel jedweden Bewusstseins erhellt. Denn die Seele ist in allen Geschöpfen ein innewohnendes „Lichtwesen", ein Zentrum vibrierender Energie, das durch den jeweiligen Träger über bestimmte Strahlvibrationen eine „Tönung oder Einfärbung" im Leben erhält. Im Menschen muss sich allerdings die Seele mit der zweiten bestimmenden Instanz, dem Ego, wenn dieses zum vollen Durchbruch gelangt ist, die Führung teilen, wobei das Ich meistens die alleinige Führung übernimmt, der sich die Seele dann unterordnen muss.[164]

Ab und zu gelingt es der Seele, sich zu melden, indem sie sich in den vom Ego konditionierten Bewusstseinsprozessen durch „Einschübe des transpersonalen Selbst" bemerkbar macht. In den östlichen Lehren spricht man in diesem Zusammenhang vom Erwachen der geistigen Fähigkeiten: „Buddhi",[165] was von den kognitiven westlichen Theorien gern ignoriert wird, weil es dabei um „nichtlokale Übertragungen" von nicht messbaren beeinflussenden Kräften geht. Immerhin wären solche Theorien auch für die westliche Welt erste löbliche Ansätze, einen schmalen Zwischenraum zwischen unserer Ego-Identifikation und der Quanten-Modalität begreiflich zu machen und jenes „Dazwischen der Unschärferelation" zu akzeptieren, das nicht nur eine Verschiebung von unserer persönlichen Ego-Ebene zur „Buddhi"-Ebene hin ermöglicht, sondern diese Transformation auch als eine Befreiung von den Fesseln des Ich zu erleben lässt. Beispiele solcher „nichtlokalen Synchronizität" sind z.B. auch alle paranormalen Erfahrungen.

---

[164] Goswami a.a.O. (S.242): „Durch das Erscheinen des Ego reagieren mentale Programme in einer klar festgelegten Hierarchie aufeinander."

[165] Buddhi ist das transpersonale Bewusstsein, die höchste Kraft der Intuition. Unterscheidungskraft, die erkennt, dass das Selbst wesenhaft identisch ist mit dem Urgrund allen Seins.

Nach östlicher Auffassung agiert das „Selbst" in zwei Modalitäten: 1. konditioniert als Ego in allen sekundären Bewusstseinsbezogenheiten und 2. als „Quanten-Modalität", die auf primär-bewussten Erfahrungen basiert und alle „impliziten" Erfahrungen des transpersonalen Selbst repräsentiert. Diese sind – einem Ego gar nicht immer bewusst – in vielen normalen Alltagserfahrungen enthalten. Denn auf der sekundär konditionierten Bewusstseinsebene gibt es nur selten für das Ich einen Nachhall solcher „primärer Erfahrungen". Nur über eine bewusste Wiedervereinigung von Ich und Selbst beginnt eine Transzendierung für immer höhere „Samadhi"[166]. Denn jene kreativen spirituellen Erfahrungen erlangt kein Mensch allein über konditionierte mentale Programme. Weder Fachkenntnisse noch meditative Techniken führen zum wahren schöpferischen Bewusstsein, sondern dienen bestenfalls als Vorbereitung darauf. Aus diesem Grund bleibt die „kreative Unschärfe" zwischen Seele und Ego als Spannung im Leben und als „Stachel im Fleisch" immer bestehen: Es ist jener schmale „Zwischenraum", jene schöpferische Spannung, die einerseits das Leben selbst erzeugt und andererseits der permanente Impuls ist, den Menschen zu einer „freien Willensentscheidung" anzuregen. Denn der Mensch empfindet zutiefst, dass alle erlernten „Programme" (Logik, Methodik, Training, Perfektionierung), die das Handeln im Leben ausmachen, immer nur ein Teil einer übergeordneten seelisch geführten Bewusstseinshierarchie sind. Erlernte Programme wie religiöse Rituale, Gebete, Frömmigkeit oder Yoga sind darum bestenfalls „Hinführungen" zur „inneren Kreativität", führen aber niemals allein zum „Durchbruch" des „seelischen Selbst".

Widerfährt einem Menschen im Leben ein solcher „Durchbruch", wird dessen Auswirkung in den alltäglichen kausalen Handhabungen fast immer als gewaltige Diskontinuität, als „Riss" oder „Sprung" empfunden. Die Wirkungen, die aus dem nichtlokalen Bereich hervorbrechen und hinter allen realen Aktionen letztendlich bestimmend sind, sind immer die Folge eines „spirituellen Quantensprungs"[167] und lassen sich in kein wahrnehmbares Bezugssystem einordnen; und doch besteht nur darüber die Chance einer „Höherpotenzierung". (Saulus/ Paulus)[168]. Diese irritierende „Diskontinuität" wird meist „verschleiert" und von den meisten Menschen nachträglich als „freie Willensbekundung" ihres Ego verstanden und interpretiert, woraus dann irrtümlich jene fatale Identifikation der „nichtlokalisierbaren Seele" mit dem bewusstseinsmäßig begrenzten Ich entsteht. Das sind die meisten Verblendungen im Leben der Menschen, die aufzulösen der eigentliche Sinn des

---

[166] Patanjali nannte diesen Zustand 200 vor Christus „samadhi ". Samadhi ist die primäre Erfahrung, die sekundäre Ego-Ebene der Identität zu transzendieren und das wahre Wesen des Selbst zu erkennen.
[167] Quanten sind spirituelle Energiefelder, geistige Zustandsformen, Kraftpotenziale der ätherischen Substanz.
[168] Damaskus-Erlebnis (Apostelgeschichte)

Lebens sein sollte. Auflösungen solcher Verblendungen erfolgen über eine radikale Selbsterkenntnis, worüber das menschliche Bewusstsein mit Hilfe der Seele jenen „radioaktiven Seinszustand" erreicht, der allen Wesen zu eigen ist, die vor der „Höherpotenzierung" ihres Bewusstseins stehen, um darüber das Erkennen des alles umfassenden göttlichen *Plans* zu erlangen.

Sobald sich im Menschen jener „radioaktive Seinszustand" der Empfänglichkeit für höhere Strahlenvibrationen entwickelt hat und die nötige Resonanz dafür erweckt worden ist, sind die Voraussetzungen für eine Höherpotenzierung gegeben. Wenn sich dann der Mensch diesen Bedingungen mutig stellt, werden in diesem Zustand die einstrahlenden Schwingungen so wirkungsvoll, dass höhere Energien angezogen werden und eine Verschmelzung, ein Einswerden mit der Seele erfolgen kann. Für den Empfang dieser Strahlen werden die dafür vorgesehenen Übertragungsmodule, die „Chakren", als „Antennen" aktualisiert, über die jene Vereinigung von Geist und Materie als „Schöpfungsvorgang" erfolgt; mit anderen Worten: Es geht um das Zusammenwirken jener polaren Dualität sowie um die Art und Weise, wie sich Energie und Bewusstsein gegenseitig beeinflussen. Denn die Erweckung dieser Resonanz auf der physischen Ebene beruht – wie überall in der Natur – auf diesen polaren Wechselwirkungen. Dabei werden Ideen oder Gedankenmuster mit Hilfe spiritueller Energienfelder übertragen, um von der vitalen Kraft der Substanz gestalthaft empfangen zu werden. Die Physis ist dabei lediglich die Vorgabe als Trägerbasis für das Bewusstsein.

Denn das „vertikale Bewusstsein" ist das „geistige Scharnier" zwischen reinem Geist und der Welt der Gedanken, es ist jene „Nahtstelle interdimensionaler Vernetztheit", an der ständig „Schöpfung" stattfindet, weil über jeden „vertikalen Einfluss" immer kreative Impulse erfolgen, die über das „Quantenselbst aus den nichtlokalisierbaren Bereichen" in den Menschen einströmen. Diesen „Quantensprung" nennen wir in der Natur Mutation; wir erfahren diesen in der Pädagogik als „Aha-Erlebnis" und im Bewusstsein als intuitive Phantasie oder als „Erleuchtung". Die Auslösung solcher immanenten schöpferischen Kräfte erfolgt über die Spannung und das Aufeinandertreffen der physiologischen Basis und der spirituellen „Quanten-Modalität", wobei das empfangende Ego nur scheinbar agiert; in Wirklichkeit erfolgt die Auslösung aber unter der Führung des Selbst und ist dem Ego fast nie bewusst. Darum sollten die Menschen endlich aufhören, kreative Prozesse auf einfache erlernte Programme[169] zu reduzieren, denn es ist allein der Geist, niemals die Materie, der „Quantensprünge" hervorrufen kann.

---

[169] Behaviorismus

Bei diesem Transferprozess handelt es sich nicht nur um den Empfang unterschiedlicher Frequenzen, sondern immer auch um eine Synchronizität mit dem im Gehirn stimulierten Potenzial[170], wobei die Daten, zwischen Gehirn als Empfangsorgan und „gesendetem Quant" zwar immer Parallelen wie Unschärfe, Komplementarität, Quantensprünge oder Nichtlokalität erkennen lassen, nicht aber unbedingt für schlüssig erachtet werden müssen. Zumindest geht der „klassische Funktionalismus" davon aus, dass das Gehirn eher eine Art Hardware und die einströmenden Strahlen eine Software seien. Es kann aber sehr wohl auch ein Indiz für etwas viel Radikaleres sein, weil das, was wir als „Geist" bezeichnen selbst aus „Objekten" submikroskopischer Feinstofflichkeit (Quarks, Neutrinos, Tachyonen) besteht; mit anderen Worten: Dieser Übertragungsprozess zwischen Physis (Gehirn) und Psyche spielt sich über einem „gleichen Substanzmedium" ab, wobei sich im menschlichen Bewusstsein der „Quanten-Mechanismus" unvermittelt den eindringenden Energiestrahlungen öffnet und der synchronisierende Bewusstseinsbereich nur die Rolle eines „Messapparates" übernimmt, um die Einprägungen und gesendeten Aufzeichnungen als „vergrößerte" Wahrnehmbarkeiten zu erschließen.[171]

Schnittstellen sind dabei Verbindungsfelder zwischen Einstrahlungen und Bewusstsein, wobei der Ätherleib quasi die Empfangsmatrize für die Energieeinstrahlung liefert, die im „Gehirn" in elektromagnetische Frequenzen umgewandelt wird und wie auf einer Schallplatte über die Nadel einen klingenden Ton (Manifestation) und im Bewusstsein einen gedanklichen Begriff „erzeugt". Denn alle psycho-physiologischen Organisationsmuster bestehen aus komplexen elektromagnetischen Feldern, die sich gegenseitig bedingen. Diese physikalisch und psychisch-gedanklich zwar nicht verifizierbaren Komponenten sind jedoch der Transformator zwischen höherdimensionalen energetischen Feldern und dem Bewusstsein des Menschen.

Rupert Sheldrake beschreibt diese „unsichtbaren organisierenden Strukturen" als „morphogenetische Felder", die über die Vertikaleinstellung des Bewusstseins empfangen werden. Es sind Energiefelder, die sich weit über die „physiologische Zellgrenze" hinaus erstrecken. Das Geheimnis ist eine permanente evolutionäre Umwandlung als Übergang von einem Seinszustand in einen anderen und wird durch den „Aufprall' eines Energiestrahles auf den Raumäther[172] bewirkt. Sheldrake versteht unter „morphogenetischen Feldern" keine materiellen, physikalischen Felder, sondern Feldmuster nicht elektro-

---

[170] Goswami, a.a.O. (S. 302)
[171] Goswami, a.a.O. (S. 172 ff und 222 ff.)
[172] Äther, das fünfte Element, ist die den gesamten Raum durchdringende Ursubstanz, aus der Materie entsteht. Es ist der Energiekörper der Schöpfung.

magnetischer Natur, die jenseits von Raum und Zeit existieren und hinter der materiellen Teilchenebene wirken, also zwischen dem grobstofflichen Bereich und den Bereichen des Geistes oder des Bewusstseins. Dabei ist der Ätherleib eine Art Transformator zwischen höherdimensionalen im Geistigen angesiedelten Feldern und den grobstofflich-biologischen Ausführungsorganen. Schnittstelle zwischen dem hypothetischen nicht verifizierbaren Plasma und manifestierter grobstofflicher Realität ist ein Verbindungsfeld, eine Art *Interface*[173] oder die „Unschärferelation", jene Überschneidungen der Dimensionen, wobei sich Energien aus höheren Dimensionen über den Ätherleib in tieferen Dimensionen gestalthaft zu gedanklichen „Phänomenen" umwandeln.

Der Empfang solcher Frequenzen erfolgt meist „unbewusst" und reflexartig. Darum sind auch die meisten empfangenen „Eingebungen" nur innerhalb enger Bewusstseinsgrenzen wirksam. Erst wenn der Mensch sich selbst ein gewisses geordnetes Denken angeeignet hat, Konzentration und Meditation zu beherrschen versteht, wird ihm langsam dieser „spirituelle Einfluss" auf seine Erkenntnisfähigkeit bewusster. In einem weiteren Schritt muss dann ein Empfänger lernen, Gedanken oder Ideen lange genug „festzuhalten". Erst durch die synthetisierende Kraft des Gedächtnisses wird aus der gedanklichen Anhaftung für das Bewusstsein ein Fassbares. Es verhält sich damit ähnlich wie mit der Aufnahme von Musik, welche über Frequenzen wie Gedanken übertragen wird, bis zwischen diesen beiden Faktoren: „Eingabe" und bewusster Resonanz eine übereinstimmende Frequenzgleichheit oder „Imprägnierung" besteht, was der Betreffende stets als seine eigene „Hervorbringung" empfindet, obwohl sie ihm eingegeben worden ist.

Ideen und Gedanken werden als „Frequenzmuster" ins menschliche Gehirn gesendet und dort als Einprägung wie in einer Matrix empfangen, um so wiederum über die „Vernetzung" der Nerven und Gehirn für einen Menschen „greifbar" (begreifbar) gemacht zu werden. Doch das „Verstehen" eines Gedankens weist weit über diesen rein mechanisch-organischen Vorgang hinaus und erfolgt allein über die spirituellen Vernetzungen des Ätherleibes. Dabei erfahren feinstoffliche Energien nach einem bisher unbekannten „Modus" beim Übergang in die „objektive Realität" eine Frequenzumwandlung. So können z.B. hyperschnelle, feinstoffliche Schwingungen verlangsamt werden, um sich dabei zu „verdichten" und schließlich die Konsistenz grobstofflicher Gebilde oder Gedanken anzunehmen. Es ist der feinstoffliche Ätherleib, der alle diese energetischen Felder empfängt und zur „Umwandlung" in elektromagnetische Frequenzen weiterleitet. Dabei ist es die Strahlkraft

---

[173] Verbindungsfeld zwischen Körper und Bewusstsein – zwischen Grob- und Feinstofflichem.

des 7. Strahls, die in allen „Umpolungstendenzen" ständig den Zustand der „Radioaktivität" verstärkt, was das „Überlebte" einerseits vernichtet oder andererseits in ein neu „Erschaffenes" integriert.[174] „Uranus", der Gott mit dem Januskopf, der in beide Richtungen weist, ist der symbolische Repräsentant dieses doppelgesichtigen Prinzips von Vergangenheit (Vernichtung) und Zukunft (Neubeginn und Integration). Es ist das bestimmende Prinzip des eintretenden „Wassermannzeitalters", in dem der 7. Strahl alle Bewusstseinsaspekte verstärkt anregen wird, um sich über das Supramental „zu erneuern" und alle bisher latenten Bereiche zu entfalten.

Der Mensch im Fadenkreuz von Körper und Seele

„Horizontale und Vertikale" bilden als die beiden Bewusstseinsrichtungen im Menschen das „Kreuz der Schöpfung", worüber die Liebe aus der Zeit wieder in die Ewigkeit „erlöst" wird. Das ist das ewige „Stirb und Werde"; denn nur in der Überschneidung von Vertikaleinstrahlung und Horizontalbewusstsein ist der Mensch als Persönlichkeit in der Lage, ein äußerlich Wahrgenommenes zu verinnerlichen, um es aus der zeitlichen Endlichkeit in die raum- und zeitlose Ebene der Ewigkeit zu transponieren. Das Ich ist immer horizontal und vertikal zugleich, selbst wenn sich ein Ich nur auf der „Horizontalen" bewusst identifiziert und die Vertikaleinstellung als metaphysische Schwärmerei leugnet oder gar nicht um sie weiss. Aber allein über die Vertikale erhält das Ich die Chance zum wirklichen Sein, auf der Horizontalen dagegen erfährt es nur Illusionen. Denn die Schöpfung als Monade manifestiert sich ihrem Wesen nach als Dualität, und das bedeutet für den Menschen die volle Wirksamkeit und Verankerung der Seele im Bewusstsein und in der Physis. In der Zukunft werden diese beiden Bewusstseinsrichtungen wieder im supramentalen Bewusstsein zusammengeführt werden.

Der Mensch bildet gleichsam das Verbindungsglied zwischen Materie und Geist und vereint in sich die Quintessenz des ganzen Evolutionsprozesses. In dieser spiegelbildartigen Doppelseitigkeit des Menschen ist die „Ebenbildlichkeit" zum Schöpfer begründet, die man als „Verantwortung"[175] für das Universum ansehen muss. Der Mensch spiegelt die dreifache „Natur Gottes" wider und ist zugleich in der Schöpfung „Der Eine, der denkt"[176]; mit anderen Worten: Der Mensch ist das Geschöpf Gottes, über das sich Gott als Schöpfer

---

[174] Opitz a.a.O. (S. 37): „Der Sprung in höhere Ordnung (negative Entropie) oder in den Verfall (Entropie) findet in Bifurkationspunkt (Wendepunkt) plötzlich statt, scheinbar aus dem Nichts."
[175] Hildegard von Bingen: „Der Mensch in der Verantwortung"
[176] Sanskritwort

selbst erkennen kann; er ist das Wesen, in welchem höchste Geistigkeit und niederste Materie in *einem* Bewusstsein verbunden sind. Denn die Fähigkeit des Menschen, sich durch den Kontakt mit höher entwickelten Formen des Denkens inspirieren zu lassen, die seine Kleinheit überschreiten, bindet den Menschen ein in ein großes Ganzes auf der Ebene, die der Einbindung seiner Seele entspricht. Der Mensch erfährt, dass die Seele nicht nur den Anfang und das Ende beschreibt, sondern dass der Geist sie darin unterstützt, das Ganze zu erkennen. Die Seele geht dabei unveränderbar und unantastbar ihren Weg durch die Welt der Bilder, indem sie das Veränderliche mit dem spirituellen Sich-Entfalten vereint. Dabei stehen im Menschen Verstand und Psyche im wechselseitigen Austausch unterschiedlicher Frequenzen.

Dieser „kreative Austausch" dient der Transformation aller Lebenszusammenhänge auf die vertikale Bewusstseinsschiene und versetzt den Menschen durch einen „Quantensprung" in die Lage, aus fest konditionierten Verhaltensmustern auszubrechen und den „erweckten" Menschen in höhere Bewusstseinsdimensionen zu versetzen. Diese Transformation macht alles „neu", was neu werden muss. Es ist der „Neue Adam", von dem Paulus spricht, der „Kosmische Christus" als Ziel in der Ewigkeit und die persönliche „Unschärferelation" im Leben eines jeden Menschen. Die Suche danach ist der Weg, das Erkennen ist die Wahrheit und die Umsetzung derselben ist die Liebe: *„ICH bin der Weg, die Wahrheit und das Leben!"*

Transparenz: Intuition und Telepathie

Intuition

Die Suche des Menschen auf diesem Weg zur Wahrheit gilt dabei dem Ziel, in der Verschmelzung von Ich und Seele zu einer Einheit die Verbindung mit dem spirituellen Zentrum wiederzufinden; und das ist die „Wahrheit" als Zusammenschluss von Horizontal- und Vertikalbewusstsein im supramentalen Bewusstsein. Beide Bewusstseinsbereiche verschmelzen und werden dann nicht mehr getrennt erlebt, was dem Ich die Möglichkeit gibt, seine Motivationen und Handlungen auch auf das „Selbst" hin transparent zu machen.[178] Bisher empfinden die meisten Menschen beide Bewusstseinsrichtungen eher als getrennte, weil das Ich-Bewusstsein fast nur ein auf das Außen gerichtetes Suchen und Tasten ist. Die meisten Menschen sind so sehr in die Illusion der Getrenntheit verstrickt, dass sie nicht die Kraft finden, den Weg

---

[178] Aus: „Nachrichten vom Sirius" S.93

der Wahrheit für sich selbst zu entdecken und sich dem Transzendenten zu-zuwenden, um es zu verstehen.

Alles, was der Mensch wahrnimmt, sind nur Abbilder des Seins und nicht dessen innerstes Wesen, weil alle Wahrnehmung eine abgeleitete, oberfläch-liche und begrenzte ist. Darum kann das „Absolute" selbst nicht begriffen, sondern lediglich eine gewisse Vorstellung von ihm vermittelt werden. Denn *„Phänomene erreichen uns maskiert im Gefüge von Zeit und Raum; sie stellen chiffrierte Botschaften dar, deren letzte Bedeutung wir nicht eher verstehen, als bis wir herausgefunden haben, wie wir sie aus ihrer Zeit-Raum-Umhüllung he-rausschälen müssen"*[179]. Ein solcher Vorgang wäre die „Entschleierung des Selbstes" durch Verneinung der reinen Formseite und kann als Transmuta-tion (Umwandlung) oder Transferierung (Übertragung) des Bewusstseins bezeichnet werden. Weil aber der Mensch die Welt nur als äußeres Schema oder Abbild erfährt, erlangt er fast immer nur eine Ahnung von der wesenhaf-ten innersten Wahrheit."[180] *„Im Ganzen sind wir Geschöpfe, die „Dinge" sehen; wir erfassen nur, was wir sehen, und sehen gewöhnlich nicht darüber hinaus. Es ist aber sehr wohl möglich, von der Welt eine andersartige Empfindung zu be-kommen, wenn man eine andere Denk-Gewohnheit entwickeln würde: nämlich hinter der sichtbaren Wirklichkeit das Unsichtbare zu sehen – die Gewohnheit, die Oberfläche zu durchdringen, um durch die Dinge hindurch deren Ursprung zu erkennen".*

Darum muss es das Ziel des „Ich" sein, sich mit dem „Selbst" zu vereinen, um darüber zum erweiterten Bewusstsein, dem supramentalen Bewusstsein zu „erwachen". Es geht dabei um das „Aufschließen neuer Bewusstseinsräu-me" durch einen Bewusstseinswechsel; denn Bewusstsein ist die Resultante zweier Prinzipien: eines aktiv handelnden und eines passiv empfangenden und widerspiegelnden. Das aktiv handelnde ist die Innenseite der Seele, welche durch die Wechselwirkung mit der materiellen Welt eine Bewusst-seinsgenese bewerkstelligen will. Das passiv widerspiegelnde ist nicht in dem Sinne passiv, dass der Empfangende nichts „tun" müsse, sondern es bedeutet vielmehr, eine Bereitschaft zu signalisieren, sich weiteren bisher unbekannten Bewusstseinsbereichen zu öffnen.

Die Hirnforschung spricht in diesem Zusammenhang von einem „physischen Bewusstsein" und im Gegensatz dazu von einer „intuitiven Intelligenz": *„Ich bin nun endgültig zu der Annahme gekommen, dass es im Menschen zwei ver-schiedene Intelligenzorgane gibt, und zwar den Thalamus (Sehhügel), welcher*

[179] Bailey, a.a.O.
[180] Aurobindo: „Synthese des Yoga"

der Sitz des Instinkts, und die Hirnrinde (Cerebral Cortex), die der Sitz der ver-
bündeten Fähigkeiten des Intellekts und der Intuition ist".[181] Dieser Standpunkt
von „zwei „Intelligenzorganen" hat eine genaue Parallele in der orientali-
schen Lehre, die als Tatsache annimmt, dass sich das koordinierende Funkti-
onszentrum der gesamten niederen Natur in der Gegend des Hirnanhanges
und der Kontaktpunkt des Höheren Selbst sowie die Intuition in der Gegend
der Zirbeldrüse befindet. Auch Goldberg spricht in diesem Zusammenhang
von *Rationalität und Intuition, die nicht nur wie ein Tandem arbeiten, sondern
wie zwei separate Wasserrohre, die denselben Zapfhahn bedienen*[182]. Das Denkvermögen empfängt von der Seele Erleuchtung in Form von ausgeschütteten
Ideen oder Intuitionen, die ein direktes Wissen vermitteln, wobei Intuitionen
immer unfehlbar sind. Dieser Vorgang wird dann vom „aktiven Denkvermögen" quasi wiederholt, das die von der Seele übermittelten Intuitionen und
Erkenntnisse dem empfangsbereiten Gehirn zuleitet.[183]

Über das „Erwachen des supramentalen Bewusstseins" wird im Menschen
der „sechste Sinn", die Intuition, freigesetzt[184], die in Zukunft zu einer völlig
normalen Wahrnehmung werden wird. Die Menschen werden darüber die
Bewusstseinsaktivitäten anderer Menschen gewahren und mit ihnen „telepathisch" kommunizieren können, und zwar ganz gleich, ob physisch nahe
oder fern; denn von da an werden alle im Außen wahrgenommenen Phänomene ihre Unvollständigkeit und Abgetrenntheit vom inneren Zusammenhang verlieren, und man wird erkennen, dass alles unter einem universalen
Gesetz steht und das Ganze eine ungestörte harmonische Manifestation des
Geistes ist. Aurobindo bezeichnet diese intuitive Wahrnehmungsfähigkeit
als *„sechsten Sinn",* der das einzig wahre Sinnesorgan sei. *„Alle anderen Sinne
sind nichts als „äußere Behelfe, die aber unser Bewusstsein von sich abhängig
gemacht haben, indem sie für unser Bewusstsein zu den ausschließlichen Über-
tragungsorganen wurden und es auf diese Weise beschränken."* Es ist die inte-
ressante Dreiheit Instinkt-Intellekt-Intuition, wobei der Instinkt sozusagen
unter die Bewusstseinsschwelle gesunken ist, der Intellekt den ersten Platz in
der Erkenntnis des Durchschnittsmenschen einnimmt und die Intuition über
diesen beiden liegt; sie macht ihre Gegenwart nur gelegentlich in plötzlichen
Erleuchtungen und im Erfassen einer Wahrheit bemerkbar, und das ist die
Begabung unserer größten Denker.

Intuition kann man als ein unmittelbares Erfassen von Wahrheit definieren,
das unabhängig von der Vernunft und Denktätigkeit erfolgt. Es ist das plötz-

---

[181] Bailey, a.a.O.
[182] Phil Goldberg: „Die Kraft der Intuition" (S.32)
[183] Das ist die Bestätigung der Platonischen Ideenlehre auf der neuronalen Ebene.
[184] Aurobindo bezeichnet diese Wahrnehmungsfähigkeit als sechsten Sinn.

liche Auftauchen einer vorher nie gewahrten Wahrheit im Bewusstsein, als ein direkter Einfall aus der allwissenden Seele in das Denkvermögen, was sofort als unfehlbar evident erkannt wird und keinerlei Fragen erweckt. „*Instinkt und auch Intuition beginnen „räumlich" gesprochen in den außerhalb unseres Bewusstseins gelegenen Bereichen unseres Selbst, kommen aber gleichzeitig unerwarteter Weise in das Licht des Tagesbewusstseins hervor. Diese Instinktimpulse und Eingebungen der Intuition entstehen vollkommen im Geheimen. Wenn sie zum Vorschein kommen, sind sie notwendigerweise beinahe vollständig, und ihr Eintritt in unser Bewusstsein erfolgt plötzlich".*[185] Dieser unmittelbare Zugang zur Wahrheit wird in Zukunft die letztendliche Bestimmung für alle Menschen sein, und es ist sehr wahrscheinlich, dass das unser heutiges Denkvermögen eines Tages ebenso unter der Bewusstseinsschwelle liegen wird, wie es heute bei den Instinkten der Fall ist. Der Mensch wird dann im Reich der Intuition wirken und in Begriffen der Intuition sich mit ebenso großer Leichtigkeit ausdrücken, und zwar genau wie jetzt in Begriffen des Denkvermögens.

> „*Intuition ist die direkte Assimilation einer Erkenntniskraft mit ihrem Objekt. Intuition ist eine unmittelbare „Mitteilung" ohne gegenständliche Zwischenvermittlung; sie ist der einzige Akt, durch den die Erkenntniskraft sich selbst formt, und zwar nicht nach der abstrakten Ähnlichkeit des Gegenstandes, sondern nach diesem selbst. Intuition ist ein außerhalb des Bewusstseins liegender Mentalprozess, dessen wir von Zeit zu Zeit dunkel gewahr werden. Intuitive Inspiration und instinktive Energie werden zuletzt im vollständigen Selbst, das schließlich eine einzige Persönlichkeit bildet, unterworfen und geeint.*" (Pater Maréchal)

Physiologischen Untersuchungen zufolge sollen Intuitionen durch eine Kombination von niedrigem Reizzustand der Nerven und hoher Wachsamkeit begünstigt werden. Dabei leitet ein mit Gehirnwellen kohärentes Nervensystem Informationen ohne elektrischen Widerstand weiter. So wie die Holographie von der Kohärenz des Laserstrahls abhängt, könnten danach Intuitionen von der Kohärenz des Nervensystems abhängen, was wiederum zu tieferen Bewusstseinsebenen und bis zu dem allem zugrundeliegenden reinen Bewusstsein, dem Selbst führt. Dabei wird jede tiefere Ebene universaler und weniger durch Raum und Zeit begrenzt und steht so der Wahrheit näher, so dass man postulieren kann, dass die Qualität der Intuition proportional dem Zugang zu tieferen Bewusstseinsschichten ist. „*Wir haben nur die Möglichkeit, uns zu verändern, entweder in eine Richtung der Ordnung und Bewusstseinsentwicklung oder in Richtung Krankheit und Bewusstseinstrübung. Wenn unser*

---

[185] Goldberg, a.a.O.

Körper-Geist-Komplex zum Supraleiter[186] für kosmische Energie wird, sind wir in dem Zustand von Harmonie, denn hier auf Erden kann der Mensch selbst entweder ein immer besserer Supraleiter werden oder aber seine Leitung immer mehr verstopfen."

Jeder Mensch hat Zugang zu dieser Art „spiritueller Interferenzmuster", die aus Frequenzen bestehen, da jeder Gedanke oder jede Idee bestimmte Frequenzmuster erzeugt. Intuitive Übertragungen werden demnach bei unterschiedlicher Aufnahmebereitschaft durch eine Art Resonanzwirkung gleicher Frequenzen im Gehirn fokussiert, denn diese Übertragungen erfolgen durch eine morphogenetische Resonanz über ein subatomares Netzwerk dynamischer Strukturen von Energiefeldern.[187] Denn in der subatomaren Sphäre sind Substanz und Geist verbunden. Darum lassen diese subatomaren Organisationsfelder es auch plausibel erscheinen, dass das Bewusstsein darüber Zugang zu ungewöhnlichen Informationsquellen hat und über Intuitionen spirituelle Quellen anzapfen kann, die reinen Sinneswahrnehmungen nicht zur Verfügung stehen. Gedanken, Ideen oder Vorstellungen werden dabei nicht als Eindrücke im Nervensystem gespeichert, sondern werden durch morphogenetische Resonanz direkt aus eigenen, latenten und angeborenen Dispositionen wie vorgefertigte Muster vom Gedächtnis übernommen.[188] Das bedeutet, dass intuitives Erfassen von Ideen laut Platon[189] die reale Grundlage von Erkenntnissen ist, die nicht durch normale Sinneswahrnehmungen oder durch die Vernunft herbeigeführt und erzeugt werden können.

So kann sich zwar die höchste Intelligenz bis zu Abstraktionen oder mathematischen Formeln versteigen, sie bleibt aber letztendlich immer im Phänomenalen irdischer Gesetze stecken. Das Supramentale sowie die Intuitionen hingegen sind durch kein irdisches System mehr gebunden. Das supramentale Bewusstsein sieht darum Form und Wirken nicht mehr als alleinige Schlussfolgerung intellektueller horizontaler Überlegungen, sondern unmittelbar als das primäre „Wesen eines Wahrgenommenen" an. Und das ist ein Offenbarwerden als Erkenntnisform im Gegensatz zur mentalen Intelligenz oder logischer Schlussfolgerung. Es ist nämlich die Vereinigung wesenhafter Ideen mit dem konditionierten mentalen Denken im supramentalen Bewusstsein. Der so Erkennende wird selbst zum wahrnehmenden

---

[186] technischer Ausdruck für Stromleiter, die dem Strom keinen Widerstand entgegensetzen

[187] Opitz a.a.O. (S. 36): Supraleiter; Frithjof Capra, „Das Tao der Physik": „Die subatomaren Teilchen sind dynamische Strukturen, die nicht als isolierte Einheiten existieren, sondern als integrierte Teile eines unauflöslichen Netzwerks von Wechselbeziehungen." Für Teilhard de Chardin ist es die Noosphäre, die aus Partikeln des menschlichen Bewusstseins zusammengesetzt sei.

[188] R. Sheldrake: „Formatives Kausalprinzip"

[189] Platon: Ideenlehre

Zeugen, der das Erkannte als etwas erlebt, das er immer schon in sich trug. Ihm wird im Augenblick offenbar, dass die gesamte Schöpfung eine determinierte Darstellung der ewigen Wahrheit ist. Patanjali spricht in diesem Zusammenhang von der „Fähigkeit des Geistes", in *Transzendenz versunken zu sein und gleichzeitig bewusst zu denken*". Das klingt wie ein Widerspruch, da „Transzendenz" undifferenzierte Einheit und Bewusstsein ohne Denken zu sein scheint. Aber auf dieser erweiterten Bewusstseinsebene des Supramentalen begegnet das unwandelbare Absolute dem flüchtigen Relativen, und das ist der Zustand jener „innerlichen Vertrautheit" intuitiver Erfahrung, jenes Gefühl, in das Objekt des Erkennens einzudringen und dessen Wesensgehalt zu erfassen. In der Zukunft der Menschheit wird es sich bei allen diesen spirituellen „Durchlässigkeiten" generell um eine immer mehr erweiterte Transparenz im Bewusstsein handeln, was zugleich auch jedem Ich die Möglichkeit gibt, seine Motivationen und Handlungen auf das „Selbst" hin transparent zu machen.

Diese zu erzielende „Transparenz" bezieht sich nicht nur auf das zukünftige supramentale Bewusstsein, sondern auch auf eine Transformation des physischen Körpers:[190] *„Während die Menschen jetzt noch einen groben oder dichten Körper haben, werden sie am Ende des Äons wieder einen halbätherischen, weniger dichten Körper erhalten."* Die Menschheit wird diesen „halbätherischen Körper" über eine Art Transformation erlangen, um die „ursprüngliche" Form früherer Zellstrukturen wieder herzustellen, die als Anlage in der DNS noch immer latent im Menschen enthalten ist. Dabei handelt es sich nicht um eine „Erweiterung der DNS", sondern es werden die in der DNS bereits angelegten und bisher latenten Gene wieder aktualisiert, wohingegen andere degenerieren werden. Die wieder aktivierten DNS-Gene werden dann in jeder Zelle eine multidimensionale skalare (unbekannte Größe) „Wellenantenne" aktualisieren, die jede Botschaft der Seele aufnehmen und sofort verarbeiten kann. Im Laser finden wir das Prinzip der Resonanz im Licht wieder – es wird eine einheitliche, schwingende das Licht tragende Vakuumwelle durch stimulierte Strahlungsemissionen angeregt, wobei die aufgenommene Anregungsenergie als Lichtquant wieder abgestrahlt wird. Man spricht in diesem Zusammenhang von Lasermaterie.[191]

Alle diese Transformationen erfolgen über den „Ätherkörper", dessen Module die 7 Chakren sind, über welche die Urenergie empfangen und weitergeleitet wird. Denn die DNS ist nicht nur die Trägerin der gesamten Erbinformationen, sondern funktioniert auch als Lichtspeicher, deren wichtigste Quelle

[190] Aus „Nachrichten vom Sirius" S.93
[191] Schrödinger , Erwin: „Was ist Leben" (1987) – Durch Schrödinger-Gleichung bewiesen.

die Biophotonenstrahlung ist. Darüber empfängt die DNS als Lasermaterie über einen „Ordnungssog"[192] alle Informationen. In diesem lichtaktiven Molekularsystem besitzen alle Moleküle Wellenantennen, die jede Botschaft der Seele aufnehmen und sofort verarbeiten können. Dabei lenkt die Spiralstruktur des Lichtes die skalaren Wellen zur zentralen Steuerung eines Biophotonenfeldes, in dem sich die Wellen in beliebiger Form fortpflanzen und dabei Informationen übermitteln. Über diese Wechselwirkungen entsteht ein „Schwingungsquant" als Eingabe für den Aufbau von Gebilden und deren Evolution, wobei Moleküle durch rhythmische Impulse angeregt werden und Hohlraumresonatoren bilden, die Selbstvermehrung und Informationsspeicherung ermöglichen.

Eine solche „Öffnung" oder Empfangsbereitschaft für „trägerfreie Energien" erfolgt bei hoch sensiblen, hellsichtigen und telepathischen Menschen schon immer. Es ist eine Art Umpolung der Frequenzen, oder anders ausgedrückt: die körperlich bestimmenden Frequenzen verlieren im Wachzustand mehr und mehr ihre „verdeckende" Bedeutung, so dass die Frequenzen des Ätherleibes genau wie im Traum pur durchstrahlen können. Denn im Traum sind ja auch die Frequenzen des Wachbewusstseins ausgeschaltet, weil der Mensch im „Quantenzustand" des Selbst sich befindet. In der Zukunft werden Menschen selbst die Wachfrequenzen zugunsten der heute noch als paranormal geltenden Frequenzen herunterregeln können.[193] Wachfrequenzen sind elektrische Energiefelder und stellen nur Sekundärerscheinungen von höherdimensionalen, feinstofflichen Quantenmodalitäten dar, sind aber an die Primärfelder „angekoppelt" und durchaus als „Manipulationsfelder" denkbar. Vorerst widerfährt das nur bestimmten Menschen, die dafür vorgesehen sind, wobei solche Aktualisierungen von Hellsichtigkeiten oder Visionen sehr viele Energien absorbieren, was oft leicht zu Irritationen in der Realwelt führen kann.

Zu den Methoden, jene innere „Kreativität zu wecken", gehören alle Meditationspraktiken. Sie sind der praktische Versuch, darüber eine „Selbstidentität" jenseits des Ego zu finden. Es ist zwar ein Paradoxon, das Ego dafür einzusetzen, um über das Ego „hinauszukommen", aber unser Ego ist nicht das Selbst, sondern nur eine vom Menschen „eingesetzte" temporäre Identität des Selbst. Daher ist es durchaus berechtigt, wenn man in der Meditation versucht, das Sein mehr zur „Quanten-Modalität" hin zu gewichten, weil

---

[192] DNS ist Lasermaterie / Schrödinger: „Ordnungssog"; vgl. „Biophotonen" S. 194 ff.

[193] Meckelburg (a.a.O. S.211): Alles Sein ist Feldverdichtung. Das zeigen paranormalen Phänomene, dass es zwischen Materie/Energie und höherdimensionalen Feldern Wechselbeziehungen gibt, denn dabei handelt es sich um ganz reale Berührungspunkte zwischen der feinstofflichen psychischen Steuerung und dem Materiellen.

Quanten-Modalität die primäre Seinsweise des Selbst ist, und zwar als eine über das Ego weit hinausreichende Instanz, der allein wirkliche Freiheit, Kreativität und Nichtlokalität innewohnt. Dieses „Öffnen" wieder bewusst zu machen, wird die Aufgabe der Menschheit im „Neuen Äon" sein, um das Bewusstsein quasi in eine höhere, spirituelle Ebene zu „erheben". Über dieses Supramental erfolgt über einen „Quantensprung" auch jene nonverbale, „telepathische" Kommunikation; denn Telepathie ist die „Sprache des Lichts"[194]. Es ist die „Identität" eines Erkennenden mit dem Erkannten als „Resultat" jener inneren „Kreativität" und telepathischen Übertragung.

Telepathie

Heute sprechen wir weniger von Telepathie, sondern eher von Gedankenübertragung. Beides muss aber unterschieden werden: Gedanken sind immer ein Ausdruck abstrakter Vorentwürfe, die erst verifiziert werden müssen, um reale Wirklichkeit zu werden. Gedanken allein sind nur „Formblätter", die gelesen und umgesetzt werden müssen. Darum besteht häufig die Gefahr, sich mit Gedanklichem allein schon zu begnügen. Jeder Gedanke muss aber durch eine persönliche Entscheidung erst zum wirklichen Leben erweckt werden, sonst bleiben Gedanken nur abstrakte tote Hirngespinste. Das ist bei der Telepathie niemals der Fall: Telepathische Übertragungen oder Empfänge sind immer „lebendige Gestaltungen" und müssen nicht erst durch Verifizierung zum Leben erweckt werden. Es sind Ganzheiten von aktualisierten Sinnzusammenhängen und werden als ein komplexes Geschehen gesendet und empfangen, und haben immer „offenbarenden Charakter", ähnlich wie bei Visionen oder im Traum. Wie sehr sich der Einfluss von Gedanken auf sichtbare Manifestationen auswirkt, wird auch am Beispiel der Hypnose deutlich: Wenn einem Hypnotisierten gesagt wird, man habe ihn mit einer brennenden Zigarre berührt, entsteht an dieser Stelle tatsächlich eine Brandblase. Ein mündlich übermittelter Befehl vermag eine physische Wirkung hervorzurufen. Und das bedeutet: Universelle sich selbst determinierende Energien sind am Werk, die sich im All sämtlich im Einklang mit einem selbst-ordnenden „Bewusstsein" befinden.

Bei der Telepathie unterscheidet man zwischen: Initianten als Sendern von Gedanken und Empfängern dessen, was über telepathische Frequenzen

---

[194] Opitz (a.a.O. S.49): „So wie das Universum mehr einem Gedanken als einer Maschine gleicht, wird auch unser Denkapparat weniger einem Computer und mehr dem Geist selbst gleichen. Was wir also brauchen, sind keine Maschinen zur Energieerzeugung, sondern Möglichkeiten, uns selbst und andere auf dem Weg zu spiritueller Entfaltung zu unterstützen."

die Biophotonenstrahlung ist. Darüber empfängt die DNS als Lasermaterie über einen „Ordnungssog"[192] alle Informationen. In diesem lichtaktiven Molekularsystem besitzen alle Moleküle Wellenantennen, die jede Botschaft der Seele aufnehmen und sofort verarbeiten können. Dabei lenkt die Spiralstruktur des Lichtes die skalaren Wellen zur zentralen Steuerung eines Biophotonenfeldes, in dem sich die Wellen in beliebiger Form fortpflanzen und dabei Informationen übermitteln. Über diese Wechselwirkungen entsteht ein „Schwingungsquant" als Eingabe für den Aufbau von Gebilden und deren Evolution, wobei Moleküle durch rhythmische Impulse angeregt werden und Hohlraumresonatoren bilden, die Selbstvermehrung und Informationsspeicherung ermöglichen.

Eine solche „Öffnung" oder Empfangsbereitschaft für „trägerfreie Energien" erfolgt bei hoch sensiblen, hellsichtigen und telepathischen Menschen schon immer. Es ist eine Art Umpolung der Frequenzen, oder anders ausgedrückt: die körperlich bestimmenden Frequenzen verlieren im Wachzustand mehr und mehr ihre „verdeckende" Bedeutung, so dass die Frequenzen des Ätherleibes genau wie im Traum pur durchstrahlen können. Denn im Traum sind ja auch die Frequenzen des Wachbewusstseins ausgeschaltet, weil der Mensch im „Quantenzustand" des Selbst sich befindet. In der Zukunft werden Menschen selbst die Wachfrequenzen zugunsten der heute noch als paranormal geltenden Frequenzen herunterregeln können.[193] Wachfrequenzen sind elektrische Energiefelder und stellen nur Sekundärerscheinungen von höherdimensionalen, feinstofflichen Quantenmodalitäten dar, sind aber an die Primärfelder „angekoppelt" und durchaus als „Manipulationsfelder" denkbar. Vorerst widerfährt das nur bestimmten Menschen, die dafür vorgesehen sind, wobei solche Aktualisierungen von Hellsichtigkeiten oder Visionen sehr viele Energien absorbieren, was oft leicht zu Irritationen in der Realwelt führen kann.

Zu den Methoden, jene innere „Kreativität zu wecken", gehören alle Meditationspraktiken. Sie sind der praktische Versuch, darüber eine „Selbstidentität" jenseits des Ego zu finden. Es ist zwar ein Paradoxon, das Ego dafür einzusetzen, um über das Ego „hinauszukommen", aber unser Ego ist nicht das Selbst, sondern nur eine vom Menschen „eingesetzte" temporäre Identität des Selbst. Daher ist es durchaus berechtigt, wenn man in der Meditation versucht, das Sein mehr zur „Quanten-Modalität" hin zu gewichten, weil

---

[192] DNS ist Lasermaterie / Schrödinger: „Ordnungssog"; vgl. „Biophotonen" S. 194 ff.

[193] Meckelburg (a.a.O. S.211): Alles Sein ist Feldverdichtung. Das zeigen paranormalen Phänomene, dass es zwischen Materie/Energie und höherdimensionalen Feldern Wechselbeziehungen gibt, denn dabei handelt es sich um ganz reale Berührungspunkte zwischen der feinstofflichen psychischen Steuerung und dem Materiellen.

die heute mehr „passiven" telepathischen Halbbewusstheiten ganz normal und ganz bewusst zum Einsatz kommen.

Halbleiter Silizium

Die heutigen Naturwissenschaften sind in der Erforschung an die systemimmanenten Grenzen angelangt, und die physikalischen Naturgesetze im Kosmos können als erforscht gelten. Darum steht ein absoluter Neuanfang bevor; es muss jetzt der notwendige Schritt in jene „spirituellen Bereiche" gestartet werden, der über die systemimmanenten Grenzen hinausweist und in der Zukunft nahtlos von der materiellen physikalischen Ausgangsbasis in spirituelle Bereiche führt. Denn zwischen spirituellen Energien und physischen Trägern bestehen ohnehin ständige Wechselwirkungen, wobei zwischen beiden auch Ursache und Wirkung wechseln können; denn einerseits ändern sich die physischen Voraussetzungen, andererseits treten spirituelle Intentionen aus ihrer bisherigen Latenz. Das gegenwärtige Problem der Naturwissenschaften ist der gravierende Mangel an ganzheitlichem Denken. Es wird immer nur partiell und speziell gedacht und niemals das gesamte Universum mit einbezogen. In den Vorläuferkulturen der Menschheit bestand dagegen Weisheit immer im ganzheitlichen Denken: *„Kein Aspekt des altägyptischen Wissens ist vom Ganzen getrennt".*[196] Dieses gegenwärtige noch immer systemimmanente Denken war zwar bis heute sicher ein notwendiges, um zuerst den Kosmos als die für den Menschen reale Welt zu erforschen und zu verstehen. Jetzt aber ist es notwendig, diesen viel zu engen Rahmen zu übersteigen und das Wissen zur Erkenntnis einer Gesamtschau der Schöpfung zu erweitern. Denn nur darüber können die kosmischen Gesetze richtig verstanden und in ihren universellen Zusammenhang eingeordnet werden.

Der gegenwärtige Bewusstseinswandel hin zum Supramentalen geht auch mit Veränderungen in der Grundsubstanz der Physis einher, so dass die berechtigte Hoffnung besteht, dass der Mensch bald wieder ein „Öffnungsorgan für die Nachrichten" der Seele entwickeln wird. So bestand vor Jahrtausenden die physische Grundsubstanz der halbätherischen Populationen (Atlantis, Lemurien) noch aus „Silizium", das mit Beginn der adamitischen Menschheit vor ca. 20.000 Jahren vom Kohlenstoff als neuem Basisstoff abgelöst wurde, um aber in ferner Zukunft, nämlich am Ende des neuen Äons, das Silizium wieder zum Grundbaustoff der Menschheit werden zu lassen. Denn die Voraussetzungen dafür sind latent nach wie vor im menschlichen Zellgedächtnis

---

[196] J. A. West: „Die Schlange am Firmament" (S. 52): „Das gesamte Universum ist eine lebende Einheit."

aus der vorherigen Dimension gespeichert und vorhanden. Und das wird in Zukunft wieder aktiviert werden, um in einer „Rückführung" zur Reinheit der Energie des Siliziums zurückzukehren.

Silizium ist eine Substanz in fast allen Kristallen, die eine unendliche Strahlkraft besitzt und als Halbleiter die besten Voraussetzungen bietet, Frequenzen von Gedankenformen mit den Frequenzen und den höheren Energien des Bewusstseins in vollständige Übereinstimmung zu bringen. Denn über die Molekularstrukturen des Siliziums können gedankliche Muster direkt erfasst werden, weil über diesen Halbleiter Frequenzgleichheit mit Gedanken besteht. Denn auch Gedanken sind nichts anderes als Schwingungen und darum auch mit allen Schwingungen der gesamten Materie kompatibel. Das gilt ebenfalls für alle Strukturen von Kristallen, die damit ein unendliches spirituelles Kraftreservoir darstellen. Sie alle sind Energieleiter und können die Gedanken der Menschen mit den „Funken göttlicher Inspiration" und deren Frequenzen in vollständige Übereinstimmung bringen, worüber man sich in Zukunft auch in höhere Bewusstseinsdimensionen „einklinken" kann.

Solange aber die Wissenschaft den Kosmos noch mit Metallfahrzeugen erobern will, hat sie das spirituelle Wesen aller schöpferischen Kräfte nicht verstanden. Denn nur über die Macht der Gedanken – Merkaba – geht der Weg. Dieser „Schlüssel" zum Tor in höhere Dimensionen ist bereits in der tiefen Sehnsucht danach angelegt, doch die „Erlösung" selbst wird nicht eher erfolgen, als bis die Menschheit endlich beginnt, sich dem „göttlichen Angebot" auch wieder zu öffnen, um sich in höhere Bewusstseinsdimensionen einzuklinken.[197] Aus einem Bericht der Arkturianer: „Wir haben es verstanden, das Licht des inne wohnenden göttlichen Wesens anzuzünden und innerhalb unserer zellulären Gestalt wachsen zu lassen, um eine neue Energiematrix zu schaffen und die Molekularstruktur der festen Form in Licht aufzulösen. Das alles ist auch in eurem Zellgedächtnis aus der vorherigen Dimension, aus der ihr gekommen seid, noch gespeichert. Denn da wart ihr Wesen, die sich vom Äther, der universellen Kraft ernährten. Erst in eurer jetzigen Dimension hat sich eure Grundsubstanz geändert, und zwar von dem, was ihr Silizium nennt, in Kohlenstoff."

In der Tat verwandelt sich in der Hypophyse immer schon in sehr tiefen Meditationen Kohlenstoff in Silizium, allerdings nur in minimalen Dosen. Diese Umwandlung ist in Zukunft als Grundstoff wichtig für die Bewusstseinserweiterung. Silizium künstlich dem Körper zuführen zu wollen, ist zwar möglich, aber völlig uneffektiv. Es muss als Produkt der Umwandlung

---

[197] Phönix / Nachrichten vom Sirius / Der Photonenring

in den Körper eindringen, und zwar in einer Art geistlichem „Stoffwechsel". Noch haben die Menschen überwiegend Kohlenstoff in sich, was sich aber in Zukunft ändern wird, denn der Kohlenstoff wird zu Silizium kristallisieren. Dieser Prozess läuft über die Energiefelder der Chakren ab, wobei allerdings die Energieankurbelung nicht durch die Chakren erfolgt, sondern umgekehrt die Chakren über die Liebe im Bewusstsein mobilisiert werden. Und nur das allein ermöglicht dann auch den Einstieg in die nächst höhere Bewusstseinsdimension. Dabei ist es notwendig, dass sich dieser Einstieg nahtlos von der materiellen Basis in die geistigen Bereiche ergibt. Es wird in Zukunft so sein, dass man Gedanken auf die Frequenz des Siliziums parallel schalten kann, vor allem weil die Telepathie die gleiche Wellenlänge besitzt.

Umwandlungsprozesse oder Transformationen sind immer eine Form der „Entmaterialisierung": Ein Element wird in ein höheres Element umgewandelt, was immer über den Ätherkörper erfolgt, der das Integral und die Wesensäußerung aller Substanzformen ist und jede Form im Leben beseelt. Alles erfolgt über Energieeinstrahlungen, wobei sich in dem Wort „Umformung" für den Menschen zugleich auch die Öffnung des „Geheimnisses der Unschärferelation" zwischen den Bewusstseinsdimensionen verbirgt. Entwicklung besteht in einer allmählichen „Entschlüsselung" des immanenten „Geheimnisses des Vorrückens", insofern als ein Mensch beginnt, dieses Geheimnis als einen systematischen Prozess einer bewusstseinsmäßigen Höherpotenzierung zu verstehen. Dieser Prozess lenkt jede Evolution, wodurch die „Materie" über den Aspekt der „Unschärferelation" alle zukünftigen Umwandlungen durch „Radioaktivierung" zeitigt:

1. Eine Reizsteigerung aller Frequenzen in den zwei „Körpern" von Physis und Ätherleib, und zwar im Sinne einer Öffnung und Empfangsbereitschaft für höhere Energieeingaben.

2. Parallel zu dieser Reizsteigerung erfolgt eine Neutralisierung aller jener Schwingungen, die den Menschen „an die Erde fesseln", und zwar im Sinne einer Reduzierung aller auf Lust und Genuss bezogenen Frequenzeinstellungen.

3. Ferner eine Zunahme der magnetischen Anziehungskraft von höheren Energien. Diese zieht Frequenzen mit hoher Vibration an, die dann an die Stelle niederer Schwingungen treten. Energien mit hoher Vibration werden durch die geballte Anziehungskraft der schon vorhandenen Kräfte in die beiden Körper eines Menschen hineingezogen, weil die Seele auf jene hochgradigen Energien einwirkt, die bereits in Funktion sind und reagieren. Der

Schlüssel zu diesem „Übergang" oder jener geheimnisvollen „Umpolung" der Frequenzen ist in der Tatsache zu finden, dass ein solcher Akt niemals einen „Körper" allein betrifft, sondern nur in einer Gleichschaltung und Koordinierung beider „Körper", zwischen physischem und ätherischem Körper zustande kommt.

Dieser Vorgang einer voranschreitenden „spirituellen Transparenz" ist für alle manifestierten „Ideen" ein sehr schmerzlicher, weil allen Gestalten im „Sterben" ihrer Materieverhaftungen quasi das „Leben" als Licht wieder entnommen wird. Besonders für das „Licht" in der weitesten „Entfernung" vom spirituellen Zentrum auf der Erde[198] ist es oft besonders schwer, diese Verhärtungen wieder zur Transparenz hin aufzulösen. *„Alle Materie war einst ein Reingeistiges, das freiwillig aus der Ordnung trat und zu einem Gerichteten, aus sich selbst verhärteten Geistigen wurde. Diese Materiewelt ist zu zwei Dritteln Seele und zu einem Drittel seelenlose Hülse. Dieser auf der Erde so gefestigte Wille Gottes als Naturgesetz ist eine Erlösungsanstalt für die darin eingeschlossenen Seelenanteile. Darum muss die Seelensubstanz viele Lebensstufen durchlaufen und sich stets aufs Neue wieder mit einem materiellen Leib bekleiden, bis sie wieder reingeistig ist"[199].*

Diese Art erneuernder „Rückführung" erfolgt in der menschlichen Evolution permanent und ereignet sich z.B. in den Zellen des Menschen ständig. Es sind jene höheren Gesetzmäßigkeiten kosmischer Lichtenergie, die vorerst noch in das so begrenzte euklidische Weltverständnis, also in das kosmische Maß der „Lichtgeschwindigkeit" übersetzt werden müssen. In Zukunft werden die Menschen über das supramentale Bewusstsein jene „höheren" Gesetzmäßigkeiten und die über die bisherige Begrenzung des heutigen Bewusstseins hinausgehenden Kräfte besser verstehen, womit vor allem der „Quanten-Sprung" in das neue Bewusstsein gemeint ist. Denn immer erfolgen zuerst Eingebungen für neue Entdeckungen, die dann ihrerseits eine Bewusstseins-erweiterung auslösen.

In der Gegenwart ist wieder eine große Veränderung des Bewusstseins angesagt, die durch verstärkte Einstrahlungen aus höheren Ebenen als eine Art Gesamtangebot für die Menschheit eingeleitet wird. Durch diese Energie-einstrahlungen entwickelt sich nicht nur das Bewusstsein weiter, sondern verändert auch die Physis, weil die Menschheit vor einem gewaltigen Ent-

[198] Das ist jedoch nicht räumlich vorzustellen; denn es handelt sich dabei lediglich um Zustände härtester Materialisierung und Trennung von der Liebe.
[199] Jakob Lorber: „Das große Johannes-Evangelium"

wicklungsschub steht, durch den sie wieder mit der Urenergie direkt in Berührung kommt. Diese letzte bereits seit ca. 2500 Jahren andauernde „mentale Bewusstseinsphase" ist seit der Renaissance (ca. 1500) in ihre defizitäre Endphase getreten. Jean Gebser[200] bezeichnet das kommende supramentale Bewusstsein als „vierdimensionales" und integriertes Bewusstsein. Darunter versteht er ein Bewusstsein, das transpersonal über das Ich hinausweist im Sinne einer Transparenz neuer Wahrnehmungsmöglichkeiten: „Diaphanität" – Durchsichtigkeit auf ein Erscheinendes im Innern. Andere Bezeichnungen für dieses neue Bewusstsein sind integrales oder raum- und zeitfreies, spirituelles Bewusstsein. Alle diese Begriffe meinen ein Gleiches, noch können aber darüber keine verbindlichen Aussagen gemacht werden, weil die neuen Möglichkeiten ansatzweise nur erahnt werden können, sich aber die Veränderungen in der Gegenwart immer deutlicher bemerkbar machen.

Wichtig wäre es vorerst, bis das neue Bewusstsein „greift", die Urenergie bewusst als schöpferische Kraft schlechthin zu akzeptieren, weil das Offenbarwerden nur darüber erfolgen kann, wozu aber leider die Naturwissenschaftler noch immer nicht bereit sind, weil man die Urenergie im dreidimensionalen Modelldenken nicht nachweisen kann. Aber mit dieser Akzeptanz wäre auch das Erkennen jener fundamentalen Spannung zwischen „Welle und Teilchen" verbunden: Die „Unschärferelation" als schöpferische Liebe selbst, ohne die alles absterben würde:

> „Wo keine Liebe ist, ist gar nichts. Immer da, wo du liebst, hast du Teil an der Schöpfung, die nie begonnen hat, nie beendet sein wird und unveränderlich immer schon vollkommen ist. Liebe ist Schöpfung, denn in der Liebe gebiert sich Gott selbst, und das ist Transformation im Menschen durch absolute „Ent-Ichung". Jedes Ich befindet sich als Bewusstseinsschwerpunkt irgendwo auf einer individuellen Geraden zwischen den Polen „Ich" und Gott". (Anonymos)

---

[200] Jean Gebser: „Ursprung und Gegenwart"; siehe auch Anhang!

Anhang

(zu Seite 76/77)
Opitz: „Unbegrenzte Lebenskraft durch Tachyonen", S. 44

Die Wirkungen der Tachyonen-Energie:

1. Durch Tachyonen erhält der gesamte Komplex der feinstofflichen und physischen Ebenen des energetischen Kontinuums Zugang zu allen Informationen.

2. Tachyonen-Energie ermöglicht ein direktes Attunment mit der kosmischen Nullpunkt-Energie, wodurch in Bifurkationspunkten Quantensprünge ermöglicht werden.

3. Tachyonen-Energie erzeugen einheitliche kohärente Energiefelder, wodurch störende Frequenzen neutralisiert werden können.

(zu Seite 86)
Die sieben Chakren und ihre organischen Entsprechungen (sieben Drüsen, die mit den Chakren korrespondieren):

Chakren	Drüsen
Kopfzentrum	Zirbeldrüse
Zentrum zwischen den Augenbrauen	Hypophyse
Kehlzentrum	Schilddrüse
Herzzentrum	Thymusdrüse
Solarplexus	Bauchspeicheldrüse (Pankreas)
Sakralzentrum	Keimdrüsen
Zentrum an der Basis der Wirbelsäule	Nebennieren

(zu Seite 128) Bedeutung der Chakren:

1. Das Wurzel-Chakra verbindet den Menschen mit der Erde und enthält die primäre Lebenskraft, den Überlebenstrieb. Hinsichtlich des Denkens und Fühlens bestimmt es den Menschen einseitig auf materiellen Besitz, Sicherheit und Sinnesbefriedigung. Für eine Höherpotenzierung dieser rohen Lebensenergie muss daher das Wurzel-Chakra mit den spirituellen Wahrnehmungen der höheren Chakren verbunden sein.

2. Das Sakral-Chakra ist das Zentrum der emotionalen und sexuellen Energie, das bei fast allen Menschen sich in einem traumatisierten, disharmonischen Zustand befindet. Daraus ergibt sich ein emotionales Verhalten, das auf die Vermeidung von Schmerz ausgerichtet ist.

3. Das Solarplexus-Chakra ermöglicht den Menschen Selbstdisziplin und ein Kraft der Ausgeglichenheit im Miteinander, die sich zuweilen auch als Dominanz bemerkbar macht.

4. Das Herz-Chakra ist das Zentrum der Liebe, eines Mitgefühls und praktizierender Nächstenliebe. Die Öffnung dieses Chakra führt den Menschen von Moralvorschriften, die der Mensch nur aus Vernunft und Tradition befolgt, zum inneren Bedürfnis, die Liebe in Hingabe mit anderen zu teilen.

5. Das Kehlkopf-Chakra ist das Zentrum der Kreativität und schöpferischen Energie.

6. Das Stirn-Chakra gilt als „drittes Auge" und bestimmt alle übersinnlichen Wahrnehmungen und das Zentrum höchster mentale Konzentration.

7. Das Scheitel-Chakra ist der Zugang zum kosmischen Bewusstsein und kann sich erst richtig öffnen, wenn die unteren 6 Chakren gereinigt und harmonisiert sind. Es führt dann zu Erleuchtung.

Zum Energiefluss im Körper (aus: „Biophotonen", S. 250):
W. Reich geht davon aus, „ ... *dass die im Körper zirkulierende Energie gleichzeitig seelische Inhalte trägt und dass in jeder Körperregion solche Inhalte gespeichert sind ... und parallel von den entsprechenden Chakren aktiviert werden."*

(zu den Seiten 132 ff.)
Frequenztabellen in den Schlafphasen

Meckelburg: Elektroenzephalogramm

Wellen	Frequenz Hz	Merkmale
Beta	14 ... 30	Arbeitendes Gehirn, Aufmerksamkeit, waches Tagesbewusstsein
Alpha	8 ... 12	Ruhendes Gehirn, Entspannung, Vorschlafphase, Meditation
Theta	5 ... 7	Schlaf, Bewusstlosigkeit, Einschlafen
Delta	< 4	Leichtschlaf, erste Träume, Absinken Blutdruck; 4. Tiefschlaf
REM		Traumstadium, paradoxer Schlag 3-4 mal EEG entspricht dem Traumfilm

(zu S. 172/173) Jean Gebser: „Ursprung und Gegenwart"

Es gibt vier „Bewusstseinsmutationen" der Menschheit und die dazu parallele Entwicklung beim einzelnen Menschen. Für die Entwicklung des menschlichen Bewusstseins benennt Jean Gebser in seinem groß angelegten Entwurf
„Ursprung und Gegenwart" vier Bewusstseinsmutationen:

1. Archaische,
2. Magische,
3. Mythische und
4. Mentale

Grundstruktur des jeweiligen epochalen Bewusstseins. Dabei integriert die
jeweils folgende Epoche die Errungenschaften aller voran gegangenen Strukturen. *„Jede höhere Bewusstseinsform integriert die vorherige, indem sie diese*
mit dem neu erreichten Bewusstseinsstand verwandelnd wirksam macht." (Ken
Wilber)[201]

1. Die **archaische Bewusstseinsstruktur** ist eine „null-dimensionale", traum-
und zeitlose Ununterschiedenheit von Mensch und All. Es herrscht ein
noch probemloser Einklang von Natur und Mensch. Die „Seele" schläft
noch wie in der Tierwelt. Die Wahrnehmung ist ein rein sinnliches Bemerken und hat gegenständlichen Charakter. Die einfachste nicht mehr
unterscheidbare Qualität ist das Empfinden, das Lust-Unlust-Prinzip. (Ne-
andertaler, Vormenschen; – dieser Bewusstseinszustand entspricht dem
Säugling und Kleinstkind).

2. Die **magische Bewusstseinsstruktur** wird bereits zur eindimensionalen und
tritt aus der Raum- und Zeitlosigkeit heraus. Jedoch ist alles, was noch in
der Seele schläft, vorerst nur spiegelbildlich im Außen wach. Der Mensch
beginnt zu wollen; doch ein sittliches Bewusstsein, das eine Verantwortung zu tragen imstande wäre, weil es auf einem bewussten Ich beruht,
liegt für die Ich-Losigkeit des magischen Menschen noch nicht vor. Es handelt sich jetzt um ein erlebendes Wahrnehmen, so dass bereits eine Art
Weltinnewerden zustandekommt, weil sinnliche Einwirkungen bereits in
ein Erleben übersetzt werden. Diese Phase entspricht dem Kleinkind, der
Trotzphase mit dem Beginn eines Ichbewusstseins („Gruppen-Ich, Magie
und Zauber, Große Mutter").

[201] Ken Wilber: „Halbzeit der Evolution"

3. Die mythologische Bewusstseinsstruktur beinhaltet bereits ein Bewusst-werden der Seele und damit zugleich auch das bewusste Erfahren der Zeit-lichkeit aller Lebensprozesse. Der Mensch tritt in die Spannung einer zwei-dimensionalen Polarität. So wird jetzt neben der „Erde" auch der „Himmel" bewusst wahrgenommen. Das Erfahren der Seele ist das sichtbarste Zei-chen einer Bewusstwerdung des eigenen Ich, und auf dem Umweg über dieses Erwachen seiner selbst erwacht auch das Du. Im mythologischen Bewusstsein entspricht parallel dem bewussten Erfahren einer Seele ein erstes imaginäres Wahrnehmen, weil neben dem äußerlichen Wahrneh-men auch eine Traum- und Vorstellungswelt erfahren und erlebt wird. Die-se Phase entspricht der Kindheit, Einschulung und dem Beginn einer ers-ten Sozialisierung. *(Ägypten, Astrologie, Vielgötterei – Beginn der Pubertät)*

4. Die Phase der **mentalen Bewusstseinsstruktur** setzt Gebser zeitlich im ersten vorchristlichen Jahrtausend an: in Griechenland mit der Philoso-phie, in Israel mit dem Monotheismus und in Rom mit der Staatslehre. Moses – Platon – Kaiser Augustus. Mit der "Entdeckung" des Monothe-ismus erfährt sich der Mensch als voll erwachtes reflektierendes Ich. Hier ist der voll bewusste Dualismus von Gott und seinem „Ebenbild", dem Menschen, erreicht: reflektierendes Selbsterkennen und Verantwortlich-keit für das eigene Leben. Das von nun an reflektierende Wahrnehmen wird dreidimensional, weil über das erwachte Ich der Mensch in der Lage ist, über vordergründiges Wahrnehmen hinaus auch seiner selbst und der Welt inne zu werden, was erstmalig ein Fürwahrnehmen ermöglicht und zum abstrakten Denken führt. Lersch spricht in diesem Zusammenhang von zwei Wahrnehmungsmöglichkeiten: von einer horizontalen Verfloch-tenheit von Seele und Welt, dem sogenannten Funktionieren im Leben, und von einer vertikalen Ganzheit der davon unterscheidbaren seelischen Vollzüge und Zustände. Diese Phase könnte man mit der Adoleszenz, dem Reifeprozess des Jugendlichen zum Erwachsenen vergleichen. Die höchs-ten mentalen Ausformungen sind dabei im Wahrnehmen des Menschen das Fürwahrnehmen und das Weltinnewerden. Es geht um das Offenbar-werden des „Verhüllten" über ein Fürwahrnehmen.

Literatur auf einen Blick

Anonymos.............................. Telepathie / Kommunikation der Zukunft

Assagioli, Roberto .... Psychosynthese / Junfermann

Augustinus.......................... Bekenntnisse

Aurobindo, Sri .... Die Synthese des Yoga / Hinder 1972

Avalon.............................. Die Schlangenkraft / 2001

Bailey, Alice .... Gesamtwerk / Genf 1932

Bauer, Ralph........................ Musik als Zeitgestalt 1992

Bernhard von Clairvaux........ Das Buch von den Stufen der Demut und des Stolzes/
St. Benno

Bhave .... Der innere Frieden

Bearden, Thomas .... Excalibur briefing 1980

Bischof, Marco .... Biophotonen / Zweitausendeins

Bohm, David........................ Wholeness and implicate order / London 1980

Bonaventura .... Soliloquium / Kösel Verlag Kempten 1958

Bunyan, John .... Die Pilgerreise Oesch Verlag

Capra, Fritjof...................... Das Tao der Physik

Chardin, Pierre Teilhard de .... Die Entstehung des Menschen / C. H. Beck 1981

Davies, Paul .... Gott und die moderne Physik / Bechermünz Verlag

Dionysius Areopagita........... Die Hierarchie der Engel / München 1957

Dürr, Hans Peter.................. Physik und Transzendenz / Scherz

Eddington, A. .... Physik der Transzendenz 1931

Fechner, Gustav Theodor ...... Elemente der Psycho-Physik / 1887

Frisell, Bob .... Aus der Zukunft in die Gegenwart

Gabriel, E. .... Ein integrales Weltbild / München 1991

Gebser, Jean....................... Ursprung und Gegenwart / Novalis Verlag 1979

Goldberg, Philip .... Die Kraft der Intuition 1995

Goswami, Amit .... Das bewusste Universum 2007

Grof, Stanislav..................... Geburt, Tod und Transzendenz / rororo

Hartmann, Nicolai .... Ästhetik / München 1951

Hasselmann, Varda .... Archetypen der Seele

Häberli, Gerhard.................. Die Einheit von Kosmos, Atom und Geist / Cosat-Verlag

Heim, Burkhard .... Elementarstrukturen der Materie / 1986

Heisenberg, Werner .... Physics and Beyond / New York 1971

Hildegard von Bingen........... Der Mensch in der Verantwortung / Otto Müller Verlag

Hierzenberger, Gottfried ...... Erkundungen des Jenseits - Der Blick auf die andere Seite
der Wirklichkeit

Jasmuheen (Ellen Greve)...... Lichtnahrung

Kant, Immanuel................... Praktische Vernunft

Krause, Helmut Friedrich ...... Der Baustoff der Welt / edition dionysos

Lawrence, T.E. .... Tagebuch von drüben Ansata-Verlag

Lersch, Philipp .... Aufbau der Person / München 1953

Lorber, Jakob .... Das große Evangelium Johannes / Bietigheim 1981

Ludwiger, Illobrand von .... Die Erforschung unbekannter Flugobjekte

Maharshi, Ramana .... Seine Lehren / Kailasch Buch

Manning, J. .... „Löcher im Himmel" Verlag 2001

Meckelburg, Ernst .... Transwelt / Langen Müller

Nidle, Sheldon .... Der Photonring / Falk Verlag

Opitz, Christian .... Unbegrenzte Lebenskraft durch Tachyonen 1996

Ouspensky, P.D. .... Auf der Suche nach dem Wunderbaren / München 1978

Planck, Max .... Where is science going? / New York 1932

Popp, Fritz-Albert .... Biophotonen 1984

Rohr, Richard; Ebert, A. .... Das Enneagramm / München 1990

Sens, Eberhard .... Am Fluss des Heraklit / Insel Verlag

Schrödinger, Erwin .... Was ist Leben? 1987

Sheldrake, Rupert .... Engel – die kosmische Intelligenz / München 1998;
                                              Das schöpferische Universum

Stein, Edith .... Gesamtwerk

Sutton, Christine .... Raumschiff Neutrino / Birkhäuser

Swedenborg, Emanuel .... Himmel und Hölle / Zürich 1977

Theos, Bernhard .... Hatha Yoga Günter Verlag

Thomas von Aquino .... Die menschliche Willensfreiheit / Düsseldorf 1954

Tipler, Frank J. .... Die Physik der Unsterblichkeit dtv

Therese von Avila .... Der Weg zur Vollkommenheit;
                                              Die innere Burg / Zürich 1979

Treumann, Rudolf .... Die Elemente / Hanser 1994

Underhill, Evelyn .... Mystik / Bietigheim 1928

Upanishaden .... Dietrichs Gelbe Reihe

West, John A. .... Die Schlange am Firmament / Zweitausendeins

Wheeler, A. .... Das Licht in unseren Zellen

Wilber, Ken .... Halbzeit der Evolution / Fischer 1998

Yukteswar, Sri .... Die Heilige Wissenschaft / O. W. Barth 1976

Zoev Jho .... E.T.101 / Zweitausendeins